JN450708

R과 SPSS 버전22 를 이용한

데이터분석

:regression analysis

| 한희선 저 |

실무 지침서

경영의사 결정에 필요한 결과 도출을 위한

구민사 Technology Computer

www.kuhminsa.co.kr

PREFACE

시장조사 자료, 리서치기관에서의 보고서 작성, 마케팅 자료 등을 분석하여 기업 경영의사를 결정에 활용할 수 있습니다.

많은 데이터들 중에서 의미있는 결과를 캐내는 것은 기업의 방향 결정이므로 그 중요성이 크다할 수 있습니다.

의미있는 결과의 도출을 위해서는 분석하기 위한 지식과 분석결과를 보기위한 통찰력이 필요합니다.

이 책은 분석을 하기 위해 필요한 여러 부문 중에서 자료 분석 부분을 R과 SPSS의 사용을 중심으로 다루었습니다.

이 책에서 다루고 있는 자료분석에서 사용되는 통계프로그램은 통계적인 지식이나 데이터마이닝 지식을 상용통계프로그램과 무료 프로그램을 모두 사용하여 독자분들이 분석에 접근을 쉽게 할 수 있게 하였습니다.

데이터의 분석결과가 나오기까지의 과정을 이론으로 설명하고, 데이터 분석프로그램에서 나온 결과를 보고 의미를 해석하고, 분석 프로그램 설명에서 프로그램의 기능 설명과 여러 옵션들에 대해서 설명하고자 하였습니다.

그럼으로써 경영의사결정에 필요한 결과를 도출하기 위한 분석 방법들과 결과를 해석할 수 있는 능력을 배양할 수 있게 하였습니다.

끝으로 이 책이 나오기까지 많은 도움주신 도서출판 구민사 조규백 대표님과 임직원 여러분들께 감사의 인사를 드립니다.

저자 드림

CONTENTS

CONTENTS

Part 2 분석준비-SPSS

CONTENTS

CONTENTS

CONTENTS

Part 1

분석준비 R 프로그램

R과 SPSS버전22를 사용한 데이터분석 : regression analysis

CHAPTER 1

R

제 1 절 R의 설치와 사용자 환경

01 R 설치

(1) 컴퓨터 필요 사양

- R은 최신 고사양의 컴퓨터가 아니더라도 무난히 사용할 수 있다.
- 윈도우 사용자 : 윈도우 버전에 따른 메모리 제약을 유념
  64비트 컴퓨터를 기준으로 메모리 제약은 Windows 7 Home Basic (8기가), Windows 7 Home Premium (16기가), Windows 7 Professional 이상급 (192기가), Windows 8 (128기가), Windows 8 Professional 이상급 (512기가)이다.
- Linux 운영체제는 메모리 제약을 거의 걱정하지 않아도 되며, 메인보드가 허용하는 한 최대로 추가할 수 있다.

(참조)
Microsoft, Memory Limits for Windows and Windows Server Releases,
http://msdn.microsoft.com/en-us/library/windows/desktop/aa366778(v = vs.85).aspx

(2) 윈도우에서 R 설치

① R은 www.r-project.org에서 다운로드 받을 수 있다.
"download CRAN" 링크를 클릭한 후 CRAN mirror을 선택한다.

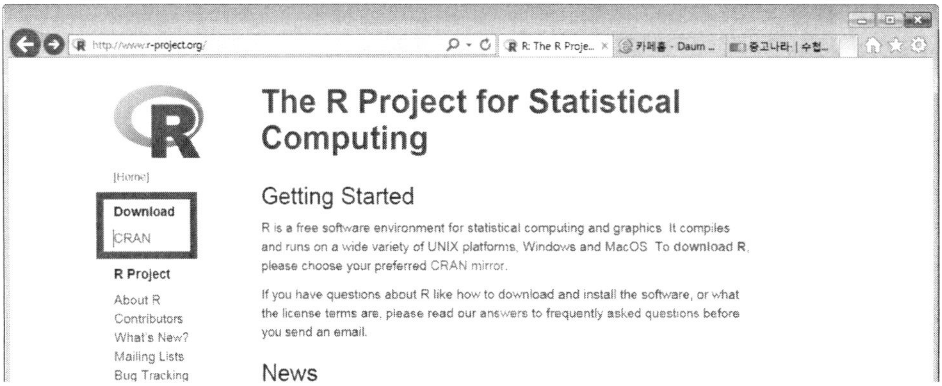

② Install

다운로드가 끝나면 ".exe" 파일을 더블클릭하여 설치한다.

단, R 설치 디렉토리는 "C : \rpro\r" 과 같이 디렉토리명 가운데에 공백이 없도록 할 것을 권한다. 그렇지 않을 경우 일부 기능(예, 외부 프로그램에서 R을 호출)에서 오류가 발생할 수 있기 때문이다.

R 사이트에서 다운로드 – http://www.r–project.org/

(3) 윈도우에서 R 갱신

- 윈도우에서 R의 버전을 갱신하려면 R에서 다음 코드를 실행한다.
- updateR 함수는 최신 버전을 확인한 후, 만약 가능하다면 새로운 버전을 설치할 것인지 물어본다.

```
> updateR()
```

02 R 사용자 인터페이스

(1) 사용자인터페이스

- 명령어 방식
- 그래픽 환경으로 사용하기 위해서는 GUI 기반의 R을 별도로 설치

(2) 그래픽 환경의 R

- RStudio 프로그램
- R Commander 프로그램

03 RStudio

(1) Rstudio 개요

- RStudio는 R을 편리하게 사용하도록 도와주는 프로그램
- R을 설치한 후에 설치할 수 있다.
- 프로그램 코드 편집 및 데이터 조회 등이 편리하다.
- 메모리에 변수가 어떤 타입으로 저장되어 있는지 확인하고, 스크립트 관리와 문서화가 편리하다.
- RStudio는 데스크탑버전과 웹버전이 무료로 제공
- http://rstudio.org/ 에서 다운로드 받을 수 있다.
- RStudio는 데스크탑 버전으로 Windows, Mac, Linux 버전이 제공된다.
- 웹버전은 리눅스 서버에 RStudio를 설치한 후 인터넷을 통해 실행이 가능하다.

(2) 윈도우에서 RStudio 설치 및 실행

- 다운로드

  RStudio는 http://rstudio.org/에 접속하여 해당 프로그램을 다운로드한다.
  웹에서 추천하는 버전을 확인 후 다운로드한 파일을 더블클릭하여 설치한다. RStudio 실행은 설치 완료 후 나타나는 아이콘을 클릭하면 된다.

> *** XP사용자의 경우**
> 설치는 관리자 권한으로 하지만 로그인을 표준 사용자 그룹으로 해서 로그인 후 실행시킬 것을 권장한다.

04 RStudio 화면구성

- RStudio 실행은 Windows에서 "시작 → 모든프로그램 → RStudio"을 클릭한다.
- 좌측 상단의 버튼을 클릭 후 스크립트 생성 메뉴를 클릭하여 스크립트(script) 작업 창을 불러온다.

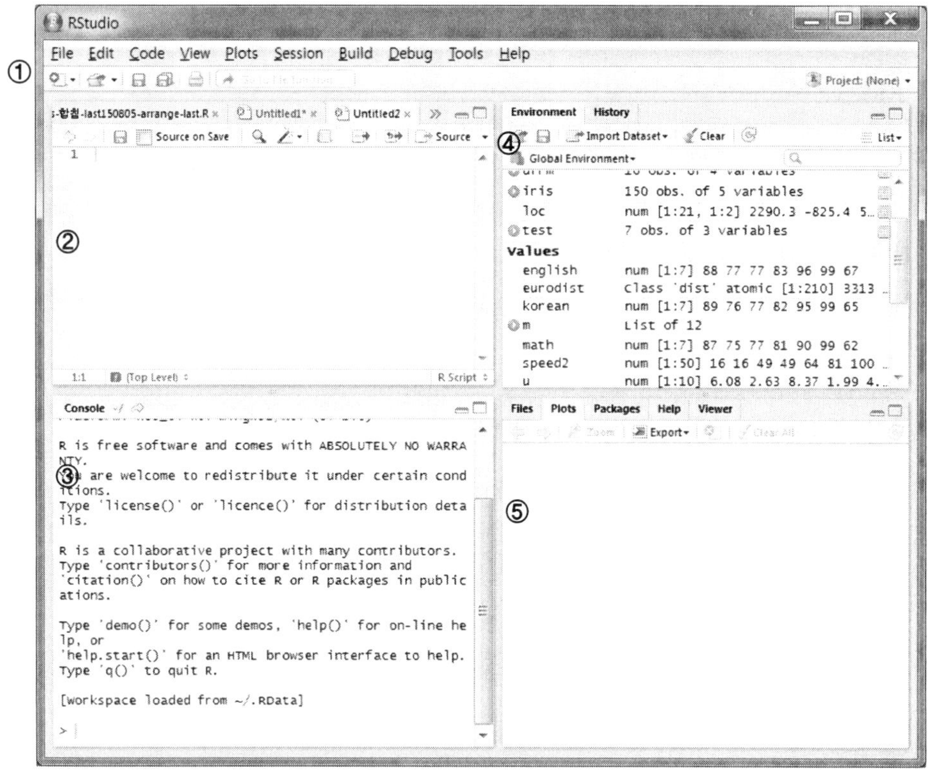

▲ RStudio 초기화면

① RStudio 화면

스크립트화면, 콘솔화면, 변수화면, 도표화면의 네 개의 부분으로 구성된다.

② 스크립트화면

- 복수의 R 명령어를 입력하고 편집 실행할 수 있는 화면이다.
- 스크립트 내에 R 명령어를 작성한 후 실행하려면 명령어에 커서를 두고 Ctrl+Enter 또는 Ctrl+R을 누르거나 스크립트 박스 상단 중간 즘의 "Run" 버튼을 클릭한다.

- 복수의 라인을 실행하려면 복수의 라인을 마우스나 키보드를 이용하여 선택한 후 Ctrl+Enter 실행한다.
- R Script에 작성된 내용은 .R이라는 별도의 파일에 저장된다. 텍스트 형식으로 저장되므로 워드패드로도 내용을 읽을 수 있으며 관리가 용이하다.

③ 콘솔

- 명령어를 라인별로 실행
- 스크립트 창에서 실행한 명령문이 실행되는 것을 볼 수 있다.
- R의 기본화면과 같이 실행
- 명령어를 주고 enter을 치면 바로 실행되는 인터프리터 방식

④ 워크스페이스(변수화면)

- 현재 활성화되어 있는 변수와 데이터가 나타난다.
- 변수 창에서 hist는 과거 입력한 명령문의 리스트를 볼 수 있다.
- history tab은 R에서 실행한 명령을 순서대로 보여준다.
- 지금까지 실행한 명령을 파일로 저장하기 위해서는 savehistory(file = "myhistory")

⑤ 도움말(도표화면)

- 명령어를 실행하여 그려진 도표 또는 도움말 등이 나타난다.

유용한 컨트롤 기능

컨트롤 기능	설명
F1	함수명 위에서 F1을 클릭하명 도움말 제공
Ctrl + Enter	커서가 위치한 라인 또는 선택된 영역의 명령어 실행
Ctrl + L	R 콘솔 화면을 지운다
ESC	수행 작업 중단
Ctrl + A	명령어 전체 선택
TAB	기존에 입력하였던 변수명의 일부만 입력한 후 TAB을 치면 자동 완성함

05 도움말

(1) 도움말사용

- "?함수명"을 입력한다.
- help(함수명) 입력으로도 도움말을 볼 수 있다.

```
〉?plot  # 함수명 검색
〉 help(plot)  # ?plot 과 동일한 기능
```

(2) 도움말 문서 내용을 키워드로 검색

- "??키워드"를 이용
- help search("함수명)으로도 키워드 검색을 할 수 있다.
- # ??plot 과 동일한 기능이며, 키워드는 "" 내에 표시해야 한다.
- 도표를 그리는 plot 함수의 도움말을 보는 방법을 아래 예제로 제시하였다.

```
〉??plot   # 키워드 검색
〉 help.search("plot")
```

(3) args( )

args( )는 검색 함수의 속성변수를 볼 수 있다.

```
〉 args(plot)
function (x, y, ...)
NULL
```

(4) 도움말을 사용하다보면 '함수를 검색할 수 없다는 메시지'의 처리법

- 패키지가 설치되지 않은 경우가 많다.
- 패키지를 설치한 후 검색을 하면 된다.
- 검색 옵션에 패키지를 명시하면 특정 패키지 내에서 함수를 찾을 수 있다.

```
> nnet
에러:개체 'nnet'이 없습니다

> ?nnet
No documentation for 'nnet' in specified packages and libraries:
you could try '??nnet'

> ??nnet
화면캡쳐 필요
> help(nnet, package="nnet")  # nnet 패키지 내에서 nnet 함수 검색
```

(5) example( )함수은 사례를 제공

```
> example(plot)
plot> require(stats)
plot> plot(cars)
Hit <Return> to see next plot:
plot> lines(lowess(cars))
plot> plot(sin, -pi, 2*pi) # see ?plot.function
Hit <Return> to see next plot:
plot> ## Discrete Distribution Plot:
plot> plot(table(rpois(100, 5)), type = "h", col = "red", lwd = 10,
plot+        main = "rpois(100, lambda = 5)")
Hit <Return> to see next plot: ...........
```

(6) 특정 패키지에 대해 도움말

• help 함수를 사용한다.

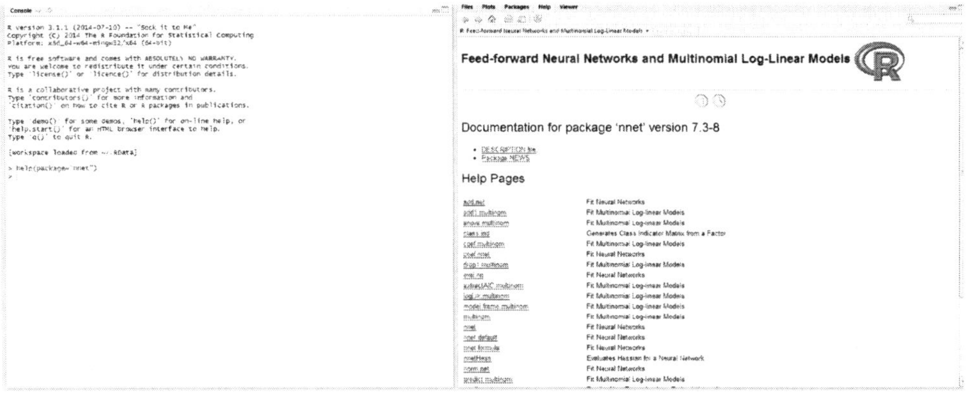

(7) rseek사이트(http://rseek.org/)

• R 관련된 구글 검색 결과를 유용하게 정리하여 제공함으로 참고하면 유용하다.

• 패키지의 함수명을 안다면
http://crantastic.org/ 사이트에서 검색하는 것이 편리하다.

– http://rseek.org/	R 관련된 구글 검색 결과를 유용하게 정리하여 제공
– http://crantastic.org/	패키지의 함수명을 알 경우 편리
– http://stackoverflow.com/	개발자의 다양한 조언 조회 가능

(8) RSiteSearch("함수명")

lm에 관련된 내용과, 사례와 레퍼런스가 브라우저에 보임

e.g RSiteSerach("lm")

06 Packages

- 패키지는 R에서 제공하는 함수의 묶음이라고 보면 이해가 쉽다.
- 패키지를 사용하기 위해서는 선언과정이 필요하다.
- R에서 어떤 함수를 사용하고 싶으면 이것이 어느 패키지에 포함되어 있는지 파악하여야 한다.

(1) 패키지 설치

- 패키지 설치는 install.packages("패키지명") 함수를 이용한다.
- 패키지를 설치하는 방법을 예로 설명한다.

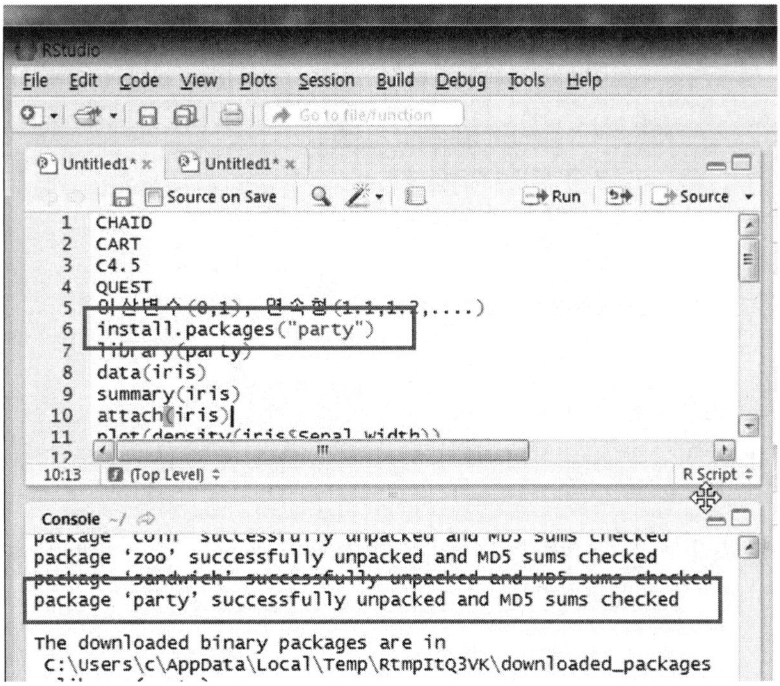

(2) 패키지 로드

- 패키지를 한번 로딩하면 다시 로딩하지 않는다. 따라서 코딩 시에 마음 높고 패키지 로딩함수를 사용하여도 된다.
- 패키지를 메모리에 로딩 비교

<table>
<tr><th>library</th><th>require</th></tr>
<tr><td rowspan="3">library(패키지이름)
library는 에러메시지를 보낸다.</td><td>require는 패키지가
성공적으로 설치되면 TRUE를 반환하고
그렇지 않으면 FALSE로 경고만 보냄</td></tr>
<tr><td>require 함수를 이용하여 패키지를 로딩 하다보면
많은 메시지가 뜨는 것을 볼 수 있는데,
이러한 메시지를 띄우지 않으려면 suppressMessages 함수를 사용한다.</td></tr>
<tr><td>〉 require(zoo)
패키지 zoo를 로드중입니다
Attaching package: ‘zoo’

The following object(s) are masked from ‘package:base’:

    as.Date, as.Date.numeric
〉 detach(package:zoo)
〉 suppressMessages(require(zoo))</td></tr>
</table>

(3) 패키지를 언로드

- 패키지를 언로드하는 함수는 detach이다.
  특정 패키지가 더 이상 필요 없다면 메모리에서 지울 수 있어 자원 활용도를 높일 수 있다.
- detach 함수를 사용할 때 유의점은 패키지이름 앞에 package : 을 붙여야 한다.
- 라이브러리가 메모리서 제거되면 관련 함수를 도움말 검색할 수 없다.

```
# 라이브러리 로딩
〉 library(gdata)

# 패키지이름 앞에 package: 을 붙여야 함을 유의
〉 detach(package:gdata)

〉 ?gdata
```

```
No documentation for 'gdata' in specified packages and libraries:
you could try '??gdata'
```

• 또한 패키지를 여러 개를 사용하다보면 중복된 함수명이 존재하는 경우 우선순위가 높은 함수가 있고 낮은 함수가 있는데, 낮은 함수를 사용하려면 우선순위가 높은 함수가 포함된 패키지를 언로드하여야 한다.

(4) 설치된 패키지 목록 조회

• 설치한 패키지의 목록 확인은 : library 함수를 사용한다.
윈도우에서는 library 함수를 호출하면 팝업창이 뜨게 되는데 노트패드 혹은 간편한 편집기를 선택하면 된다.

• installed.packages 함수를 이용하면 보다 자세한 내용을 볼 수 있다.
installed.packages() 를 하면 모든 정보가 도출되는데 만약 버전과 설치 가능한 운영체계만 보고 싶다면 컬럼명을 지정하면 된다.

• library() 사용

```
> library()  # 팝업창이 뜨면 임의의 편집기를 선택하면 됨
> installed.packages()
# 보고싶은 컬럼명만 지정
> installed.packages()[,c("Package","Priority","Version")]
```

Package	패키지명
Version	버전정보
priority	우선순위 character vector or NULL (default). If non-null, used to select packages; "high" is equivalent to c("base", "recommended"). To select all packages without an assigned priority use priority="NA

• search() 사용
현재 로드된 packages 목록

(5) 설치된 패키지 삭제

• 패키지 삭제 형식은 remove.packages(pkgs, lib)

pkgs	a character vector with the names of the packages to be removed.
lib	a character vector giving the library directories to remove the packages from. If missing, defaults to the first element in .libPaths().

※ 예제

```
> remove.packages("tm")
Removing package from 'C:/rProject/library'
(as 'lib' is unspecified)
```

(6) 사용가능한 패키지 종류

• 홈페이지의 패키지 사이트(http://cran.r-project.org/web/views/)에서 원하는 분야의 패키지에 대한 설명을 읽으면서 선택하는 것이다.

• 패키지명을 안다면 모든 패키지가 알파벳 순서로 정리된 사이트 (http://cran.r-project.org/web/packages/)를 활용하는 방법이 있다.

(7) 최신 버전으로 패키지 갱신(Update)

패키지의 버전이 오래된 경우 새로운 버전으로 재설치를 해야 한다. 설치된 패키지를 전체적으로 업데이트하려면 update.packages 명령어를 사용한다.

```
> update.packages()
```

07 데이터셀

(1) 데이터셀 모두 조회

• data()

사용가능한 데이터셀을 리스트로 조회

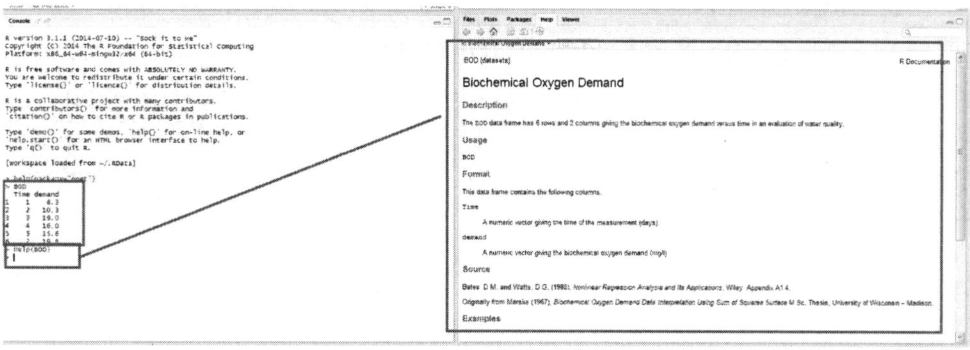

(2) 특정 패키지 내의 데이터셀 목록을 조회

• data(package = "패키지명")을 하면 특정 패키지 내의 데이터셀 목록을 조회할 수 있다.

• load된 package에 따라 결과가 다르다.

```
> data()        # 팝엄창이 뜨면 임의의 편집기를 선택하면 됨
> data(package = "rpart")    # 패키지 내의 데이터셀의 목록을 보고 싶을 경우
> data(USArrests, VADeaths) # 'USArrests'과 'VADeaths' 데이터셀을 메모리에 올림
```

• 데이터셀

http://stat.ethz.ch/R-manual/R-patched/library/datasets/html/00Index.html 사이트는 다양한 데이터셀 패키지를 제공함으로 참고하면 좋다.

08 Session

- options을 사용하면 현재 설정된 option을 볼수 있다.

- options() 활용 예(1)

  warning 처리 방법 설정

  options(warn, ...)

  – warn : 음수값이면 모든 경고메시지가 무시되며, 기본값인 0 이면 경고가 저장된 후 상위 레벨의 함수가 완료 될 때 출력되며, 1 이면 경고메시지가 출력되며, 2 이상이면 오류로 처리됨

- options() 활용 예(2)

  초기 설정된 도표생성장치는 options("devices") 함수를 통해 확인 가능

```
> options("devices")
$devices
[1] "RStudioGD"
```

- options()

  변수의 한글 내용이 아래와 같이 깨어지는 경우

  options(encoding = 'euc-kr') 명령을 실행한다.

  또는 "File" → "Reopen with encoding..."

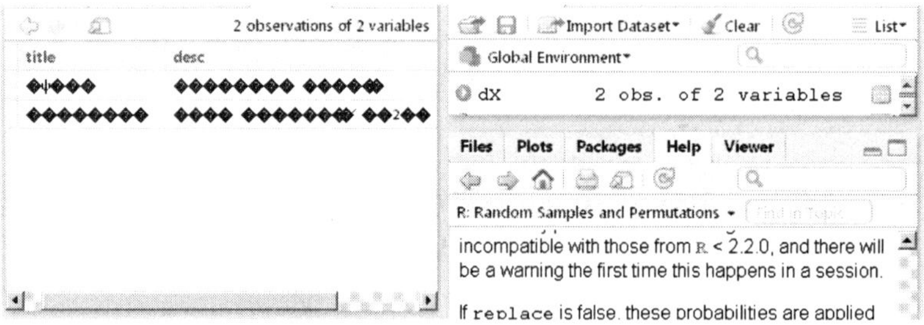

09 작업공간

- R은 종료할 때 R에서 작업하던 모든 데이터와 명령어 기록을 저장할 수 있다.
- 작업공간이란 R에서 모든 기록이 저장되는 메모리 공간
- 작업공간은 .RData라는 파일로 저장
- R로 작업을 하다가 중대한 실수를 범했을 경우에는 저장하지 않고, 이전에 저장되었던 “작업공간”을 다시 불러오면 되기 때문이다.

(1) R의 작업 디렉토리 정보 확인

- getwd()
  프로젝트 단위로 파일을 관리하고자 하는 경우
  프로젝트를 폴더 단위로 지정해서 관리 가능

(2) R의 작업 디렉토리 설정

- setwd()
  setwd 는 작업 디렉토리를 설정하는 함수임

(3) R이 설치된 디렉토리를 알아내는 방법을 살펴본다.

- 일반 윈도우에 설치한 사용자는 다음과 같이 “C” 드라이브에 설치되어 있을 것이다.
- “R_HOME”은 R이 설치된 경로를 반환하며,
  # 윈도우에서 실행

```
> Sys.getenv("R_HOME")
[1] "C:/rProject"
```

- “HOME”은 사용자 계정의 기본 디렉토리를 반환한다.

```
> Sys.getenv("HOME")
[1] "C:/Users/ha/Documents"
```

(4) R의 설치 환경 확인

sessionInfo 함수를 이용한다.
R의 버전 등 다양한 정보를 확인할 수 있다.

• 설치후 환경 정보 확인

```
> sessionInfo()
R version 3.0.2 (2013-09-25)
Platform: x86_64-w64-mingw32/x64 (64-bit)

... (중략)
```

(5) R 작업 디렉토리 내의 파일 목록 확인

• list.files 함수
현재 작업 폴더 내의 파일 목록을 보고 싶을 경우

(6) 파일 관리 기능

파일이 존재하는지 확인(file.exists)
• 파일 삭제(file.remove)
• 파일 병합(file.append)
• 파일 또는 디렉토리 복사(file.copy)
• 파일 생성(file.create) 등이 있다.

```
> list.files()
 [1] "RBook.R"
```

10 Script

(1) 사용자가 생성한 스크립트를 R로 읽어들임

• source() 함수

사용자가 생성한 스크립트를 R로 읽어들임

source(file, local = FALSE, echo = verbose, skip.echo, ...)

– file : 파일명과 경로 또는 연결 포인터

– local : 기본값인 FALSE인 경우 현재 작업환경(workspace)을 가리킴, TRUE 이면 파일이 불러진 작업환경을 지정함, 작업환경을 지정할 수 있음

– echo : (로직값) 기본값은 FALSE이며, TRUE이면 R 명령어 프롬프트와 함께 출력 (예, echo = TRUE)

– skip.echo : (수치) 만약 echo = TRUE 이면 처음 몇 개 라인의 echo를 skip할 것인지 지정

<script_HelloR.R>

```
F_HelloR <- function(){
    # My first R function
    print("Hello R!!")
}
```

source 함수를 이용하여 F_HelloR 함수가 포함된 스크립트를 컴퓨터 메모리로 읽어들여 사전 준비 작업을 한다.
그리고 “Hello R!!” 결과를 확인하려면 F_HelloR 함수를 반드시 실행하여야 한다.
함수명에 ()가 붙어야 함수가 실행되며, 함수명만 입력하면 코드를 보여준다.

• **함수가 포함된 스크립트를 R로 읽어 들이는 명령어**

```
> source("d:/rbook/script_HelloR.txt")

> F_HelloR()             # 함수를 실행하기 위해서는 함수명에 ()를 붙여야 함
[1] "Hello R!!"

> F_HelloR               # 함수명에 ()를 붙이지 않은 경우 함수코드 내용이 보임
function(){
# My first R function
as.character("Hello R!!")
}
```

제 2 절 변수생성과 데이터관리

01 생성규칙

① 변수명은 항상 왼쪽

```
>mY1<-1
>mY1
[1] 1
```

② c() 함수

```
> mY <- c(10,20,30)
> mY
[1] 10 20 30

>x<-c(1,2,3)
>y<-c(x,10)
>y
[1]1 2 3 10
```

02 생성

① " : "를 사용

```
> 1:5
[1] 1 2 3 4 5
```

② SEQ사용

- seq(from = 시작값, to = 마지막값, by = 간격)의 형식
- seq 함수를 이용하여 수열을 만들 수 있다.
- 시작하는 날짜와 끝나는 날짜, 증가분을 지정하면 된다.

※ 예제

```
> seq(from=0, to=10,by=2)
[1]  0  2  4  6  8 10
```

③ REP 사용

rep(반복할 내용, 반복수)

- rep(x, times, ...)
- x : 입력값이 하나의 수치인 경우 하나의 반복횟수 입력, 입력값이 vector인 경우 각각에 대한 반복횟수 입력
- times : 반복횟수
- each : 각각 반복

- 예) 1과 2을 4회 반복

```
rep(1:2, 4)
[1] 1 2 1 2 1 2 1 2
```

- 예) 1을 두번, 2를 두번 각각 반복

```
rep(1:2, each=2)
[1] 1 1 2 2
```

03 데이터 보기

데이터를 살펴볼 수 있는 주요 함수

데이터 메타 정보 확인	attributes, str, names
데이터 구조, 타입 파악	data.class, typeof, dim
데이터 요약	summary, range, quantile
내용 일부를 직접 살펴보기	head, tail

```
>fit<-lm(mpg~wt, data=mtcars)
>str(fit) #내역정보확인
```

mtcars에는 mpg이 필드 등이 있다.

변수에 특정함수 lm의 실행결과를 저장 후
str로 불러와서 볼 수 있다.

(1) sink

```
> sink("myfile",append=False, split=FALSE)
```

append는 기존파일에 추가여부를 선택한다.
split는 파일과 함께 화면출력 할지의 여부지정

- 기존파일에 내용추가하고, 화면에도 동시에 출력하는 명령

```
> sink("myfile.txt",append=TRUE, split=TRUE)
```

속성(컬럼)명 뿐만 아니라 레코드명을 파악하고 데이터셀의 구조를 살펴본다.

(2) str( )함수

str 함수는 다양한 객체의 내부 데이터 구조를 나타낸다. 또 다른 유용한 기능은 아래 예시와 같이 객체의 요약정보를 제공한다는 점이다. 데이터셀을 구성하는 속성의 타입(수치, 문자, 코드 등)을 파악한다. 속성의 일부 실데이터값을 확인할 수 있다.

```
Sepal.Length   꽃받침 길이
Petal.Length   꽃잎길이

> attributes(iris)
$names

[1] "Sepal.Length" "Sepal.Width"  "Petal.Length" "Petal.Width"  "Species"

$row.names
  [1]   1   2   3   4   5   6   7   8   9  10  11  12  13  14  15  16  17  18  19
 [20]  20  21  22  23  24  25  26  27  28  29  30  31  32  33  34  35  36  37  38
 [39]  39  40  41  42  43  44  45  46  47  48  49  50  51  52  53  54  55  56  57
 [58]  58  59  60  61  62  63  64  65  66  67  68  69  70  71  72  73  74  75  76
 [77]  77  78  79  80  81  82  83  84  85  86  87  88  89  90  91  92  93  94  95
 [96]  96  97  98  99 100 101 102 103 104 105 106 107 108 109 110 111 112 113 114
[115] 115 116 117 118 119 120 121 122 123 124 125 126 127 128 129 130 131 132 133
[134] 134 135 136 137 138 139 140 141 142 143 144 145 146 147 148 149 150

$class
[1] "data.frame"
```

```
> str(iris)
'data.frame':    150 obs. of  5 variables:
 $ Sepal.Length : num  5.1 4.9 4.7 4.6 5 5.4 4.6 5 4.4 4.9 ...
 $ Sepal.Width  : num  3.5 3 3.2 3.1 3.6 3.9 3.4 3.4 2.9 3.1 ...
 $ Petal.Length : num  1.4 1.4 1.3 1.5 1.4 1.7 1.4 1.5 1.4 1.5 ...
 $ Petal.Width  : num  0.2 0.2 0.2 0.2 0.2 0.4 0.3 0.2 0.2 0.1 ...
 $ Species      : Factor w/ 3 levels "setosa","versicolor",..: 1 1 1 1 1 1 1 1 1 1 ...
```

속성

(3) Dim( )

데이터볼륨을 파악하기 위해 전체 레코드 개수와 속성 개수를 살펴본다.

```
> dim(iris)
[1] 150    5                    150개 odject, 5개의 variable
```

(4) names( )

데이터의 의미를 파악하기 위해 속성(컬럼)명을 살펴본다.

```
> names(iris)
[1] "Sepal.Length" "Sepal.Width"  "Petal.Length" "Petal.Width"  "Species"   ── 컬럼명
```

실데이터의 상위와 하위의 데이터값을 확인한다. 특정 속성의 상위와 하위의 실데이터값을 확인하는 방법도 소개한다.

```
> head(iris)
  Sepal.Length Sepal.Width Petal.Length Petal.Width  Species
1          5.1         3.5          1.4         0.2   setosa
2          4.9         3.0          1.4         0.2   setosa
3          4.7         3.2          1.3         0.2   setosa
4          4.6         3.1          1.5         0.2   setosa
5          5.0         3.6          1.4         0.2   setosa
6          5.4         3.9          1.7         0.4   setosa
```

위치를 지정해서 확인

```
> iris[1:6,]
  Sepal.Length Sepal.Width Petal.Length Petal.Width  Species
1          5.1         3.5          1.4         0.2   setosa
2          4.9         3.0          1.4         0.2   setosa
3          4.7         3.2          1.3         0.2   setosa
4          4.6         3.1          1.5         0.2   setosa
5          5.0         3.6          1.4         0.2   setosa
6          5.4         3.9          1.7         0.4   setosa
```

iris 데이터의 1행부터 6행까지 출력됨

```
> tail(iris)
    Sepal.Length  Sepal.Width  Petal.Length  Petal.Width    Species
145          6.7          3.3           5.7          2.5  virginica
146          6.7          3.0           5.2          2.3  virginica
147          6.3          2.5           5.0          1.9  virginica
148          6.5          3.0           5.2          2.0  virginica
149          6.2          3.4           5.4          2.3  virginica
150          5.9          3.0           5.1          1.8  virginica
```

iris 데이터의 1행부터 6행까지 출력됨

```
> iris[(length(iris$Sepal.Length)-5):length(iris$Sepal.Length), ]
    Sepal.Length  Sepal.Width  Petal.Length  Petal.Width    Species
145          6.7          3.3           5.7          2.5  virginica
146          6.7          3.0           5.2          2.3  virginica
147          6.3          2.5           5.0          1.9  virginica
148          6.5          3.0           5.2          2.0  virginica
149          6.2          3.4           5.4          2.3  virginica
150          5.9          3.0           5.1          1.8  virginica
```

행은 끝행에서 5번째 행부터 마지막 행까지 출력됨

특정변수의 특정행에 있는 데이터 값을 보고자하는 경우

```
> iris$Sepal.Length[1:6]
[1] 5.1 4.9 4.7 4.6 5.0 5.4
```

Sepal.Length변수의 1행부터 6행까지 출력됨

```
> iris[1:6,"Sepal.Length"]
[1] 5.1 4.9 4.7 4.6 5.0 5.4
```

1행부터 6행까지 Sepal.Length변수 값만 출력됨

(5) 현재활성화된 변수 보기

- ls.str

  활성화된 객체(변수) 목록과 함께 구조를 함께 조회

  ls.str(pos = -1, name, envir, all.names = FALSE, pattern, mode = "any")

  – all.names : (로직값) TRUE 인 경우 "."으로 시작하는 숨은 파일까지 조회

  – pattern : (정규표현식) 패턴에 맞는 객체만 조회

  – mode : 데이터 타입(예, mode = "character")

  "logical", "integer", "double", "complex", "raw", "character", "list", "expression", "name", "symbol", "function" 등

```
> vX <- 8
> vY <- 9
> ls()
[1] "vX" "vY"


> ls.str()
vX :  num 8
vY :  num 9

> ls(all.names=TRUE)
[1] ".Random.seed" ".z"          "vX"          "vY"



> rm(vX)

> rm(list=ls())      # 모든 변수를 삭제함

> ls()
character(0)

> rm(list=ls(all.names=TRUE))    # 숨겨진 변수까지 모두 삭제함
```

(6) attach 함수

attach 함수로 데이터셀을 세션에 올려두고 속성명에 간편하게 접근하는 방법도 있다.

```
mydata <- data.frame(age=numeric(0),gender=character(0))
mydata<-edit(mydata)
mydata$sum <-mydata$x1 +mydata$x2

attach(mydata)
sum<-x1+x2
```

(7) 합하기

```
x=5;y=2
x+3
y+x
```

(8) 평균과 표준편차

```
a<-c(1,2,3)
mean(a)

sd(a)
```

제3절 apply, sapply, lapply, malpply, tapply

01 apply 함수

data frames나 matrix의 속성은 2차원 배열로 구성되어있는데, apply 함수는 이러한 배열을 행(가로줄, 레코드, 로)단위 또는 열(세로줄, 속성, 컬럼)단위로 용이하게 계산하기 위한 함수이다. matrix의 평균을 행 또는 열단위로 계산할 경우 apply 함수를 이용하면 용이하다.

• apply

컬럼 혹은 로의 평균 등을 계산

apply(x, MARGIN, FUN, ...)

- x : (array, matrix) 데이터셀
- MARGIN : (수치형 vector) 입력값이 1이면 레코드별로 함수를 대입하고, 2이면 컬럼 단위로 대입
- FUN : (함수) 대입할 함수
- ... : FUN 함수에 대입될 옵션

예) apply(iris[-5], 2, sum, na.rm = TRUE)

※ 예제 1

```
> head(cars)    # R의 cars 데이터 활용
  speed dist
1     4    2
2     4   10
3     7    4
4     7   22
5     8   16
6     9   10

# 2는 속성(컬럼)의 평균을 계산, 1은 레코드(로)의 평균을 계산
> apply(cars,2,mean)
```

```
speed  dist
15.40  42.98
```

※ 예제 2

```
> (성적 <- read.table("성적.txt", header=TRUE)[-1])  성적.txt 파일에서 첫 열을 제거.
   국어  수학  영어
1    8     7     2
2    6     5     7
3    9     4     9
4    4     5     7
5    5     8     9
6    5     9     6
7    4     7    10
8   10    10     9
9    7     5     4
10   7     7     5

> apply(성적, 1, sum)  # 행 단위의 합계 = 값을 벡터로 출력한다.
 [1] 17 18 22 16 22 20 21 29 16 19


> apply(성적, 1, mean) # 행 단위의 평균 = 값을 벡터로 출력한다.
 [1] 5.666667 6.000000 7.333333 5.333333 7.333333 6.666667 7.000000
9.666667 5.333333 6.333333

> round(apply(성적, 1, mean),1) # round() 함수로 소수점 1자리까지 반올림한 평균값
  을 출력한다.
 [1] 5.7 6.0 7.3 5.3 7.3 6.7 7.0 9.7 5.3 6.3

> apply(성적, 2, sum)  # 열 단위의 합계 값을 벡터로 출력한다.
국어 수학 영어
  65   67   68
```

요약 함수가 아닌 각각의 요소 값에 적용되는 함수의 예제

```
> apply(성적, 1, function(x){x*2})
      [,1] [,2] [,3] [,4] [,5] [,6] [,7] [,8] [,9] [,10]
국어    16   12   18    8   10   10    8   20   14    14
수학    14   10    8   10   16   18   14   20   10    14
영어     4   14   18   14   18   12   20   18    8    10
```

```
> apply(성적, 2, function(x){x*2})
      국어  수학  영어
 [1,]   16    14     4
 [2,]   12    10    14
 [3,]   18     8    18
 [4,]    8    10    14
 [5,]   10    16    18
 [6,]   10    18    12
 [7,]    8    14    20
 [8,]   20    20    18
 [9,]   14    10     8
[10,]   14    14    10
```

```
> 성적 * 2
   국어  수학  영어
1    16    14     4
2    12    10    14
3    18     8    18
4     8    10    14
5    10    16    18
6    10    18    12
7     8    14    20
8    20    20    18
9    14    10     8
10   14    14    10
```

```
> 성적 * function(x){x*2}
Error in FUN(left, right) : non-numeric argument to binary operator
```

위와 같이 상수가 아닌 경우 직접적인 계산 함수를 적용할 수 없기 때문에 apply() 함수를 사용한다

02 sapply

- lapply와 비슷
- 리스트가 아닌 행렬, 벡터 등으로 결과를 반환

- sapply

  lapply의 단순화된 버전

  sapply(x, FUN, ..., simplify = TRUE, USE.NAMES = TRUE)

  - x : (vector, list) 데이터셀으로서, 만약 data frames 구조의 데이터가 입력되면 list 구조로 변환함
  - FUN : (함수) 대입할 함수
  - simplify : (로직값, 데이터 구조) 기본값인 TRUE 이면 단순화된 버전을 반환하며, 데이터 구조가 입력되면 해당하는 구조로 변환된 값을 반환(예, simplify = "array")
  - USE.NAMES : (로직값) TRUE 이고 입력값 x 가 문자열이면 x 를 이름을 사용함

```
> sapply(성적, sum)  # 각각의 열의 합계를 구한다.
국어  수학  영어
 65    67    68
> sapply(성적, mean) # 각각의 열의 평균을 구한다.
국어  수학  영어
 6.5   6.7   6.8
```

unlist() 함수를 적용해서 lapply()에 적용하면 sapply()와 동일한 결과가 된다.

```
> unlist(lapply(성적, sum))
국어  수학  영어
 65    67    68> sapply(성적, sum)  # 각각의 열의 합계를 구한다.
국어  수학  영어
 65    67    68
```

03 ssapply와 lapply 함수

data frames의 numeric 속성(컬럼)에 대한 계산(평균, 표준편차, 최대값, 최소값 등)을 용이하게 하는 함수이다. sapply (simplified apply)를 활용하면 각 속성별로 numeric 여부를 판별할 수 있다. 이러한 기능을 응용하면 각 속성별로 데이터형식이 상이할 경우에도 평균을 구하기 용이하다. lapply는 결과값을 list로 제공한다.

```
# 각 컬럼(속성)의 형식이 수치형인지 확인하여 수치형인 경우에만 평균 산출
> fNumericMean <- function(x){
+    if(is.numeric(x))          # 수치형인지 확인
+      return(mean(x))          # 수치형이면 평균 계산
+    else                       # 수치형 아니면 Na
+      return(NA)
+ }

# 각 컬럼(속성)의 형식이 수치형인지 확인하여 수치형인 경우에만 최대값 산출
> fNumericMax <- function(x){
+    if(is.numeric(x))
+      return(max(x))
+    else
+      return(NA)
+ }

> sapply(chickwts, is.numeric)
weight    feed
  TRUE   FALSE

> sapply(chickwts, fNumericMean)
  weight       feed
261.3099          NA

> lapply(chickwts, is.numeric)      # lapply는 결과값을 list로 제공
$weight
[1] TRUE

$feed
[1] FALSE

> lapply(chickwts, fNumericMean)      # lapply는 결과값을 list로 제공
```

```
$weight
[1] 261.3099

$feed
[1] NA

> sapply(chickwts,fNumericMax)        # 앞에서 작성한 fNumbericMax 적용
weight    feed
   423      NA

> sapply(chickwts, mean)        # 수치형이 아닌 경우 경고가 발생함
  weight      feed
261.3099        NA
경고 메시지가 손실되었습니다
In mean.default(X[[2L]], ...) :
  인수가 수치이거나 논리값이 아닙니다. NA값을 돌려줍니다.

> sapply(chickwts, max)        # 수치형이 아닌 경우 경고가 발생함
다음에 오류Summary.factor(c(2L, 2L, 2L, 2L, 2L, 2L, 2L, 2L, 2L, 2L, 3L,  :
  max 요인에 대한 의미가 없습니다.
```

04 lapply

- lapply

  입력값의 각 항목에 함수를 대입한 결과를 반환

  lapply(x, FUN, ...)

  - x : (vector, list) 데이터셑으로서, 만약 data frames 구조의 데이터가 입력되면 list 구조로 변환함
  - FUN : (함수) 대입할 함수

(1) 적용한 함수 값을 리스트로 반환

```
> 성적
   국어 수학 영어
1     8    7    2
2     6    5    7
3     9    4    9
4     4    5    7
5     5    8    9
6     5    9    6
7     4    7   10
8    10   10    9
9     7    5    4
10    7    7    5
> lapply(성적, sum)
$국어
[1] 65

$수학
[1] 67

$영어
[1] 68

> lapply(성적, mean)
$국어
[1] 6.5

$수학
[1] 6.7

$영어
[1] 6.8
```

05 lapply와 apply

```
>x<-matrix(1:12, ncol=3)
>x
     [,1] [,2] [,3]
[1,]  1    5    9
[2,]  2
[3,]  3
[4,]  4

>apply(x, 1,function(x){2*x})
     [,1]  [,2]  [,3]
[1,]  2     10    18
[2,]  4
[3,]  6
[4,]  8
>result<-lapply(1:3, function(x) {x*2})
>result
[[1]
[1] 2
[[2]]
[1] 10
[[3]]
[1] 18

>unlist(result)
[1] 2  10  18

리스트를 인자로 받기
>x<-list(a=1:3, b=4:6)
>x
$a
[1] 1  2  3
$b
[1] 4  5  6

>x$a
[1] 1  2  3
>x$a[2]
[1] 2
>lapply(x, mean)
$a
[1] 2
```

```
$b
[1] 5

데이터프레임 적용
① >lapply(iris[,1:4], mean)
$Sepal.Length    데이터 프레임을 처리한 결과 리스트로
[1] 5.843333
$Sepal.Width
[1] 3.057333
$Petal.Width
[1] 1.199333
>colMeans(iris[,1:4])
Sepal.Length   Sepal.Width   Petal.Length   Petal.Width
  5.84333       3.57333       3.758000       1.199333

데이터 프레임을 처리한 결과 리스트로 나와서,
리스트를 다시 데이터 프레임으로 변환해야
>d<-as.data.frame(lapply(iris[,1:4],mean))
>d
>class(lapply(iris[,1:4], mean))
```

06 tapply(table apply)

- 그룹으로 묶은 후 함수를 적용, 적용 값을 벡터나 행렬로 반환

  tapply(data, Index, function ..)

  index : 그룹지을 값을 지정한다.

- tapply

  입력된 vector를 그룹핑 옵션에 따라 계산(입력 함수의 옵션을 지정 가능)

  tapply(X, INDEX, FUN = NULL, ... , simplify = TRUE)

  (예, tapply(x, factor(..), mean))

  – x : vector

  – INDEX : 요인(factor) 속성(x 와 같은 길이)

  – FUN : (함수) 대입할 함수

- SIMPLIFY : (로직값 또는 문자열) TRUE 이면 결과값을 가능한 matrix 구조로 변환하여 반환하며, 가령 “array” 라고 지정한다면 가능한 array 구조로 변환하여 결과를 변환하여 반환

```
> 환자 <- read.table("환자.txt", header=TRUE)
> 환자
  환자번호       입원일  나이  합병증      증세
1        1   2014-10-15    25   Type1      Poor
2        2   2014-11-01    34   Type2  Improved
3        3   2014-10-21    28   Type1 Excellent
4        4   2014-10-28    52   Type1      Poor
5        5   2014-11-01    37   Type2  Improved
6        6   2014-11-01    40   Type2  Improved  > factor(환자$합병증)
[1] Type1 Type2 Type1 Type1 Type2 Type2
Levels: Type1 Type2
> tapply(환자$합병증, 환자$합병증, length) # 합병증의 그룹별 환자의 수
Type1 Type2
    3     3
> tapply(환자$나이, 환자$합병증, mean)       # 합병증의 그룹별 나이의 평균
Type1 Type2
   35    37

○  mapply(multi simple apply)
- 여러 개의 리스트에 함수를 적용

> m1 <- list(a = c(1:10), b = c(11:20))
> m2 <- list(c = c(21:30), d = c(31:40))

> mapply(sum, m1$a, m2$d) # 2개의 리스트에 적용
 [1] 32 34 36 38 40 42 44 46 48 50

> mapply(sum, m1$a, m1$b, m2$c, m2$d) # 2개의 리스트에 적용
 [1]  64  68  72  76  80  84  88  92  96 100
```

07 tapply, by 함수

tapply 함수는 두 속성(컬럼)에서 하나는 수치를 다른 하나는 그룹핑 값을 가진 경우 그룹핑 값에 따른 계산(합계, 평균, 표준편차 등)을 용이하게 한다.
chickwts 데이터는 닭의 몸무게와 모이의 데이터이다.
tapply와 by 실행 결과의 데이터 구조를 비교해 본다.

	입력 데이터
tapply	vector
by	data frames

tapply는 입력 데이터가 주로 vector이지만, by 함수는 data frames이다. by 함수는 tapply함수의 기능을 data frames에 적용하도록 도와주는 함수이다.
tapply는 입력 함수의 옵션을 지정할 수 있으므로 매우 유용한 함수이다.

```
> head(chickwts)
  weight      feed
1    179 horsebean
2    160 horsebean
3    136 horsebean
4    227 horsebean
5    217 horsebean
6    168 horsebean

> str(chickwts)
'data.frame':    71 obs. of  2 variables:
 $ weight: num  179 160 136 227 217 168 108 124 143 140 ...
 $ feed  : Factor w/ 6 levels "casein","horsebean",..: 2 2 2 2 2 2 2 2 2 2 ...

# 입력 함수(max)의 옵션(na.rm=TRUE)을 지정 가능

> tapply(chickwts$weight, factor(chickwts$feed), max, na.rm=TRUE)
   casein horsebean   linseed  meatmeal   soybean sunflower
      404       227       309       380       329       423

> tapply(chickwts$weight, factor(chickwts$feed), min, na.rm=TRUE)
   casein horsebean   linseed  meatmeal   soybean sunflower
      216       108       141       153       158       226
```

```
> tapply(chickwts$weight, factor(chickwts$feed), sum, na.rm=TRUE)
   casein  horsebean   linseed   meatmeal   soybean   sunflower
    3883        1602      2625       3046      3450        3947

> tapply(chickwts$weight, factor(chickwts$feed), mean, na.rm=TRUE)
   casein  horsebean   linseed   meatmeal   soybean   sunflower
323.5833    160.2000  218.7500   276.9091  246.4286    328.9167

> tapply(chickwts$weight, factor(chickwts$feed), length)
   casein  horsebean   linseed   meatmeal   soybean   sunflower
      12          10        12         11        14          12

> length(chickwts$feed)
[1] 71

> tapply(chickwts$weight, factor(chickwts$feed), summary)
$casein
   Min.  1st Qu.  Median   Mean  3rd Qu.   Max.
  216.0   277.2    342.0  323.6   370.8   404.0


$horsebean
   Min.  1st Qu.  Median   Mean  3rd Qu.   Max.
  108.0   137.0    151.5  160.2   176.2   227.0

$linseed
   Min.  1st Qu.  Median   Mean  3rd Qu.   Max.
  141.0   178.0    221.0  218.8   257.8   309.0

# by를 이용한 방식
> by(chickwts$weight, chickwts$feed, mean)
chickwts$feed: casein
[1] 323.5833
------------------------------------------------
chickwts$feed: horsebean
[1] 160.2
------------------------------------------------
chickwts$feed: linseed
[1] 218.75
------------------------------------------------
chickwts$feed: meatmeal
[1] 276.9091
------------------------------------------------
chickwts$feed: soybean
[1] 246.4286
```

```
-------------------------------------------------
chickwts$feed: sunflower
[1] 328.9167

> by(chickwts, chickwts$feed, summary)
chickwts$feed: casein
         weight              feed
 Min.    : 216.0   casein    : 12
 1st Qu. : 277.2   horsebean :  0
 Median  : 342.0   linseed   :  0
 Mean    : 323.6   meatmeal  :  0
 3rd Qu. : 370.8   soybean   :  0
 Max.    : 404.0   sunflower :  0
--------------------------------------------------------------------
chickwts$feed: horsebean
         weight              feed
 Min.    : 108.0   casein    :  0
 1st Qu. : 137.0   horsebean : 10

중략 ...
```

08 outer 함수

outer 함수는 두 개의 vector와 연산 기호를 입력받아 행렬을 만든다
만약 두 개의 vector가 문자열을 포함하고 있으면 모든 조합을 나타낸다.

```
# 숫자의 결합
> vX <- 1:5
> vY <- 6:10
> names(vX) <- vX
> names(vY) <- vY

> outer(vX, vY, "+")
   6  7  8  9 10
1  7  8  9 10 11
2  8  9 10 11 12
3  9 10 11 12 13
```

```
4 10 11 12 13 14
5 11 12 13 14 15

# 문자열의 결합
> vX <- c("A","B","C")
> vY <- c("A","B","C")
> names(vX) <- vX          # vector에 이름 지정
> names(vY) <- vY          # vector에 이름 지정
> mMatrix <- outer(vX, vY, FUN=paste, sep="-")
> mMatrix
  A     B     C
A "A-A" "A-B" "A-C"
B "B-A" "B-B" "B-C"
C "C-A" "C-B" "C-C"

> mMatrix[ !lower.tri(mMatrix)]        # matrix의 하부 삼각형 제거
[1] "A-A" "A-B" "B-B" "A-C" "B-C" "C-C"
```

CHAPTER 2 파일 읽기 및 쓰기

외부 데이터를 R로 읽어 들이는 방법을 살펴본다.
데이터를 저장은 text 또는 csv파일, Excel, 데이터베이스가 주로 사용된다.
Excel 파일은 내부에 별도의 "sheet"라는 구조를 가지기 때문에 어느 "sheet"를 읽을지 지정하여야 한다.
데이터베이스는 파일 구조가 아닌 별도의 연결 시스템이 필요하다.

제 1 절 파일 읽기

01 read.csv

csv(comma separated values) 파일은 각 데이터 정보 항목을 ","로 분리한 형식이다. csv 파일은 파일명을 통해 그 구조를 가늠할 수 있기 때문에 오류를 줄이고 파일을 통한 정보교환이 용이하다.
따라서 가능한 text 파일보다는 csv 파일을 사용할 것을 추천한다.
csv 파일을 읽는 함수는 read.csv이다.
파일의 경로를 지정할 때 유의할 점은 역슬래시(\ 또는 \로 표시됨)를 두 번 입력하여야 한다는 점이다. 문자열 안의 역슬래시는 특수문자(예, "\n")를 표현하기 위한 특별한 기호로 사용되기 때문에 역슬래시를 두 번 입력하여야 내부적으로 한 번으로 인식된다.

<mtcars_simple.csv>

```
cars,mpg,cyl,disp,hp,drat,wt,qsec,vs,am,gear,carb
Mazda RX4,21.0,6,160.0,110,3.90,2.620,16.46,0,1,4,4
Mazda RX4 Wag,21.0,6,160.0,110,3.90,2.875,17.02,0,1,4,4
Datsun 710,22.8,4,108.0,93,3.85,2.320,18.61,1,1,4,1
Hornet 4 Drive,21.4,6,258.0,110,3.08,3.215,19.44,1,0,3,1
Hornet Sportabout,18.7,8,360.0,175,3.15,3.440,17.02,0,0,3,2
```

```
> read.csv("c:/rproject/read.csv",header=TRUE,stringsAsFactors=FALSE)

               cars  mpg  cyl disp  hp  drat  wt    qsec  vs am gear carb
1         Mazda RX4  21.0  6  160  110  3.90 2.620 16.46  0  1   4    4
2     Mazda RX4 Wag  21.0  6  160  110  3.90 2.875 17.02  0  1   4    4
3        Datsun 710  22.8  4  108   93  3.85 2.320 18.61  1  1   4    1
4    Hornet 4 Drive  21.4  6  258  110  3.08 3.215 19.44  1  0   3    1
5 Hornet Sportabout  18.7  8  360  175  3.15 3.440 17.02  0  0   3    2
```

(1) quote 옵션

sv 파일형식은 이름 또는 숫자와 같은 데이터 항목 내에 ‘,’ 를 포함할 수 있다.
가령, 한글이름을 영문으로 표기할 경우 주로 성을 앞에 두고 명을 기록하는데, “Hong, Gildong”과 같이 성과 명 사이에 ‘,’ 로 분리한다.

quote 옵션을 이용하면 이러한 데이터를 원하는 방식으로 읽을 수 있다.
금액 안에 포함된 “,”도 상기 방법으로 해결할 수 있지만 금액에는 가능한 ‘,’를 제외하길 추천한다.

<quote.csv>

```
customer name,price,exchange rate,doller,customer class
'Hong, joo',200000,1.14,175,A
'Kim, Seondal',1000000,1.16,862,C
'Lee, Soonsin',1000000,1.14,877,A
'Kim, Seungjae',300000,1.15,261,B
```

```
> read.csv("c:/rproject/quote.csv",quote="",header=TRUE)

   customer.name    price  exchange.rate  doller  customer.class
1  Hong, Gildong   200000           1.14     175               A
2    Kim, Seondal 1000000           1.16     862               C
3    Lee, Soonsin 1000000           1.14     877               A
4  Kim, Seungjae   300000           1.15     261               B
```

(2) sep = "\t" 옵션

read.csv 함수를 이용하여 일반 .txt 파일도 읽을 수 있다. 가령 탭으로 구분된 파일을 읽고자 할 경우에는 sep = "\t" 옵션을 이용한다.

```
> read.csv("c:/rproject/tab.csv", sep="₩t", header=TRUE)
```

02 데이터 타입 지정 방법 파일을 읽기

데이터값은 숫자(numeric), 문자(character), 코드(factor) 등의 형태로 표현된다.
R은 파일로부터 데이터를 읽을 때 숫자에 하나라도 문자가 포함되면 문자로 인식한다.

만일 수동으로 속성(컬럼)별로 데이터 타입을 지정하고 싶으면 colClasses 옵션을 이용한다.
R은 자동으로 모든 문자열(character) 타입 vector를 factor 데이터 구조로 읽으므로, 만약 이를 원하지 않으면 stringsAsFactors = FALSE 옵션을 지정하여야 한다. 동일한 기능이 as.is = TRUE 옵션으로도 가능하다.
전통적 데이터 분석을 위해서는 문자열 타입의 vector를 factor 구조로 변환하여야 한다. 기초통계분석, 회귀분석 등을 수행할 때 성별, 학력등의 데이터 항목이 factor 구조에 저장된다고 생각하면 된다.
문자열 vector를 factor 구조로 자동 변환하여 읽으면 읽은 데이터를 바로 분석할 수 있어 편리하지만, 만약, 순위가 있는 factor 구조에 저장할 필요하다면 수동으로 변환하여야 한다.

R에서 제공하는 데이터 분석 함수가 입력 데이터 구조와 타입에 따라 다르게 수행하므로 구조로 분류한다.

```
> read.csv("c:/rproject/quote.csv",header=TRUE,quote="'"
  ,colClasses=c("character","numeric","numeric","numeric","factor"))
   customer.name    price   exchange.rate   doller   customer.class
1  Hong, Gildong    2e+05            1.14      175                A
2    Kim, Seondal   1e+06            1.16      862                C
3    Lee, Soonsin   1e+06            1.14      877                A
4  Kim, Seungjae    3e+05            1.15      261                B
```

다섯 번째 factor 컬럼은 기본으로 아파벳순(A < B < C < VIP)으로 코드값이 부여된다. 순서를 C < B < A < VIP로 변경하기 위해 ordered 함수를 적용한다.

```
> vDataFrame[[5]] <- ordered(vDataFrame[[5]],levels=c("C","B","A","VIP"))
> vDataFrame[[5]]
[1] A    C    VIP B
Levels: C < B < A < VIP
> vDataFrame
   customer.name    price   exchange.rate   doller   customer.class
1  Hong, Gildong    2e+05            1.14      175                A
2    Kim, Seondal   1e+06            1.16      862                C
3    Lee, Soonsin   1e+06            1.14      877              VIP
4  Kim, Seungjae    3e+05            1.15      261                B
```

03 파일읽기 에러 처리 및 속도 향상

파일을 읽을 때 흔히 만나게 되는 오류를 해결하는 방법을 몇 가지 소개하고자 한다. csv 파일을 읽는 과정에서 "불완전한 맨 마지막 줄이 검색되었다"는 에러 메시지가 뜨면, csv 파일을 열어 맨 마지막 데이터 끝에 "엔터" 키를 추가하면 해결된다.

또 다른 흔히 접할 수 있는 오류로서 "중복된 'row.names'는 허용되지 않습니다." 라는 메시지가 뜨면 각 로의 마지막에 불필요한 ","가 추가되지 않았는지 확인하여 삭제하면 된다.

'파일을 열수 없다'는 메시지가 뜬다면 경로와 파일명을 검토해 본다. 경로에 "/"기호를 사용했는지 아니면 "\\" 처럼 두개를 붙였는지 확인한다.

```
# 정상적인 경로 지정
> read.csv("D:/rbook/test.csv")
> read.csv("D:\\rbook\\test.csv")

# 파일을 열수 없다는 오류 발생
> read.csv("D:\rbook\test.csv")
```

• stringsAsFactors = FALSE

R은 문자열을 factor 구조로 자동 변환하여 저장한다.
하지만, 이러한 자동기능은 대용량 데이터를 읽을 시 속도를 늦추는 단점이 있다.
파일 읽은 속도를 높이기 위해서는 stringsAsFactors = FALSE 옵션을 이용하여 자동 factor 변환 기능을 사용하지 않는 것도 한 방법이다.
파일을 읽을 때 데이터가 정상적으로 읽힌 것 같지만 확인해 보면 데이터가 중간에 끊겨 모두 읽히지 않는 경우가 있다.
다시 읽어 보아도 동일한 현상이 반복해 발생한다. 이럴 경우 먼저 깨진 한글이 포함되어 있진 않은 지 확인한다. 한글이 일반적으로는 잘 읽히지만 간혹 예상치 않게 깨지는 경우가 있다. 한글값이 필요 없는 경우 지우고 다시 읽으면 해결될 수 있다.
텍스트마이닝이 아닌 일반적 통계분석을 위한 데이터라면 문자열은 factor 구조로 변형해야 분석이 가능하므로 문자열에 연연할 필요는 없다. 문자열을 factor로 변환하여 저장한 파일이 있는데, 이는 메타정보를 포함하고 있다. 메타정보에 대한 자세한 내용은 노트를 참조한다.
오류가 발생하는 또 다른 확인 사항은 csv 파일인 경우 금액이나 회사명 등을 표시할 때 “,”가 값의 중간에 포함되는 경우가 있다. 이를 해결하기 위해 “‘” 와 같은 기호를 사용하는데(예, “KOSIS LT., CO”), 이러한 기호가 제대로 열리고 닫혔는지 확인한다.

04 탭으로 구분된 파일 읽기

데이터항목의 분류를 ‘Tab’을 이용할 수 있는데 이러한 경우 read.delim 함수를 사용한다. ‘Tab’으로 구분된 파일을 read.csv 함수로 읽으려면 sep = '\t' 옵션을 이용하면 된다.

```
> x <- read.delim("exchangerate_quote.tsv",stringsAsFactors=FALSE)
> head(x)
   customer_name     price   exchange_rate   doller   customer_class
1  'Hong Gildong'   200000            1.14      175                A
2   'Kim Seondal'  1000000            1.16      862                C
3   'Lee Soonsin'  1000000            1.14      877                A
4 'Kim Seungjae'    300000            1.15      261                B
```

05 규칙적인 형식의 다양한 Text 파일 읽기

(1) read.table 함수

다양한 형식의 데이터파일을 읽기위해 read.table 함수는 다양한 추가 옵션을 제공한다. 추가옵션은 헤더영역 정의, 데이터항목 구분자 지정, 상단의 스킵 문자열 수 지정, 데이터 타입과 구조 지정 등이다.

- 다양한 파일 형식을 읽지만 기본적으로 테이블 형식을 갖추어야 한다.
- 테이블 형식이란 각 라인마다 하나의 레코드를 가지고, 레코드 내의 값들은 공백 등과 같은 구분기호를 가지며, 각 레코드는 동일한 수의 값을 가져야 한다는 조건이다. 참고로 많이 사용되는 구분기호는 " : ", ";" 등이 있으며 어떤 기호이든 값을 구분할 수 있으면 가능하다. read.cav 와 read.delim 함수는 read.table 함수를 사용하기 쉽도록 구분자 기능을 추가한 것이다. 다시 말해 read.table 에 옵션을 적용하여 구현 가능하다. 파일 내 데이터가 구분자(예, ",", ";", "\t" 등)가 아닌 공백으로 구분되는 경우, read.table 은 중복된 공백을 자동으로 무시하고 읽으므로 아래와 같이 간단한 명령어로 편리하게 읽을 수 있다.

• read.table

데이터를 파일로부터 테이블 형식으로 읽은 후 data frames 구조의 변수에 저장함

```
read.table(file, header = FALSE, sep = "", quote = "\"",
           dec = ".", row.names, col.names,
           as.is = !stringsAsFactors,
           na.strings = "NA", colClasses = NA, nrows = -1,
           skip = 0, check.names = TRUE, fill = !blank.lines.skip,
```

```
strip.white = FALSE, blank.lines.skip = TRUE,
comment.char = "#",
allowEscapes = FALSE, flush = FALSE,
stringsAsFactors = default.stringsAsFactors(),
fileEncoding = "", encoding = "unknown", text)
```

- file : 경로와 파일명 또는 URL(예, “c:/rbook/test.txt”)
- header : 상단에 속성명 포함 여부(예, header = TRUE)
- sep : 컬럼을 구분하는 구분 기호(예, sep = “,”)
- skip : 상단의 스킵할 라인 수(예, skip = 2)
- quote : 값을 하나의 단위로 구분하는 기호(예, quote = “’”)
- dec : 소수점을 표현하는 기호(예, dec = “.”)
- row.names : 레코드명이 기록된 vector. 속성을 생략하거나 NULL 값을 부여할 경우 일련번호가 자동으로 부여됨.
- col.names : 컬럼명이 기록된 vector(생략 시 “V” 와 컬럼 번호가 부여됨)
- na.strings : NA 로 해석될 문자열 vector (예, na.strings = c("NA","#DIV/0!",“.”))
- colClasses : 속성의 데이터 타입을 정의 (예, colClasses = c("character","numeric","factor")
- nrows : 읽을 최대 라인 수(레코드 수)
- check.names : 속성명의 타당성과 중복여부를 체크함. 타당성은 예약어를 사용하였는지 또는 점과 숫자가 바로이어지는 지(예, “.2way”)를 확인
- fill : 참일 경우 레코드 내에 값이 부족할 경우 공백 처리
- strip.white : sep 이 설정된 경우에만 사용되며, 공백을 제거 (예, strip.white = TRUE)
- blank.lines.skip : 참인 경우 공백인 라인(레코드)가 제거됨 (예, blank.lines.skip = TRUE)
- comment.char : 설명으로 인식할 라인 기호 지정
- flush : (로직값) 기본값은 FALSE 이며, TRUE 인 경우 지정된 개수의 속성 만큼을 읽고, 그 이후의 값은 버리므로 레코드에 설명이 추가되어 있는 경우 유용
- stringAsFactors : 문자 타입을 factor 구조로 변환 여부 지정 (예, stringAsFactors = FALSE)
- fileEncoding : 파일을 읽을 시 인코딩 방식을 지정하며, UTF-8사용을 추천

- encoding : 문자열 인코딩 방식 설정(예, encoding = "UTF-8")
  - Latin-1 : 1바이트로 영문자만 표현 가능
  - UTF-8 : 국제 표준으로 아시아 문자 등 표현 가능

<readtable.txt>

```
Id_num Price
aa       36.9
bb        4.5
cc         8.9
```

```
> a <- read.table("c:/rrpject/readtable.txt",header=TRUE)

read.fwf
```

data.frame에서 넓이로 고정된 형식의 테이블을 읽는다.

- skip 옵션

다음은 헤더영역이 지정된 파일을 읽는 방법을 살펴본다.
파일은 파일설명 문구를 상단에 포함된경우 skip 옵션을 이용하여 윗부분 두 줄의 파일설명을 제외하고 데이터를 읽는다.
skip 옵션을 이용하지 않고도 라인의 맨 앞에 "#" 기호가 있으면 주석(설명문)으로 인식하여 자동으로 읽지 않는다.
만약, 이를 무시하고 싶으면 comment.char = ""으로 옵션을 변경하여야 한다. 이 옵션을 이용하면 설명문으로 인식하는 기호를 원하는 것으로 지정할 수 있다.

<header.txt>

```
#Owner : Hong, Gildong
#Date : 2012-05-01
customer name,price,exchange rate,doller,customer class
'Hong, Gildong',200000,1.14,175,A
'Kim, Seondal',1000000,1.16,862,C
'Lee, Soonsin',1000000,1.14,877,A
'Kim, Seungjae',300000,1.15,261,B
```

```
> vDataFrame <- read.table("D:/rbook/header.txt",skip=2,
quote="'",sep=",",header=TRUE,stringsAsFactors=FALSE,colClasses=c("character",
```

```
"numeric","numeric","numeric","factor"))

> vDataFrame
   customer.name    price  exchange.rate  doller  customer.class
1  Hong, Gildong   2e+05           1.14     175               A
2   Kim, Seondal   1e+06           1.16     862               C
3   Lee, Soonsin   1e+06           1.14     877             VIP
4  Kim, Seungjae   3e+05           1.15     261               B

> vDataFrame[[1]]
[1] "Hong, Gildong" "Kim, Seondal"  "Lee, Soonsin"  "Kim, Seungjae"
> typeof(vDataFrame[[1]])
[1] "character"
> data.class(vDataFrame[[1]])
[1] "character"
> vDataFrame[[4]]
[1] 175 862 877 261
> typeof(vDataFrame[[4]])
[1] "double"
> data.class(vDataFrame[[4]])
[1] "numeric"
> vDataFrame[[5]]
[1] A   C   VIP B
Levels: A B C VIP
> typeof(vDataFrame[[5]])
[1] "integer"
> data.class(vDataFrame[[5]])
[1] "factor"
```

(2) read.fwf 함수

- 값이 위치로 구분되는 형식의 파일을 읽음.

  read.fwf(file, widths, header = FALSE, sep = "\t", skip = 0, row.names, col.names, n = -1, buffersize = 2000, ...)

  – widths : 각 수치의 넓이(예, widths = c(2,3,2))

  – sep : 속성명의 구분기호로서, 컬럼을 구분하는 read.table 함수에서 사용되는 옵션과의 기능상의 차이가 있음(예, sep = “,”)

  – n : 읽을 최대 라인 수(레코드 수)

  – buffersize : 한 번에 읽을 최대 라인 수

- widths 옵션

  아래 형식과 같이 고정된 넓이 형식에 따라 입력된 데이터를 읽는 방법을 살펴본다. 아래 예제 데이터를 보면 aa 와 36.9 값이 서로 붙어 있으며 위치에 의해 구분된다. 이러한 데이터 형식은 각 속성(컬럼) 마다의 길이를 widths 옵션에 지정하면 된다.

<widths.txt>

```
Name,Flag
Han  A
KangB
HongB
```

```
> a <- read.fwf("d:/rproject/widths.txt",header=TRUE,sep=",",widths=c(2,4,2))
```

특정 위치의 값을 읽지 않으려면 widths 옵션에 음수의 값을 대입하면 된다. 단, 특정 위치의 값을 읽지 않는 것과 같이 복잡한 형태일 경우에는 헤더를 사용하지 않고 col.names 옵션을 이용하여 직접 입력하는 것이 오류를 예방하기도 한다.

<formatted_data03.txt>

```
aa36.9bb
bb  4.5bb
cc  8.9bb
```

```
> a <- read.fwf("d:/rbook/formatted_data.txt", header=FALSE, widths=c(2,-4,2)
    ,col.names=c("Id","Flag") )
```

06 불규칙한 형식의 text 파일 읽기readLines 함수scan 함수

(1) readLines와 scan 함수

- scan

  데이터를 읽어서 vector나 list에 저장

  scan(file = "", what = double(), nmax = -1, n = -1, sep = "",

quote = if(identical(sep, "\n")) "" else "'\"", dec = ".",
skip = 0, nlines = 0, na.strings = "NA",
flush = FALSE, fill = FALSE, strip.white = FALSE,
quiet = FALSE, blank.lines.skip = TRUE, multi.line = TRUE,
comment.char = "", allowEscapes = FALSE,
fileEncoding = "", encoding = "unknown", text)

- what : 읽을 데이터의 타입("numeric", "integer", "character", "logical")을 지정. 데이터의 패턴을 지정하고자할 경우는 list 를 사용(예, what = list("","",""))
- nmax : 아래 n 옵션과 동일한 기능을 하며, what 이 list 인 경우는 최대 읽을 레코드 개수임
- n : 읽을 데이터 개수
- flush : 라인에서 필요한 속성(컬럼) 만큼만 데이터를 읽고 나머지는 버림 (예, flush = TRUE)

• readLines

파일로부터 데이터 일부 또는 전체를 라인 단위로 읽기

readLines(con = stdin(), n = -1L, ok = TRUE, warn = TRUE, encoding = "unknown")

- con : 파일명 또는 연결 포인트
- n : 최대 읽을 라인 수

데이터가 테이블 형식으로 정리되어 있으면 읽기 수월하지만, 때로 복잡하고 불규칙한 구조의 데이터를 읽어야 할 때가 있다.
이때는 readLines나 scan 함수를 이용한다.
readLines 함수를 이용하는 방식은 라인 단위로 파일 내용 전체를 읽어 들인 후 문자열로 처리하는 방식이다. 한 라인씩 읽는 것은 간단하지만 문자열을 처리하는 과정이 복잡하다.

```
> vLines <- readLines("d:/rbook/exchangerate_header.txt")
> vLines
[1] "Owner : Hong, Gildong"
[2] "Date : 2012-05-01"
[3] "customer name,price,exchange rate,doller,customer class"
[4] "'Hong, Gildong',200000,1.14,175,A"
[5] "'Kim, Seondal',1000000,1.16,862,C"
[6] "'Lee, Soonsin',1000000,1.14,877,VIP"
[7] "'Kim, Seungjae',300000,1.15,261,B"
```

```
# 3라인을 읽음
> vLines <- readLines("d:/rbook/exchangerate_header.txt", n=3)
> vLines
[1] "Owner : Hong, Gildong"
[2] "Date : 2012-05-01"
[3] "customer name,price,exchange rate,doller,customer class"
```

• **특정컬럼을 제외하고 읽기 flush옵션**

테이블과 유사한 형식이지만 불필요한 속성(컬럼)이 파일에 추가되어 있어 이를 제외하고 읽으려면 **flush** 옵션을 이용한다. 원하는 속성만 읽고 그 외의 정보는 제외한다. 아래 예제 데이터에서 네 번째 줄의 "col"을 제외하고 읽어본다.

<data_flush.txt>

```
 ID   Price  Count
101  35000   2000
102  40000   2500
103  40000   3500  col
```

```
> pFile <- file("d:/rbook/data_flush.txt")
> vData <- scan(pFile, what=list("","",""))
  Read 5 records
  경고 메시지가 손실되었습니다.
  In scan(file, what, nmax, sep, dec, quote, skip, nlines, na.strings,  :
  읽어들인 항목의 수가 열 수의 배수가 아닙니다.

#지정된 개수의 컬럼 이외는 제외
> vData <- scan(pFile, what=list("","",""), flush=TRUE)
Read 4 records
> vData
[[1]]
[1] "ID"  "101" "102" "103"

[[2]]
[1] "BOOK"  "35000" "40000" "40000"

[[3]]
[1] "NOTE" "2000" "2500" "3500"
```

(2) 테이블 형식이 아닌 다른 구조로 데이터가 저장된 경우 scan함수

파일 내에 테이블 형식이 아닌 다른 구조로 데이터가 저장된 경우를 보면 (1) 값이 일렬로 나열된 경우, (2) 값이 일정 패턴으로 반복되는 경우, (3) 값이 가로가 아닌 세로축으로 정렬된 경우 등이 있다. scan 함수를 이용하면 이러한 형식을 읽을 수 있다.
먼저 값이 일렬로 나열된 경우는 값을 어떤 데이터 타입으로 읽을지 what 옵션을 통해 지정하여야 한다. 데이터 타입은 "numeric", "integer", "character", "logical"로 지정한다.

<data_scan01.txt>

```
101 202 304 103 102 304 103 223 104 201 105 204 609 202 303 404 832 984 702 494
```

```
# 나열된 숫자 읽기
> pFile <- file("d:/rbook/data_scan01.txt")
> vData <- scan(pFile, what="numeric")
Read 20 items
> vData
 [1] "101" "202" "304" "103" "102" "304" "103" "223" "104" "201" "105"
[12] "204" "609" "202" "303" "404" "832" "984" "702" "494"
```

(3) File( )함수

- file
  파일 연결 포인터를 생성
  file(description = "", open = "", blocking = TRUE,
      encoding = getOption("encoding"), raw = FALSE)
  - description : 파일명, URL, 클립보드 등
  - open : 연결방식 지정
    - "r", "rb" - 텍스트, 바이너리 파일 처음부터 읽기(기본값)
    - "r+", "r+b" - 텍스트, 바이너리 파일 처음부터 읽고 쓰기
    - "w", "wb" - 텍스트, 바이너리 파일이 쓰기(기존파일 삭제)
    - "w+", "w+b" - 텍스트, 바이너리 파일 읽고 쓰기(기존파일 삭제)
    - "a", "ab" - 텍스트, 바이너리 파일에 내용 추가
    - "a+", "a+b" - 텍스트, 바이너리 파일 읽고 내용 추가

다음으로 값이 일정한 패턴으로 반복하는 경우를 읽어본다. 이때에도 what 옵션을 사용하지만 list 를 이용하여 패턴을 지정한다. 아래 예제 데이터는 <날짜, 주식가격>이 반복적으로 되풀이되는 구조이다.

<data_scan_02.txt>

```
13.01.11 1,996.67 13.01.14 2,007.04 13.01.15 1,983.74 13.01.16 1,977.45 13.01.17 1,974.27
13.01.18 1,987.85 13.01.21 1,986.86 13.01.22 1,996.52 13.01.23 1,980.41 13.01.24 1,961.42
```

```
# 주식 정보와 같이 <날짜, 가격>의 순서로 나열된 데이터 읽기
> pFile <- file("d:/rbook/data_scan02.txt")
> vData <- scan(pFile, what=list(date="character",value="numeric"))
Read 10 records
> vData
$date
 [1] "13.01.11" "13.01.14" "13.01.15" "13.01.16" "13.01.17" "13.01.18"
 [7] "13.01.21" "13.01.22" "13.01.23" "13.01.24"

$value
 [1] "1,996.67" "2,007.04" "1,983.74" "1,977.45" "1,974.27" "1,987.85"
 [7] "1,986.86" "1,996.52" "1,980.41" "1,961.42"
```

값이 세로로 정렬된 데이터는 데이터를 읽은 후 날짜별로 정렬하면 된다. 이상으로 몇 가지 데이터 저장 형식을 살펴보았지만 세상엔 테이블 형식으로 저장된 데이터보다 그렇지 않은 형식으로 저장된 데이터가 훨씬 많다.

<data_scan_03.txt>

```
13.01.11  1,996.67  13.01.18  1,987.85
13.01.14  2,007.04  13.01.21  1,986.86
13.01.15  1,983.74  13.01.22  1,996.52
13.01.16  1,977.45  13.01.23  1,980.41
13.01.17  1,974.27  13.01.24  1,961.42
```

```
# 세로로 정렬 데이터 읽기
> pFile <- file("d:/rbook/data_scan03.txt")
> vData <- scan(pFile, what=list(date="character",value="numeric"))
Read 10 records
> vDateOrder <- order(vData$date)
```

```
> vData <- list(date=vData$date[vDateOrder], value=vData$value[vDateOrder])
> vData
$date
 [1] "13.01.11" "13.01.14" "13.01.15" "13.01.16" "13.01.17" "13.01.18"
 [7] "13.01.21" "13.01.22" "13.01.23" "13.01.24"

$value
 [1] "1,996.67" "2,007.04" "1,983.74" "1,977.45" "1,974.27" "1,987.85"
 [7] "1,986.86" "1,996.52" "1,980.41" "1,961.42"
```

07 Excel 파일 읽기

엑셀(Excel)로 생성된 파일을 R로 읽어서 분석한다는 것은 왠지 쉽고 편리하다는 느낌이 있다. Excel 파일은 시각적으로 데이터를 검토 또는 확인한 후 읽을 수 있어 데이터 접근성과 사용 편리성이 높다는 장점이 있다. 하지만, Excel 파일은 특정 형식이 내재되기도 하고 여러 시트(Sheet)로 구성된 경우 오류를 발생할 소지가 있으므로 주의해야 한다. 또 다른 주의할 점은 문자열 값에 특수문자(예, 백스페이스, 깨진 한글 등)가 포함된 경우 Excel은 이런 문자를 자동으로 걸러주는데, 이러한 기능이 편리할 때도 있지만 간혹 오류를 찾기 어렵게 하는 문제점이 되기도 한다.

Excel 파일을 읽기 위해서는 gdata 패키지가 필요하다. gdata 패키지는 read.xls 와 write.xls 함수 사용을 지원한다. Excel 파일의 데이터가 첫 번째 sheet에 저장되고 첫 레코드가 속성명인 경우는, read.xls 함수가 단순히 데이터파일 폴더로 파일을 읽을 수 있다. read.xls 는 ".xls"와 ".xlsx" 확장자를 동일한 방식으로 읽는다. 많은 종류의 파일 형식이 있는데 각자의 기호와 필요에 따라 선택하면 된다.

Excel 파일을 읽은 또 다른 방법은 xlsx 패키지를 이용하는 방법이다. read.xlsx 함수는 Excel 파일에 서식(글자색, 글자두께 등)이 들어가 있는 경우 본 패키지를 이용하면 오류 없이 읽을 수 있다.

• read.xls

엑셀 형식 파일을 읽음.

```
read.xls(xls, sheet = 1, verbose = FALSE, pattern,
        na.strings = c("NA","#DIV/0!","."), blank.lines.skip )
```

- xls : 엑셀 파일명("http://", "https://", "ftp://" 와 같은 URL 주소도 지원)
- sheet : 읽을 sheet의 번호 또는 이름 지정
- verbose : (로직값) 기본값은 FALSE 이며, TRUE 이면 파일을 읽는 과정 상세 내역을 출력)
- pattern : (문자열) 주어진 문자열이 나타난 라인부터 읽기 시작함 (예, pattern = "state")
- blank.lines.skip : (로직값) TRUE 이면 빈라인을 제거함

* 필요패키지
library(gdata)

```
# gdata 패키지 이용
> install.packages("gdata")
> library(gdata)     # 반드시 패키지를 로드하여야 함
> dExcel <- read.xls("d:/rbook/test.xls", sheet=1)    # ".xls" 파일 읽기
> dExcel <- read.xls("d:/rbook/test.xlsx", sheet=1)  # ".xlsx" 파일 읽기

# 웹에서 바로 데이터 읽기
> vCrime.url <- "http://www.jrsainfo.org/jabg/state_data2/Tribal_Data00.xls"
> dCrime_all <- read.xls(crime.url)     # 엑셀의 모든 데이터를 읽음
  # State 문자열이 나타난 라인부터 읽음
> dCrime_data <- read.xls(crime.url, pattern = "State")

# xlsx 패키지 이용
> install.packages("xlsx")
> library(xlsx)
> dExcel <- read.xlsx("d:/rbook/test.xlsx", sheet=1)  # ".xlsx" 파일 읽기
```

제2절 데이터베이스 연동

데이터베이스에서 데이터 가져오기, 데이터베이스에 연결하여 데이터를 가져오는 방법을 살펴본다. 아래 예제는 R이 ODBC[1]를 통해 MS Access 내의 데이터를 가져온다. 다음 절차에 따라 설정하면 데이터베이스 연동이 가능하다.

- "제어판" → "관리도구" → "ODBC" → "사용자 DSN" 탭 선택
- "추가" 버튼을 클릭한 후 MS Access 드라이버를 추가 후 완료
- 데이터소스 이름을 설정, 예, test_MS_Access

윈도우의 DSN이 설정되면 R은 데이터베이스의 데이터를 읽을 수 있다.

```
> install.packages("RODBC")
> library("RODBC")
> oDB <- odbcConnect("test_MS_Access")
# 만약 오라클이나 타 데이터베이스에 접근한다면 dsn 명만 추가하면 됨
  (예, oDB <- odbcConnect(dsn="Orable_EMDW")

# 테이블 목록 조회
> vTableList <- sqlTables(oDB)
```

데이터베이스를 연동한 후 sqlFetch(vDB) 함수를 이용하여 원하는 테이블의 데이터를 읽어 들인다. 전체 테이블 정보를 조회할 경우 sqlTables(vDB)를 이용한다. 그리고 SQL 쿼리를 통해 데이터를 읽어 들이려면 sqlQuery 함수를 이용한다.

```
> sqlQuery(oDB, "SELECT * FROM ... WHERE ..." )

# 데이터를 모두 읽었으면 반드시 채널을 닫아주어야 함
> odbcClose(oDB)
```

R은 복수의 데이터베이스 연동을 지원하며, 이러한 기능은 다양한 데이터 원천으로부터 데이터를 읽어 들이거나 데이터를 병합하기 용이하다. 연동된 데이터베이스 정보를 조회하기 위해서는 odbcDataSources 함수를 이용한다. 데이터베이스를 읽은 후 odbcClose

1) ODBC (Open Database Connectivity) : 데이터베이스관리시스템(DBMS)에 관계없이 어떤 응용 프로그램에서나 모두 용이하게 접근하여 사용할 수 있도록 DBMS와 응용 프로그램 중간에 데이터베이스를 처리하는 프로그램.

(vDB) 함수를 이용하여 반드시 종료한다. R은 다양한 패키지를 통해 데이터베이스 연결을 지원한다. 다음 테이블은 데이터베이스를 지원하는 패키지를 설명한다.

데이터베이스를 지원하는 패키지

패키지명	설명
RODBC	패키지, 라이브러리 ODBC 와 연동된 데이터베이스. MS SQLServer, MS Access, Oracle, PostgreSQL 등 연동 지원
RMySQL	MySQL 연동 지원
RJDBC	JDBC 연동 지원
RSQLite	SQLite 연동 지원

제 3 절 파일 쓰기

01 data frames의 내용을 파일에 쓰기

분석 작업을 통해 생성 또는 변경된 데이터셀을 저장하는 방법을 알아본다. 데이터셀은 주로 data frames 로 저장되므로,
write.csv, write.table 함수를 이용하면 쉽게 저장할 수 있다.
아래 예제에서 가장 일반적인 방식으로 간단하게 데이터셀을 저장할 수 있는 방법을 사용하였다.
quote = FALSE 옵션은 각 값에 대해 부가적인 기호(예, “”)가 붙는 것을 제거한다.
이는 텍스트 파일을 읽었을 때 가독성을 낮추기 때문에 일반적으로 제거하지만, 데이터 특성에 따라 필요한 경우도 있다.
row.names = FALSE 옵션은 각 라인별로 고유 번호가 추가되는데 일반적으로는 데이터 셀 내에 이미 고유키가 있는 경우가 많으므로 사용하지 않았다.

- write.csv

  data frames의 내용을 csv 형식으로 파일로 쓰기. write.csv 는 값을 콜론(“,”)으로 구분하며, write.csv2 는 값을 세미콜론(“;”)으로 구분.
  - write.csv(...)
  - write.csv2(...)
- write.xlsx

  data frames의 내용을 xlsx 형식으로 파일로 쓰기. xlsx2는 10만건 이상의 레코드 처리 시에 속도가 빠름.

  ```
  write.xlsx(x, file, sheetName = "Sheet1", col.names = TRUE,
             row.names = TRUE, append = FALSE, showNA = TRUE)
  write.xlsx2(x, file, sheetName = "Sheet1", col.names = TRUE,
             row.names = TRUE, append = FALSE, ...)
  ```
  - x : data frames
  - file : 경로와 파일명 또는 파일 연결 포인트
  - sheetName : (문자열)시트명
  - col.names : (로직값)속성명(컬럼명)을 함께 저장여부

- row.names : (로직값)레코드명을 함께 저장여부
- append : (로직값)기본값은 FALSE이며, TRUE이면 파일이 기존에 존재하는 경우 내용을 추가함
- showNA : (로직값)빈값을 처리하는 방식으로, 기본값이 FALSE이면 널값에 NA를 넣지 않고 빈채로 둠

* 필요패키지
install.packages("xlsx")
library(xlsx)

```
> write.csv(dData, "d:/rbook/file_write.csv", quote=FALSE, row.names=FALSE)
```

엑셀 형식의 파일로 바로 저장할 경우는 write.xlsx 함수를 이용한다.

```
> install.packages("xlsx")
> library(xlsx)
> write.xlsx(dData, "d:/rbook/file_write.xlsx")
```

```
write.csv(변수이름, "지정할 파일이름.csv")
>a<-c(1,2,3,4,5)
>a<-write.csv(a,"test.csv")
```

02 data frames의 내용을 클립보드를 이용하여 복사

R 분석 결과를 복사(카피, copy)하여 다른 파일에 붙여 넣는(페이스트, paste) 방법을 알아본다. 엑셀 등 다른 통계 분석툴을 사용해본 사용자라면 통계 결과를 편집 문서(예, hwp, doc 등) 파일에 붙여 넣기 쉬웠을 것이다.
하지만, R 결과를 일반적인 방법으로 카피하여 엑셀에 복사하여 넣어보면 기대했던 방법대로 잘 되지 않는다.
write.table 함수에 "clipboard" 함수를 이용한 다음 방법을 참고하기 바란다. sep = "\t"는 결과값들 사이를 탭으로 구분하라는 의미이다. 아래에 제공하는 FvC 함수를 이용하면 clipboard 복사 기능을 쉽게 구현할 수 있다.

- write.table

  데이터셋의 내용을 파일 또는 클립모드로 쓰기

  write.table(x, file = "", append = FALSE, quote = FALSE, sep = " ",
  eol = "\n", na = "NA", dec = ".", row.names = TRUE,
  col.names = TRUE, qmethod = c("escape", "double"),
  fileEncoding = "")

  - x : data frames 또는 matrix 구조의 데이터셋(만약 기타 구조인 경우 data frames 구조로 내부적으로 변환)
  - file : 경로와 파일명 또는 파일 연결 포인트
  - append : TRUE인 경우는 기존 파일에 내용을 덮어쓰며, FALSE인 경우는 기존파일이 있을 경우 삭제하고 새로 만듦
  - quote : TRUE 인 경우는 모든 값에 “” 표시가 붙음
  - sep : 값을 구분하는 기호(예, sep = “,”)
  - na : NA로 표시할 문자열을 지정(예, na = c("NA","#DIV/0!",“.”))
  - dec : 소수점 표시 기호
  - row.names : 각 라인별로 일련번호 부여 여부를 정하여, 데이터셋 내의 정보만 저장하고 싶을 경우 FALSE로 지정하면 됨(예, row.names = FALSE)

```
# 화면에 결과를 출력하는 일반적인 방법
> table(iris$Species)

    setosa   versicolor   virginica
        50           50          50

# 화면과 클립보드에 결과를 출력하는 방법
> write.table( print( table(iris$Species) ), "clipboard", sep="\t")

    setosa   versicolor   virginica
        50           50          50

# FvC 함수를 이용하면 클립보드로 쉽게 복사할 수 있음
> FvC <- function(x) write.table(print(x), "clipboard", sep="\t")
> FvC(table(iris$Species))
```

UTF-8 인코딩

UTF-8은 ASCII 와 같이 문자를 코드로 매핑 시킨 코드표이다. 장점은 다음과 같다.

- ASCII와 호환이 용이
- 바이트 단위 정렬 가능
- XML 문서의 표준 인코딩
- UTF-8 인코딩인지 확인하는 방법이 용이

코드 범위 (십육진법)	UTF-8 표현	설명
000000–00007F	0xxxxxxx	ASCII와 동일한 범위
000080–0007FF	110xxxxx 10xxxxxx	첫 바이트는 110 으로 시작하고, 나머지 바이트들은 10으로 시작함
000800–00FFFF	1110xxxx 10xxxxxx 10xxxxxx	첫 바이트는 1110으로 시작하고, 나머지 바이트들은 10으로 시작함
010000–10FFFF	11110zzz 10zzxxxx 10xxxxxx 10xxxxxx	

출처 : wikipedia.org

CHAPTER 3

데이터 Object

데이터를 효과적으로 저장하고 관리하기 위해서는 데이터 타입 만으로는 부족하다. 데이터를 관리하고 가독성을 높이기 위해서는 데이터를 저장하는 구조가 필요하다. 설문 내용이든 주식거래 로그 데이터도 각 속성에 따라 정리 되어야 한다.
다시 말해 R을 통해 데이터를 분석하기 위해서는 데이터가 일관되게 정리된 형태여야 한다.

• 데이터 구조
vector, factor, data frames, matrix, array, list.

R은 모든 데이터를 데이터 구조 형태로 처리하도록 설계되었다.
이러한 데이터 구조를 이용할 경우 일반 java, C 등 기계에 가까운 언어에 비해 코딩량이 줄어들고 오류를 줄이는 장점이 있다.
R은 대부분의 변수가 객체(object)로 이루어져있다.
vector, factor, data frames, matrix, time-series, array, list가 모두 객체이며, 분석모델의 결과물(가령, 의사결정트리 분석모델을 통해 생성된 트리)도 객체에 저장된다.
객체로 보기 어려운 것은 파일이나 데이터베이스 연계(connection) 포인트

데이터셋을 어떤 데이터 구조에 저장할지 결정하면 변수명은 문자와 숫자 및 기호 '_' 등을 포함하여 생성규칙에 따라 생성한다.
다만, 변수명 앞에 "."을 붙이면 히든 변수로 인식된다.
변수명은 자유롭게 만들 수 있지만 질서 있는 명명 규칙을 따라서 만드는 것이 필요하다.
가령 모래와 시멘트로 원하는 다양한 모양의 벽돌을 만들 수 있지만 규격에 맞지 않는 벽돌은 집을 지을 때 사용할 수 없다.
이와 마찬가지로 변수명은 명명규칙을 사전에 정의하고 그것을 따르지 않으면 얼마 지나지 않아 자신조차도 자신의 코드를 이해하지 못하게 될 뿐 아니라 혹여 오류라도 발생한다면 발견하는 데에 어려움을 겪는다.

여담이지만 간혹 SI 프로젝트가 실패하는 경우가 있는데, 이는 십중팔구 명명규칙도 없이 자유롭게 각개전투를 하다고 오류를 못 찾기 때문이다.

R은 SI에서 주로 사용하는 Java 보다는 쉬운 언어이지만 명명규칙을 따르는 것이 결국 수고와 시간을 절약한다.

R 프로그래밍 과정에서 여러 개의 변수를 만들어 작업하다보면 이변수가 어떤 데이터 구조인지 기억하기 어렵다.

여기서 강조하고 싶은 것은 변수의 데이터 구조 타입이 프로그래밍을 하다보면 혼돈된다는 것이다.

데이터 구조는 7가지로 구분하였으며 각각의 기호는 아래 테이블을 참조한다.

변수 및 함수 명명 규칙

데이터 구조	기호	변수명 예제
vector(벡터)	v	vPetal.length
factor(요인)	f	fSpecies
matrix(매트릭스)	m	mMatrix
data frames(데이터프레임)	d	dIris
time-series(날짜시간)	t	tYearBirth
list(리스트)	l	lList
array(배열)	a	aArray
object(객체)	o	oNnet, oRegression
기타	p (pointer)	pDBConnection, pFileConnection * 객체가 아닌 데이터베이스나 파일 커넥션
전연변수(global variable)	g (global)	gGlobalX * 상기는 국소변수(local varibale)을 기준으로 하였으며, 전역변수(global variable)은 별도의 기호를 사용
Function(함수)	F	F_HelloR * F 다음에는 반환값의 타입을 입력 – F_HelloR : 반환값이 없는 경우 "_"로 표시 – FvHelloR : 반환값이 vector인 경우 – FdHelloR : 반환값이 data frame인 경우 – FlHelloR : 반환값이 list인 경우 – FoHelloR : 반환값이 객체(object)인 경우

제 1 절 Vector 구조

R에서 vector는 동일한 데이터 타입의 값으로 구성된 1차 행렬 객체이다.
{1, 2, 3, 4, 5}, {"a", "b", "c"} 와 같이 한 가지 데이터 타입으로 구성된 데이터의 집합이다.

01 vector 구조 생성

vector 생성에 주로 사용되는 함수는 c(combine)이다.
c는 일련의 입력된 데이터를 행렬의 형태로 병합하는 함수로서 combine의 약어이다.
참고로 벡터(vector)의 최대 사이즈는 이론적으로는 2,147,483,647개(= 2^31-1)이다.

(1) c함수

R은 모든 데이터를 기본적으로 vector 구조로 저장한다.
다시 말하면 모든 변수는 기본적으로 배열 형식으로 저장된다는 의미이다.

c 함수는 데이터 타입만 동일하다면 모든 타입에서 간단히 vector를 생성할 수 있다.
c 함수는 vector 구조의 변수를 묶어서 하나의 vector로 합칠 수 있다.
• 문자형 값을 넣을 경우 ""를 써주어야 한다.

```
> vX1 <- c(1,2,3,4,5)
> vX2 <- c("a","b","c")
> vX3 <- c(TRUE,FALSE,TRUE)

- 두 변수를 하나로 묶기
> vX1 <- c(1,2)
> vX2 <- c(3,4,5)
> c(vX1,vX2)
[1] 1 2 3 4 5
```

변수에 하나의 값을 대입한 경우 자동으로 vector 구조로 생성되기 때문에 값을 자유롭게 추가할 수도 있다.

• 숫자인 경우 'start : end' 형태로 시작값과 마지막 값을 갖는 벡터를 만들 수 있다.
• seq(from, to, by)의 형태로 시작값과 마지막 값, 단위값의 형태로 만들 수 있다.

※ 예제

```
> vX1 <- 1:3
> vX2 <- c(1:3)          # 1:3 과 c(1:3) 은 동일함
> vX3 <- 1
> vX3[2] <- 2
> vX3[3] <- 3
> vX1
[1] 1 2 3

> vX2
[1] 1 2 3

> vX3
[1] 1 2 3

>seq(1,20,4)
[1]  1  5  9 13 17
```

02 vector 구조(CRUD)

vector는 1차 행렬 구조를 가지므로 행렬 내의 값을 읽기 위해서는 위치를 지정할 수 있어야 하며, 이러한 위치를 인덱스라 하고 인덱스에 위치한 내용을 값이라고 한다.

*** vVectorX[인덱스]**
- 특정 위치로 vector 내의 데이터값을 읽을 경우에는 vX[8] 과 같이 인덱스 수치(numeric)를 활용한다. 사용한다.
- 조건에 맞는 데이터값을 선택하려면 논리형(logical) vector를 사용한다.
- 이름이 있는 데이터값에는 이름을 사용할 수 있다.
- 특정 인덱스 위치의 값을 제외하고 싶으면 음수를 사용한다.
- 복수의 데이터값을 선택하려면 vector를 인덱스로

03 인덱스를 통해 vector에 값을 추가, 읽기, 수정, 삭제

인덱스를 통해 vector에 값을 추가, 읽기, 수정, 삭제(CRUD : Create, Read, Update, Delete)할 수 있다. 다음 예제는 vector가 CRUD가 가능함을 보여준다.
[ ] 안에 인텍스를 적어서 각 요소를 가져오거나 '-'를 사용해서 특정 요소만 제외할 수 있다.

```
> vVectorX <- c(10,20,30,40,50)

> vVectorX
[1] 10 20 30 40 50

> vVectorX[1]       # 첫 번째 값을 읽기(Read)
[1] 10

> vVectorX[5]       # 다섯 번째 값을 읽기(Read)
[1] 50

> vVectorX[length(vVectorX)]      # 마지막 항목값을 읽기 위해 length 함수 사용
[1] 50
# ":" 은 연속하는 값을 지정하는데 편리

> vVectorX[1:3]       # 1번째에서 3번째까지 값을 읽기
[1] 10 20 30


> vVectorX[c(1,3,1)]  # 1전째, 3번째, 1번째 값을 각각 읽기
[1] 10 30 10

> vVectorX[1,3]       # 인덱스를 c 로 묶지 않으면 오류 발생
다음에 오류vVectorX[1, 3] : 차원수가 올바르지는 않습니다

> vVectorX[100]       # 인덱스의 범위를 벗어나면 NA(Not Available)를 도출
[1] NA

> vVectorX[6] <- 600              # vector에 값 추가(Create)

> vVectorX
 [1]  10  20  30  40  50  600

> vVectorX[6] <- 60               # vector의 값 수정(Update)
```

```
> vVectorX
 [1]  10  20  30  40  50  60

> vVectorX[10] <- 100           # vector 길이보다 긴 인덱스에 값을 추가할 경우

> vVectorX
 [1]  10  20  30  40  50  60  NA  NA  NA 100

> vVectorX <- vVectorX[1:6]  # vector의 6번째 인덱스 이후의 값을 삭제

> vVectorX
[1] 10 20 30 40 50 60

> vTemp <- vVectorX[c(1:2, 4:5)]     # vector 중간의 3번째 인덱스 값 삭제

> vVectorX <- vVectorX[-3]            # 3번째 인덱스의 값을 삭제하는 동일한 방식

> vVectorX
[1] 10 20 40 50
```

04 vector 중간에 값을 추가할 경우는 append 함수

vector 중간에 값을 추가할 경우는 append 함수를 이용할 수 있다. append 함수는 새로운 값들을 삽입할 지점들을 after 옵션을 이용하여 지정한다. R은 데이터값을 하나하나씩 다루도록 설계된 언어가 아니다. 따라서 반복 명령어(loop)를 이용하여 데이터값을 하나씩 추가하는 작업에 append 함수를 사용하는 것은 추천하지 않는다.

```
> vVectorX <- c(10,20,30,40,50)
> append(vVectorX, c(11,21), after=1)
[1] 10 11 21 20 30 40 50
```

vector 내 복수개의 값을 수정할 경우 R의 반복 성질을 이용하면 편리하다.

```
> vVectorX <- c(10,20,30,40)
> vVectorX
[1] 10 20 30 40
```

```
> vVectorX[2:4] <- 80       # vector 2에서 4까지의 인덱스에 80을 반복 입력
> vVectorX
[1] 10 80 80 80
> vVectorX[1:4] <- c(1,2)     # 1과 2를 반복하여 입력
> vVectorX
[1] 1 2 1 2
```

c 함수는 입력된 값을 병합하여 vector나 list를 생성한다. c 함수는 입력값으로 vector를 받을 수 있다. 예제를 통해 c 함수의 기능을 살펴본다.

```
> vX1 <- c(2, 3)
> vX2 <- c(1, vX1)     # c 함수가 vector를 입력값으로 받음
> vX2
[1] 1  2  3
```

인덱스에는 numeric과 logical의 두 가지 타입이 가능하며, R은 타입에 따라 자동으로 다르게 인덱스를 처리한다. R은 내부적으로 입력값의 타입이 다를 경우 각각 다른 함수를 호출한다. numeric 타입일 경우 인덱스 수치로 인식되어 해당 값이 반환된다. 인덱스가 음수의 numeric 값인 경우 해당 인덱스의 값을 제외한다. 음수의 인덱스의 용도는 matrix 조작뿐만 아니라 data frames 조작 시에 빈번히 사용되므로 정확히 이해하여야 한다. 가령, 회귀분석 시 특정 속성을 제외하고 재분석하는 작업에 유용하다.

```
> 1:2
[1] 1 2

> -(1:2)
[1] -1 -2

> vX
[1] 100 100   3   1   2   2 100

> vX[-1]                  # 1번째 인덱스를 제외
[1] 100   3   1   2   2 100

> vX[c(-1,-2)]            # 1번째와 2번째 인덱스를 제외
[1]   3   1   2   2 100

> vX[-c(1:2)]
[1]   3   1   2   2 100
```

logical 타입의 인덱스는 logical 값의 배열 위치가 인덱스와 연결되므로, logical 값을 응용하면 데이터 조작에 유용하다. 조건에 맞는 데이터값을 선택하려면 논리형 vector를 사용하면 된다.

```
> vX <- c(11, 12, 3, 1, 2, 2, 13)

> vX
[1] 11 12  3  1  2  2 13

> vX > 10              # logical한 결과를 도출
[1]  TRUE  TRUE FALSE FALSE FALSE FALSE  TRUE

> vX[vX>10]            # 10이상인 값을 도출함
[1] 11 12 13

> vX[c(TRUE,TRUE,FALSE,FALSE,FALSE,FALSE,TRUE)]
[1] 11 12 13

> vX[vX>10] <- 100     # 10이상인 값을 100으로 변환

> vX
[1] 100 100   3   1   2   2 100
```

단순한 코딩은 인상적이지만, logical한 결과만을 도출하는 > 연산자가 어떻게 이러한 결과를 내는지 의구심이 들 것이다.

R은 > 연산자를 함수로 처리하며, 함수를 통해 모든 계산을 수행한다.

> 함수는 조건을 비교하여 (TRUE,TRUE,FALSE,FALSE,FALSE,FALSE,TRUE) 형태의 배열을 생성한다.

> 함수의 결과값도 vector임을 유의한다.

05 vector 구조 내 항목 값에 이름 붙이기

vector 내의 데이터값에 이름을 붙이는 기능을 살펴본다.

이러한 기능은 이후에 설명될 data frames에서는 중요한 기능이다.

• data frames에서 열에 이름을 붙일 때 colname 또는 names 가 동일한 기능을 하게 되는데, 이것으로 보면 R은 vector의 데이터 값에 이름을 붙일 때 만큼은 기본적으로는 열(column)의 개념인 것 같다.
• 물론, vector는 데이터를 조작하다보면 로의 개념으로 더욱 많이 사용될 것이다.

```
> vWeight <- c(10,20,25,60)

> names(vWeight) <- c("mouse","rabbit","dog","human")

> vWeight
 mouse rabbit    dog  human
    10     20     25     60

> vWeight["mouse"]
mouse
   10

# colnames 나중 data frames에서 사용됨
> colnames(vWeight) <- c("m","r","d","h")
다음에 오류 colnames<-( *tmp* , value = c("m", "r", "d", "h")) :
  2 차원 보다 작은 객체에 colnames 를 설정하려 했습니다
```

vector의 이름에 접근하는 방법을 하나 소개한다.
간단한 기능이지만 이를 설명하는 이유는 나중 vector의 항목 값을 레코드로 간주하여 레코드단위로 처리할 때 vector 이름과 vector 값을 혼돈하는 경우가 많기 때문이다.
텍스트마이닝을 수행할 때 단어의 빈도수를 vector로 저장한다.
이때 아래와 같이 vector 명에 접근하면 편리할 것이다.

```
> vWeight <- c(10,20,25,60)

> names(vWeight) <- c("mouse","rabbit","dog","human")

> vWeight[length(vWeight)]
human
   60
> names(vWeight)[length(vWeight)]
[1] "human"
```

* 머신러닝 알고리즘은 하나의 레코드를 vector로 보기 때문에 로(row, record) 개념으로 볼 수도 있을 것이다.

* matrix 연산인 %*%을 수행해 보면 이를 파악할 수 있다.

```
> vX <- c(1,1,1)
> vY <- c(2,2,2)

# 함수 %*% 의 앞 입력값은 가로와 세로를 융통적으로 인식

> vX %*% vY
     [,1]
[1,]    6


행렬의 곱

1행 3열 * 3행 1열 = 1행 1열



> t(vX) %*% vY
     [,1]
[1,]    6

> vX %*% t(vY)
     [,1] [,2] [,3]
[1,]    2    2    2
[2,]    2    2    2
[3,]    2    2    2

> t(vX) %*% t(vY)
Error in t(vX) %*% t(vY) : non-conformable arguments
```

06 로직 연산을 통해 짝수인 값만 찾아내기

코딩을 하다보면 짝수인 값만 찾아내야 하는 경우가 종종 발생한다. 이를 위해서는 나머지 연산자(%%)를 사용해야하므로 본 기능은 다양한 경우에 응용된다.

```
> vX1 <- c(7,8,9,10)

> vX1%%2
[1] 1 0 1 0

> vX1[vX1%%2==0]
[1]  8 10
```

07 vector 구조 연산

vector연산은 모든 항목값을 한꺼번에 연산할 수 있어 편리할 뿐만 아니라 연산 속도가 빠른 강점이 있다. 기본적인 산술 연산자들은 vector 내의 각 항목값에 쌍으로 적용된다. 일반적인 수식연산이 모두 가능하다 : +, -, *, /, ^ (파워), log, etc. vector 변수와 임의의 수와 연산할 경우 vector 내 각 항목과 반복하여 연산이 수행된다.

```
> vX1 <- c(10,20,30,40)
> vX2 <- c(1, 2, 3, 4)

> vX1+vX2
[1] 11 22 33 44
> vX1-vX2
[1]  9 18 27 36
> vX1*vX2
[1]  10  40  90 160
> vX1/vX2
[1] 10 10 10 10
> vX1^vX2
[1]       10      400    27000 2560000
> vX1%/%vX2                    # 정수 나눗셈
[1] 10 10 10 10
> vX1%%vX2                     # 나머지 연산자
[1] 0 0 0 0

> vX1*10
[1] 100 200 300 400
> vX1^2
[1]  100  400  900 1600
```

두 개의 vector 를 연산하는 과정은 하나의 vector 연산하는 과정과 유사하다. 다만, 두 개의 vector 의 항목 개수가 서로 다를 경우 R이 어떻게 처리하는지를 알아둘 필요가 있다. 만약 vX 와 vY의 두 개 vector가 있고, vX의 길이가 vY 보다 짧을 경우 vX는 vY 길이만큼 반복한다. 단, 이러한 경우 R 이 경고메시지를 제공하는데, 자동 반복을 원할 경우 무시하면 된다. 이러한 반복의 원리는 편리한 경우도 있지만, 의도했던 결과를 도출하지 않는 경우도 발생할 수 있다. 안전한 방법은 반복 원리가 필요한 경우가 아니면 길이를 확인한 후 연산하는 것이 바람직하다.

```
> X <- c(1,2,3,4,5)
> Y <- c(1,1,1,1,1,1,1,1,1)
> Z <- X+Y
경고 메시지가 손실되었습니다.
In X + Y : 긴 개체의 길이가 더 짧은 개체의 길이의 배수가 되어 있지 않습니다.
> Z
[1] 2 3 4 5 6 2 3 4 5
```

vector연산은 모든 항목값을 한꺼번에 연산할 수 있어 편리할 뿐만 아니라 연산 속도가 빠른 강점이 있다. 기본적인 산술 연산자들은 vector 내의 각 항목값에 쌍으로 적용된다. 일반적인 수식연산이 모두 가능하다 : +, -, *, /, ^ (파워), log, etc. vector 변수와 임의의 수와 연산할 경우 vector 내 각 항목과 반복하여 연산이 수행된다.

```
> vX1 <- c(10,20,30,40)
> vX2 <- c(1, 2, 3, 4)

> vX1+vX2
[1] 11 22 33 44
> vX1-vX2
[1]  9 18 27 36
> vX1*vX2
[1]  10   40   90 160
> vX1/vX2
[1] 10 10 10 10
> vX1^vX2
[1]        10       400     27000 2560000
> vX1%/%vX2                    # 정수 나눗셈
[1] 10 10 10 10
> vX1%%vX2                     # 나머지 연산자
[1] 0 0 0 0
```

```
> vX1*10
[1] 100 200 300 400
> vX1^2
[1]  100  400  900 1600
```

이러한 vector 연산의 편리성 덕분에 통계에서 흔히 사용하는 z 값을 한 문장으로 구할 수 있다.

```
> vX3 <- c(1,2,3,4,5,6,7)
> vX3 - mean(vX3)
[1] -3 -2 -1  0  1  2  3
> (vX3 - mean(vX3)) / sd(vX3)    # z 값을 계산
[1] -1.3887301 -0.9258201 -0.4629100  0.00000  0.4629100  0.9258201  1.3887301
```

vector의 합계, 곱셈, 최대값, 최소값은 sum, prod, max, min 함수를 이용하여 구한다.

- sum prod max min
  합계, 곱, 최대값, 최소값
  sum(x, na.rm = FALSE)
  - x : (vector) 수치, 복소수, 로직형 vector 모두 가능
  - na.rm : (로직값) TRUE 이면 합계 시 NA 또는 NaN을 제외하고 계산(FALSE 이면 계산하려는 레코드의 속성중에 하나의 값이라도 NA 또는 NaN 이면 NA를 반환)

함수는 복수의 vector를 동시에 처리 가능하다.

```
> vX <- 1:10
> vY <- 11:20
> sum(vX)
[1] 55
> sum(vX,vY)
[1] 210
> sum(c(vX,vY))          # sum(vX,vY)는 sum(c(vX,vY))와 동일
[1] 210

> prod(c(1:2))
[1] 2
> prod(c(1:3))
[1] 6
> prod(c(1:4))
[1] 24
```

```
> prod(c(1:5))
[1] 120

> max(vX,vY)
[1] 20
> min(vX,vY)
[1] 1
```

max 값에 해당하는 vector의 인덱스 위치를 구하는 방식도 알아두면 유용하다.

```
> vX <- c(1,2,3,5,4)
> max(vX)
[1] 5
> vX[max(vX)]
[1] 4
> vX==max(vX)
[1] FALSE FALSE FALSE  TRUE FALSE
> vX[vX==max(vX)]
[1] 5
> temp <- vX==max(vX)
> temp
[1] FALSE FALSE FALSE  TRUE FALSE
```

수학 함수 모음

함수명	설명
abs	입력값의 타입에 맞추어 절대값을 반환 abs(x)
exp	기하급수 exp(0) = 1, exp(1) = 2.72, exp(2) = 7.39, exp(3) = 20.09, exp(4) = 54.60, exp(5) = 148.41, ...
sqrt	제곱근 sqrt(0) = 0, sqrt(1) = 1, sqrt(2) = 1.414, sqrt(3) = 1.732, sqrt(4) = 2, sqrt(5) = 2.236, ...
log log10 log2	지수로그, 베이스10 로그 log(x, base) • x : 수치 • base : 양수, 기본값은 exp(1)
trunc floor ceiling round	정수 생성 방식 * 함수 비교 테이블 참조
sin cos tan	삼각함수

함수명	설명
asin acos atan	역삼각함수
sinh cosh tanh	쌍곡선함수
asinh acosh atanh	역쌍곡선함수
gamma lgamma	감마, 로그감마

두 개의 vector를 연산하는 과정은 하나의 vector 연산하는 과정과 유사하다. 다만, 두 개의 vector의 항목 개수가 서로 다를 경우 R이 어떻게 처리하는지를 알아둘 필요가 있다. 만약 vX와 vY의 두 개 vector가 있고, vX의 길이가 vY 보다 짧을 경우 vX는 vY 길이만큼 반복한다.

```
> X <- c(1,2,3,4,5)
> Y <- c(1,1,1,1,1,1,1,1,1)
> Z <- X+Y
경고 메시지가 손실되었습니다.
In X + Y : 긴 개체의 길이가 더 짧은 개체의 길이의 배수가 되어 있지 않습니다.
> Z
[1] 2 3 4 5 6 2 3 4 5
```

08 NA 처리하기

데이터분석 실무를 수행하다보면 종종 NA 또는 NaN이 포함된 vector를 합산하여야 할 경우가 발생한다. 가령, 개인별 총소득을 계산하기 위해 근로소득, 연금소득, 실업급여, 사회복지수당, 자산소득, 금융소득 등을 합산할 때 많은 경우 NA인 값이 발생한다. 이러한 문제를 해결하기 위해서는 na.rm = TRUE 옵션을 사용하면 NA를 제거하고 계산한다.

```
# NA 또는 NaN이 포함된 vector 연산
> sum(c(2,NA,2),na.rm=FALSE)
[1] NA
> sum(c(2,NA,2))
[1] NA
> 2+NA+2
[1] NA
```

```
> sum(c(2,NA,2),na.rm=TRUE)  # NA를 제거하고 연산 수행
[1] 4
```


09 소수점 이하 반올림 처리하기

vector 내의 값이 double 타입인 경우 소수점 이하 자리수를 조절할 수 있다. round(vdPrice2, n) 함수를 사용하면, 소수점 이하 n 자리에서 반올림한다.

```
> vdPrice <- c(1.2987, 1.3003, 1.2958, 1.5012)
> round(vdPrice, 3)
[1] 1.299  1.300  1.296  1.501
```

소수값을 제거하고 정수를 생성하는 다양한 함수의 특성을 알아본다. 직관적으로 이해할 수 있는 것이지만, trunc, floor, ceiling, round의 차이를 비교해보기 바란다. 이와 같은 기본적인 수학적 함수를 섬세하게 사용하는 것이 데이터분석을 통해 정교한 패턴을 파악하고 공식화에 도움이 된다.

trunc, floor, ceiling, round 의 비교

입력값	Trunc	Floor	Ceiling	Round
5.5	5	5	6	6
6.5	6	6	7	6
–1.5	–1	–2	–1	–2
1.5	1	1	2	2
1.9	1	1	2	2
–1.9	–1	–2	–1	–2

10 빈 vector가 포함된 경우 오류 없이 최댓값 구하기

일부 연산은 빈 vector에서 경고를 초래한다. 가령 널값(NA)만 존재하는 vector에서 최댓값을 구하는 경우 이는 경고를 낸다. 무시하여도 무방하지만 혹 이를 사전에 파악하고자 할 경우는 약간의 응용 방법을 통해 가능하다. R은 내부적으로 TRUE는 1로 FALSE는 0으로 인식한다. 따라서 NA의 합을 통해 vector가 모두 NA로 구성되었는지 파악할 수 있다.

```
# NA로만 구성된 vector
> vX <- c(NA,NA,NA,NA)

# 최댓값 연산시 경고 발생
> max(vX,na.rm=TRUE)
[1] -Inf
Warning message:
In max(vX, na.rm = TRUE) : no non-missing arguments to max; returning -Inf

# R은 TRUE를 1로 연산함
> sum(is.na(vX))
[1] 4

# NA의 개수가 vector의 길이와 같을 경우 TRUE를 반환
> sum(is.na(vX))==length(vX)
[1] TRUE
```

11 vector 구조 정렬(sort, order)

정렬함수는 sort이며 증가옵션(오름차순)이 기본이다. 감소옵션(내림차순)은 decr (decrease) 옵션을 이용한다. vector 내 항목 개수는 length 함수를 통해 알 수 있다. 고유한 값만을 도출하는 함수는 unique 함수이다. duplicated 함수를 이용하면 중복된 값의 위치를 logical한 값으로 확인할 수 있다. duplicated 함수를 이용하면 중복된 값만 도출하기 용이하다. 또 하나의 유용한 함수는 diff이다. 연속된 값 사이의 차이를 쉽게 계산할 수 있다. 옵션을 differences = 1로 지정하면 1차 미분이 되며, differences = 2 로 지정하면 2차 미분을 수행한다.

- sort
  ① 정렬된 vector 반환(예, sort(x,decreasing = FALSE))
     sort(x, decreasing = FALSE, na.last = NA, ...)
     – decreasing : 정렬 방식(예, decreasing = TRUE)
     – na.last : NA 값 정렬 방식(예, na.last = NA)
       ‣ TRUE : NA가 가장 마지막에 배치됨
       ‣ FALSE : NA가 가장 앞에 배치됨
       ‣ NA : 소팅 결과에서 제외됨
     – method : 정렬 알고리즘
  ② 예, method = "quick", "shell" 알고리즘 등이 있음

- order
  ① vector 정렬 후 순위(위치, 인덱스) 반환
     order(..., na.last = TRUE, decreasing = FALSE)
  ② 예, order(x,decreasing = FALSE))
     – "-" : 역순 지정
     – decreasing : 정렬 방식(예, decreasing = TRUE)
     – na.last : NA 값 정렬 방식(예, na.last = NA)
       ‣ TRUE : NA가 가장 마지막에 배치됨
       ‣ FALSE : NA가 가장 앞에 배치됨
       ‣ NA : 소팅 결과에서 NA가 제외됨
     – method : 정렬 알고리즘(예, method = "quick")

```
> length(vX)
[1] 9
> vX <- c(1,2,4,2,7,5,6,9,6)
> sort(vX, decr = TRUE)          # 감소옵셕 decr=TRUE를 이용한 방식
[1] 9 7 6 6 5 4 2 2 1
> rev(sort(vX))                  # 감소방식으로 정렬하는 또다른 방식
[1] 9 7 6 6 5 4 2 2 1
> unique(vX)                     # unique한 값만 도출
[1] 1 2 4 7 5 6 9
> sort(unique(vX))
[1] 1 2 4 5 6 7 9
```

```
> duplicated(vX)
[1] FALSE FALSE FALSE  TRUE FALSE FALSE FALSE FALSE  TRUE
> duplicated(vX, fromLast=TRUE)   # 뒤에서부터 중복 확인
[1] FALSE  TRUE FALSE FALSE FALSE FALSE  TRUE FALSE FALSE
> duplicated(vX, incomparables=c(6))   # 값 6은 중복확인에서 제외
[1] FALSE FALSE FALSE  TRUE FALSE FALSE FALSE FALSE FALSE
> vX[duplicated(vX)]              # 중복되는 값만 도출
[1] 2 6
> vX
[1] 1 2 4 2 7 5 6 9 6
> sort(vX)
[1] 1 2 2 4 5 6 6 7 9
> diff(sort(vX))                  # 연속된 값의 차이를 도출
[1] 1 0 2 1 1 0 1 2
> diff(sort(vX), lag=2)           # 갭 부여
[1] 1 2 3 2 1 1 3
> diff(1:10, lag=2, differences=1)   # 1차 미분 수행
[1] 2 2 2 2 2 2 2 2
> diff(1:10, lag=2, differences=2)   # 2차 미분 수행
[1] 0 0 0 0 0 0
```

데이터를 원하는 특성에 따라 정렬하고 싶을 경우 order 함수를 이용한다. 가령 동물의 이름이 알파벳순으로 정렬되어 있다. 이를 동물의 무게에 따라 정렬하고 싶을 경우 order 함수에 무게 순서를 입력하여 원하는 대로 정렬할 수 있다.

```
> vAnimal <- c("Goats","Horses","Rabbits","Turkeys")
> vWeight <- c(60, 550, 3, 5)                 # 동물의 무게
> order(vWeight)
[1] 3 4 1 2                                  # 동물의 무게 순위 생성
> vAnimal[order(vWeight)]
[1] "Rabbits" "Turkeys" "Goats"   "Horses"     # 동물을 무게에 따라 정렬
> vAnimal[vWeight]
[1] NA        NA        "Rabbits" NA
> vAnimal[sort(vWeight)]
[1] "Rabbits" NA        NA        NA
```

12 vector 구조 내의 값 조회

vector 내에 특정값을 조회할 경우 두 가지 개념이 있다. 첫째는 특정값의 존재여부를 TRUE/FALSE로 파악하는 것이고, 둘째는 특정값의 첫 번째 위치를 찾는 것이다.

- **특정값의 존재 여부를 파악하는 방법, any, is.element, %in%**

  특정값의 존재 여부를 파악하는 방법은 직관적인 any 함수, is.element 함수, %in% 연산기호를 사용하는 방법이 있다. 세 가지 함수의 차이점을 연연할 필요는 없다. any 함수는 비교할 값을 하나만 받아 존재 여부를 반환하며, is.element 와 %in% 연산기호는 복수개의 값을 비교할 수 있다. %in% 이 많이 사용되는데 이는 단순성 때문으로 예상한다. %in% 은 앞부분에 위치한 변수를 기준으로 연산한다는 점만 기억하면 사용이 쉽다.

```
# 항목의 존재 여부 검토
> vT <- c('ten','twenty','thirth')
> any(vT=='twenty')
[1] TRUE
> any(vT=='thirty')
[1] FALSE

# any 함수 사용
> vV <- c(10,20,30,20)
> any(vV==20)
[1] TRUE
> any(vV==40)
[1] FALSE

# %in% 활용 시 하나의 변수를 사용
> 20 %in% vV
[1] TRUE
> is.element(20, vV)
[1] TRUE

# 다시 한 번 강조하면, %in%은 앞의 변수를 기준으로 연산함
> vX1 <- c(10,20,30,40,50)
> vX2 <- c(20,30)
> vX1 %in% vX2
[1] FALSE  TRUE  TRUE FALSE FALSE
> vX2 %in% vX1
[1] TRUE TRUE
```

• 특정 값이 기존 vector의 어느 위치에 존재하는지 파악, match, which

특정 값이 기존 vector의 어느 위치에 존재하는지 파악하고자 할 경우는 match, which 함수를 사용한다. match는 첫 번째 매칭 값의 위치를 반환하지만, which는 모든 매칭 위치를 반환한다. 주어진 특정값(항목, element, item) 이외의 항목 값을 기존 vector에서 찾아내는 명령어도 참고하기 바란다.

```
> # 첫번째 위치 탐색
> vV <- c(10,20,30,20)
> match(20,vV)
[1] 2
> which(20==vV)
[1] 2 4

> # 존재하는 모든 항목의 위치 탐색
> vX <- c(20,30)
> which(vX==vV)  # 에러 발생
integer(0)
> match(vX,vV)    # 첫번째 위치 탐색
[1] 2 3

> # 존재하지 않는 항목 탐색
> vV[which(!(vV %in% vX))]
[1] 10

-벡터를 set으로 보고 합집합(union), 교집합intersect),, 차집합setdiff
집합간 비교 setequal()
> (x <- c(sort(sample(1:20, 9)), NA))
[1]  1  5  6  7  8  9 15 17 18 NA
> (y <- c(sort(sample(3:23, 7)), NA))
[1]  7  9 12 14 17 19 21 NA
> union(x, y)
 [1]  4  5  6  8  9 11 14 16 18 NA  7 12 17 19 21
> intersect(x, y)
[1]  9 14 NA
> setdiff(x, y)
[1]  4  5  6  8 11 16 18
> setdiff(y, x)
[1]  7 12 17 19 21
> setequal(x, y)
[1] FALSE
```

13 빈 vector 생성하기

빈 vector를 생성한다는 것은 vector 구조의 변수이지만 값은 아무것도 가지지 않은 변수를 생성한다는 것을 의미한다. 널(NULL)값을 대입하면 되지 않을까 생각하지만, 이는 되지 않는다. 널값도 하나의 값으로 저장되기 때문이다.

빈 vector 변수의 용도는 프로그램 중에 반복문 등을 통해 값을 자동으로 추가해야할 때 유용하다. 일반 프로그래밍 언어에서는 변수 선언문이 있어 이러한 문제를 해결하기도 하지만, 변수 선언 과정이 없는 R에서는 다음의 방법을 기억해둘 필요가 있다. 방법은 예제와 같이 vector 변수를 사용하면 된다.

```
# 빈 vector를 생성하는 잘못된 방법
> vV <- NA
> vV
[1] NA

# 빈 vector를 생성하는 방법
> vV <- vector()

# 빈 vector를 생성하는 또다른 방법
> vV <- NULL

# 빈 list vector를 생성
> vV <- vector("list",10)

# 빈 수치형 vector를 생성
> vV <- numeric(10)
```

14 vector 구조 내 항목 값에 이름 붙이기

vector 내의 데이터값에 이름을 붙이는 기능을 살펴본다.

이러한 기능은 이후에 설명될 data frames에서는 중요한 기능이다.

- data frames에서 열에 이름을 붙일 때 colname 또는 names가 동일한 기능을 하게 되는데, 이것으로 보면 R은 vector의 데이터 값에 이름을 붙일 때 만큼은 기본적으로는 열(column)의 개념인 것 같다.

• 물론, vector는 데이터를 조작하다보면 로의 개념으로 더욱 많이 사용될 것이다.

```
> vWeight <- c(10,20,25,60)

> names(vWeight) <- c("mouse","rabbit","dog","human")

> vWeight
 mouse rabbit    dog  human
    10     20     25     60

> vWeight["mouse"]
mouse
   10
# colnames 나중 data frames에서 사용됨
> colnames(vWeight) <- c("m","r","d","h")
다음에 오류 colnames<-( *tmp* , value = c("m", "r", "d", "h")) :
  2 차원 보다 작은 객체에 colnames 를 설정하려 했습니다
```

vector의 이름에 접근하는 방법을 하나 소개한다.
간단한 기능이지만 이를 설명하는 이유는 나중 vector의 항목 값을 레코드로 간주하여 레코드단위로 처리할 때 vector 이름과 vector 값을 혼돈하는 경우가 많기 때문이다.
텍스트마이닝을 수행할 때 단어의 빈도수를 vector로 저장한다.
이때 아래와 같이 vector 명에 접근하면 편리할 것이다.

```
> vWeight <- c(10,20,25,60)

> names(vWeight) <- c("mouse","rabbit","dog","human")

> vWeight[length(vWeight)]
human
   60
> names(vWeight)[length(vWeight)]
[1] "human"
```

• 머신러닝 알고리즘은 하나의 레코드를 vector로 보기 때문에 로(row, record) 개념으로 볼 수도 있을 것이다.

• matrix 연산인 %*%을 수행해 보면 이를 파악할 수 있다.

```
> vX <- c(1,1,1)
> vY <- c(2,2,2)

# 함수 %*% 의 앞 입력값은 가로와 세로를 융통적으로 인식

> vX %*% vY
     [,1]
[1,]    6

행렬의 곱

1행 3열 * 3행 1열 = 1행 1열
> t(vX) %*% vY
     [,1]
[1,]    6

> vX %*% t(vY)
     [,1] [,2] [,3]
[1,]    2    2    2
[2,]    2    2    2
[3,]    2    2    2

> t(vX) %*% t(vY)
Error in t(vX) %*% t(vY) : non-conformable arguments
```

제 2 절 Factor 구조

Factor 구조는 코드형 데이터를 값으로 저장한다. 코드형이란 혈액형(A, O, B, AB), 성별(F,M), 성적(A,B,C,D,F)과 같은 코드화가 가능한 데이터이다.

01 factor 구조 생성

Factor 타입과 함께 사용되는 함수는 levels 함수가 있는데, 이는 고유한 코드값의 목록(코드목록)을 보여준다.
Factor의 항목으로 문자형과 수치형이 모두 사용될 수 있다.
먼저 문자형 데이터를 변환하는 방법을 살펴본다. 아래 예는 설문조사에서 흔히 사용하는 오점척도를 factor 타입으로 변환하였다.
문자형 vector를 factor 형 vector로 변환한 후 typeof 를 사용하여 타입을 조사한 결과, factor 타입이 integer 타입으로 인식되고 있음을 유의한다. factor 타입을 확인하는 방법은 data.class를 사용한다.

※ 예제 1

```
> vGrade <- c("good","very_good","bad","good","normal","bad","good","very_bad")

> vGrade
[1] "good"   "very_good"  "bad"   "good"    "normal"    "bad"     "good"
[8] "very_bad“

> typeof(vGrade)
[1] "character"

> fGrade <- factor(vGrade)
> fGrade
[1] good   very_good   bad   good   normal   bad   good   very_bad
Levels: bad good normal very_bad very_good

# level로 범주 목록을 알 수 있다. 코드값의 순위를 정하지 않은 경우 알파벳순임
> levels(fGrade)
[1] "bad"        "good"        "normal"     "very_bad"  "very_good"
```

```
# level로 범주 값을 알목록을 알 수 있다.
  >levels(fGrade)[1]
    [1] "bad"

# nlevel로 범주 수를 알 수 있다.
> nlevels(fGrade)
[1] 5


> typeof(fGrade)
[1] "integer"

> data.class(fGrade)
[1] "factor"
```

※ 예제 2

```
#level로 값을 수정
>sex<-factor('f', c('f','m'))

>levels(sex)
[1] "f" "m"

>nlevels(sex)
[1] 2

>levels(sex) <- c("female","male")
>sex
[1] female
Levels:female male
```

02 순위 있는 factor 구조 변환 및 연산

levles는 항목목록을 제공하는 함수인데, 순서가 알파벳 순서로 설정되다보니 다소 어색하다. 코드값은 순서가 없는 것과 있는 것으로 분류된다. 가령 성적이나 만족도는 순서가 있다. 코드값의 순서는 결과값에 대한 직관적 해석 및 통계분석에 필수적이다. factor 타입에 순서를 정하는 방법은 ordered 함수를 사용하면 코드의 순서를 쉽게 부여할 수 있다.

```
> vGrade <- c("good","very_good","bad","good","normal","bad","good","very_bad")
> fGrade <- ordered(vGrade, levels=c("very_bad","bad","normal","good","very_good"))
> fGrade
[1] good    very_good    bad    good    normal    bad    good    very_bad
Levels: very_bad < bad < normal < good < very_good
```

데이터를 핸들링하다보면 factor 타입의 항목을 연산할 경우가 종종 발생한다. 값의 치환을 통한 표준화 및 회귀분석과 같은 통계 분석에는 코드값이 반드시 수치(양적변수)여야 한다. 코드값을 as.double 함수를 이용해 수치화하면 연산이 가능하다.

```
> fGrade_numeric <- as.double(fGrade)
> fGrade
[1] good    very_good    bad    good    normal    bad    good    very_bad
Levels: very_bad < bad < normal < good < very_good
> fGrade_numeric
[1] 4 5 2 4 3 2 4 1
> fGrade - 3
[1] NA NA NA NA NA NA NA NA
> fGrade_numeric - 3
[1]  1  2 -1  1  0 -1  1 -2
```

03 수치형 값의 factor 구조 변환

다음으로 수치형을 factor로 변환하는 방법을 살펴본다. 연속된 값을 특정 기준에 따라 분류하여 코드화 하는 과정을 알아본다. 수치형은 이미 구간이 정해져 있고 단순히 숫자를 코드형식으로 변환만 하면 되는 경우가 있고, 아니면 연속된 수치로서 구간값을 나누어야 하는 경우가 있다. 숫자를 코드형으로 변환만 하면 되는 경우는 코드명만 지정하면 쉽게 변환할 수 있다.

```
> vX <- c(1,1,2,3,2,1,1)
# 순서가 없이 간단히 변환하기
> vX2 <- factor(vX,labels=c("low","mid","high"))
# 순서가 있게 변환하기
> vX2 <- factor(vX,levels=c(1,2,3),ordered=TRUE,
                labels=c("low","mid","high"))
```

연속된 값을 구간으로 나누어 factor를 생성할 경우에는 cut 함수를 사용한다. 가령, 차량의 연비 (연료 효율성)는 차량 mpg (miles per gas)에 따라 low, medium, high로 구분될 수 있다. 30mpg 이상은 high, 20mpg 이상 30mpg 미만은 medium, 20mpg 미만은 low로 코드화한다. 옵션으로 x에는 vector가 입력되며, break는 코드화할 값의 기준을 배열로 입력하여도 되며 또는 부분할 코드 개수를 정수로 입력하면 동등한 크기로 자동으로 구분된다. break 값을 지정하였을 경우 각 코드별 발생빈도는 low(18개), medium(10개), high(3개)이며, 동등한 크기로 자동 구분하였을 경우는 low(14개), medium(13개), high(5개)로 나타났다. 동등한 크기라는 의미가 개수를 동등하게 나누는 것이 아님을 참고한다. labels 옵션은 코드로 변환된 코드값명을 입력한다.

```
> vMPG <- mtcars$mpg
> vMPG
 [1] 21.0 21.0 22.8 21.4 18.7 18.1 14.3 24.4 22.8 19.2 17.8 16.4 17.3 15.2
[15] 10.4 10.4 14.7 32.4 30.4 33.9 21.5 15.5 15.2 13.3 19.2 27.3 26.0 30.4
[29] 15.8 19.7 15.0 21.4
> sort(vMPG)
 [1] 10.4 10.4 13.3 14.3 14.7 15.0 15.2 15.2 15.5 15.8 16.4 17.3 17.8 18.1
[15] 18.7 19.2 19.2 19.7 21.0 21.0 21.4 21.4 21.5 22.8 22.8 24.4 26.0 27.3
[29] 30.4 30.4 32.4 33.9
```

```
# mpg를 20과 30을 기준으로 low, medium, high로 분류
> cut(vMPG, breaks=c(0,20,30,50), labels=c("low","medium","high"))
 [1] medium medium medium medium low    low    low    medium medium low
[11] low    low    low    low    low    low    low    high   high   high
[21] medium low    low    low    low    medium medium high   low    low
[31] low    medium
Levels: low medium high

# mpg를 자동으로 3등분
> cut(vMPG, breaks=3, labels=c("low","medium","high"))
 [1] medium medium medium medium medium low low medium medium medium
[11] low    low    low    low    low    low    low    high   high   high
[21] medium low    low    low   medium high   medium high   low    medium
[31] low    medium
Levels: low medium high

# factor를 수치로 변환
> as.double(cut(vMPG, breaks=3, labels=c("low","medium","high")))
 [1] 2 2 2 2 2 1 1 2 2 2 1 1 1 1 1 1 1 3 3 3 2 1 1 1 2 3 2 3 1 2 1 2
```

cut 함수의 break 옵션을 사용함에 있어 각 구간의 최대 최소값의 포함 여부를 결정하는 부분일 것이다. 가령, 가장 많이 사용하는 연령구간을 {54 이하, 55-59세, 60-64세, 65-69세, 70세 이상}으로 구분하고자 할 경우 구간을 설정하는 방법을 살펴본다. 구간은 breaks = c(0,55,60,65,70,99)로 설정한다. 기본 옵션으로 구간은 {0< = 구간1< = 55, 55 <구간2< = 60, 60<구간3< = 65, 65<구간4< = 70, 70<구간5< = 99} 으로 설정된다. 기본옵션은 왼쪽값을 포함하지 않고 include.lowest = FALSE 오른쪽 값을 포함하는 right = TRUE 방식이다. 하지만, 본 예제에서는 직관성을 높이기 위해 이를 변형하고자 한다. 제기된 예제 구간은 {0< = 구간1<55, 55< = 구간2<60, 60< = 구간3<65, 65< = 구간4<70, 70< = 구간5< = 99} 과 같이 변환된다. 이는 구간의 왼쪽을 포함하는 include.lowest = TRUE 로 오른쪽값을 포함하지 않는 right = FALSE 로 설정한다. 아래 예제에서 “[” 는 최소값을 포함한다는 의미이며, “)”은 최대값을 포함하지 않는다는 의미이다. 첫 번째 구간에는 51부터 54까지 55세가 포함되지 않아 4개의 연령이 포함됨을 알 수 있고, 5번째 구간에는 70세가 포함되어 11개의 연령이 포함된다.

```
> vAge <- 51:80
> table(cut(vAge, breaks=c(0,55,60,65,70,99), include.lowest=TRUE, right=FALSE))

 [0,55) [55,60) [60,65) [65,70) [70,99]
      4       5       5       5      11
```


04 factor 구조에서 NA 처리

위의 예문에서 <NA>를 보실 수 있는데, 이는 기존 vector에서 보았던 NA와는 조금 다른 모습이라는 것을 알 수 있다. <NA>와 NA는 상황에 따라 전혀 다르게 해석되므로 명확히 알아둘 필요가 있다. factor에서는 NA를 <NA>로 표시한다. "NA"라는 문자열을 항목값으로 사용하는 경우와 구분하기 위함이다. 아래 예제를 보면 factor 에서는 NA의 해석에 유의하여야 함을 알 수 있다.

```
# "NA"가 "North America"를 나타내는 유의미한 항목 값으로 사용
> (fX <- factor(c("AF", "AS", NA, "EU", "NA", "SA")))
[1] AF   AS   <NA> EU   NA   SA
Levels: AF AS EU NA SA

# 3번째의 실제 NA 값은 TRUE 로 해석되지만, 5번째의 값은 항목값으로 인식됨
> is.na(fX)
[1] FALSE FALSE  TRUE FALSE FALSE FALSE

# NA 값이 NaN 은 아니므로 모두 FALSE로 해석됨
> is.nan(fX)
[1] FALSE FALSE FALSE FALSE FALSE FALSE

# fX 변수에 값이 있으므로 FALSE로 해석됨
> is.null(fX)
[1] FALSE
```

제 3 절 Array 구조

Array 구조 읽고 쓰기는 vector과는 다르다. vector는 1차원 matrix는 2차원 배열이라면, array는 다차원의 배열로 볼 수 있다. array는 matrix에 적용되었던 수칙 연산이 모두 가능하다. dim 함수를 이용하면 배열의 구조를 확인할 수 있다.

#3× 2 3차원의 배열

```
> aArray <- array(c(11:13,21:23,31:33),dim=c(3,2,3))
> aArray
, , 1

     [,1] [,2]
[1,]   11   21
[2,]   12   22
[3,]   13   23

, , 2

     [,1] [,2]
[1,]   31   11
[2,]   32   12
[3,]   33   13

, , 3

     [,1] [,2]
[1,]   21   31
[2,]   22   32
[3,]   23   33

> dim(aArray)
[1] 3 2 3

> data.class(aArray)
[1] "array"
> typeof(aArray)
[1] "integer"
```

```
> UCBAdmissions

, , Dept = A

          Gender
Admit      Male Female
  Admitted  512     89
  Rejected  313     19

, , Dept = B

          Gender
Admit      Male Female
  Admitted  353     17
  Rejected  207      8

, , Dept = C

... (생략)


> dim(UCBAdmissions)
[1] 2 2 6
> rowSums(UCBAdmissions, dims = 1)
Admitted Rejected
    1755     2771
> rowSums(UCBAdmissions, dims = 2)
          Gender
Admit      Male Female
  Admitted 1198    557
  Rejected 1493   1278
```

array 구조에 사용된 함수 또는 예약어 모음

함수명	설명
array	array 생성 함수 array(data, dim = length(data), dimnames = NULL) • data : array 로 변환할 데이터 • dim : array의 길이(일반적으로 vector 길이) • dimnames : 디멘젼들의 이름
as.array	array 변환 함수 as.array(x, ...) • x : 데이터셀
is.array	array 확인 함수 is.array(x) • x : 데이터셀

제 4 절 Data frames 구조

- 테이블로 된 사각형 의 데이터 구조로 행과열이있다.
- 그러나 행렬(matrix)로 구현되지는 않는다.
- 오히려 리스트(List)에 가깝다.

01 Data frames 구조

Data frames는 다양한 타입의 데이터를 컬럼(속성)별로 저장할 수 있어 데이터 분석 시 가장 많이 사용되는 기본적인 데이터 구조이다.
matrix는 모든 컬럼이 동일한 데이터 타입을 저장하는 것에 비해 data frames는 다양한 데이터 타입을 저장할 수 있다는 점에서 차이를 보인다.
자동차종류에 대한 정보를 저장할 경우 자동차마다 자동차명, 마일이지, 문 개수, 차 형태 등의 정보를 저장할 것이다. 자동차종류를 구성하는 다양한 정보 항목을 속성이라고 하며 각각의 컬럼을 구성한다. 한 종류의 자동차마다 하나의 레코드에 저장된다. 대부분의 경우 정보는 레코드 단위(row)로 위에서 아래로 추가된다.

- $속성명 [["속성명"]] [[속성번호]]
  특정 속성(컬럼)을 vector로 도출
- ["속성명"] [속성번호]
  특정 속성(컬럼)들을 data frames로 도출
- [, 단일속성번호]
  특정 속성(컬럼)을 vector로 도출
- [, c(...)]
  특정 속성(컬럼)들을 data frames로 도출
- ["레코드명",] [레코드번호,]
  특정 레코드값들을 data frames로 도출

02 data.frame() : Data frames 구조 생성

data frames는 가장 많이 사용되는 데이터셋이며 이를 생성하기 위해 data.frame 함수를 사용하면 편리하다. 여러 vector 를 결합하여 data frames를 생성하는 방법이 가장 빈번히 사용된다. 데이터셋은 주로 데이터를 파일로부터 읽어 data frames에 저장한다. 다음 예제는 기존에 생성된 vector를 묶어서 data frames를 생성하였다.

- data.frame

  data frames 생성

  data.frame(..., row.names = NULL, check.rows = FALSE,

  check.names = TRUE, stringsAsFactors)

  - row.names : 레코드명을 나타내는 수치 또는 문자열 vector
  - check.rows : (로직값) TRUE 이면 레코드값의 길이와 이름의 일관성 체크
  - check.names : 속석명의 문법적 탕성과 중복성 체크
  - stringsAsFactors : (로직값) 기본값인 TRUE 이면 문자열을 factor로 변환하지만, FALSE이면 변환 않음

```
# 열로 정열된 vector 데이터를 묶어서 data frames 생성하기
> (vX1 <- c(TRUE,FALSE,TRUE))
[1]  TRUE FALSE  TRUE    # vector이다.
> (vX2 <- rnorm(3))
[1]  1.211912 -1.315087  1.061087    # vector이다.

> dDataFrame <- data.frame(logic=vX1, value=vX2)    # data.frame로 묶는다.
> dDataFrame
   logic      value
1  TRUE   1.211912
2 FALSE  -1.315087
3  TRUE   1.061087

> data.class(dDataFrame)
[1] "data.frame"
> typeof(dDataFrame)
[1] "list"
```

03 Data frames 구조 추가, 읽기, 수정, 삭제

data frames 조작을 설명하기 위해 1974년 Motor Trend US 잡지에 올라왔던 실데이터인 mtcars를 이용한다. R은 학습을 돕기 위해 상기 예제 데이터를 mtcars 샘플로 제공한다. data frames는 기존의 vector와 matrix에 적용되었던 조작 기능이 모두 가능하다. data frames의 데이터를 조작하기 위한 추가적인 함수를 살펴본다. data frames의 데이터에 접근하기 위해서는 레코드와 속성(컬럼)의 인덱스를 사용한다.

```
dData [ 레코드 인덱스, 속성 인덱스 ]
```

특정 속성(컬럼)의 데이터를 도출하기 위해서는 ["속성명"] 또는 [속성번호]를 사용한다. 결과는 data frames이며 복수개의 속성을 선택할 수 있다. 속성명 대신에 속성 번호를 입력하여도 동일한 결과를 도출한다.
data frames에서 속성(컬럼)을 추출할 때 많이 사용하는 친숙한 형식은 [, 속성번호], [, "속성명"] 이다. 속성번호를 하나만 지정(예, [, 6], [, "wt"])할 경우에는 추출된 값이 vector 구조이지만, 복수개의 속성(예, [, c(4,6)], [, c("wt,"hp")])을 추출할 때는 data frames 구조가 된다는 점을 유의하여야 한다. 추출된 값을 data frames 구조로 유지하고자 할 경우는 drop = FALSE 옵션을 사용한다. 이는 차원을 유지하도록 하므로 data frames 구조를 유지하게 한다.

mtcars는 10가지의 차량의 특성(속성)에 대해 32가지 자동차에 대한 정보를 row(레코드)에 저장한다(1973년~1974년도 자동차 모델임). 10가지 속성은 [1] mpg(Miles /gallon), [2] cyl(Number of cylinders), [3] disp(Displacement), [4] hp(Gross horsepower), [5] drat(Rear axle ratio), [6] wt(Weight), [7] qsec(1/4 mile time), [8] vs (V/S), [9] am(0 = automatic transmission, 1 = manual transmission), [10] gear (Number of forward gears), [11] carb(Number of carburetors)이다.

```
# mtcars[6] = mtcars["wt"] = mtcars[("wt")] 모두 동일
> dCar <- mtcars
> dWeight <- dCar[6]
> data.class(dWeight)
[1] "data.frame"
```

```
> dWeight <- dCar[c("wt","hp")]
> data.class(dWeight)
[1] "data.frame"
> dWeight <- dCar[c("wt")]
> data.class(dWeight)
[1] "data.frame"
# mtcars[[6]] = mtcars$wt = mtcars[["wt"]] = mtcars[[c("wt")]] 모두 동일
> vWeight <- dCar[[6]]   # 음수 인덱스 적용시 문법적 오류 발생
> data.class(vWeight)
[1] "numeric"
> vWeight <- dCar[[c("wt")]]
> data.class(vWeight)
[1] "numeric"
> vWeight <- dCar[[c("wt","hp")]]      # vector 타입에 복수개의 컬럼 지정 불가
다음에 오류.subset2(x, i, exact = exact) : 첨자가 허용되는 범위를 벗어났습니다.

> vWeight <- dCar[, 6]                  # vector 구조로 반환
> vWeight <- dCar[, "wt"]               # vector 구조로 반환
> dWeight <- dCar[, 6, drop=FALSE]     # data frames 구조를 유지하도록 강제함
> dWeight <- dCar[, c(6,4)]             # data frames 구조로 반환
> dWeight <- dCar[, c("wt", "hp")]       # data frames 구조로 반환
```

04 head, tail

data frams 구조에서 특정 레코드를 추출하기 위해서는 레코드번호 혹은 레코드명을 이용하는 방법이 있다.

레코드번호와 레코드명을 사용할 시 유의할 점은 레코드번호와 레코드명 다음에 반드시 콤마(",")를 찍어야 한다.

형식은 ["레코드명" ,] 또는 [레코드번호 ,] 이다. 레코드로 데이터를 도출할 시 컬럼에 따라 데이터 타입이 상이하여 vector 구조로 저장이 어렵다.

이는 쉬운 것 같이 보이지만 혼돈하기 쉬우므로 많은 연습이 필요한 부분이다. data frames 의 컬럼을 추출한 것과 레코드를 추출한 결과는 데이터 구조가 완전히 다르다는 점을 유의한다.

data frames에서 데이터를 단순히 조회할 때 head 함수, tail 함수가 빈번히 사용된다. 앞부분의 또는 뒷부분의 데이터를 읽을 때 유용하다.

- head tail

  앞부분의 혹은 뒷부분의 레코드값들을 도출

  head(x, n = 6, ...)

  tail(x, n = 6, ...)

  – x : 데이터 객체

  – n : (정수) 노출할 값의 개수를 설정(양수 : 앞부분의 보여줄 데이터 개수, 음수 : 뒷부분에 안보일 데이터 개수), 만약 tail 인 경우 반대로 작용(예, n = 10)

head(unit)

x	an object
n	a single integer. 양수이면, size for the resulting object: number of elements for a vector (including lists), rows for a matrix or data frame or lines for a function. 음수이면, all but the n last/first number of elements of x.
addrownums	if there are no row names, create them from the row numbers.

```
※ 예제
> head(letters)
[1] "a" "b" "c" "d" "e" "f“

뒤 6개의 element 제외하고 보임
> head(letters, n = -6L)
 [1] "a" "b" "c" "d" "e" "f" "g" "h" "i" "j" "k" "l" "m" "n" "o" "p" "q" "r" "s" "t"

객체 10개 보여짐
> head(freeny.x, n = 10L )
      lag quarterly revenue  price index  income level  market potential
 [1,]               8.79636      4.70997       5.82110           12.9699
 [2,]               8.79236      4.70217       5.82558           12.9733
 [3,]               8.79137      4.68944       5.83112           12.9774
 [4,]               8.81486      4.68558       5.84046           12.9806
 [5,]               8.81301      4.64019       5.85036           12.9831
 [6,]               8.90751      4.62553       5.86464           12.9854
 [7,]               8.93673      4.61991       5.87769           12.9900
 [8,]               8.96161      4.61654       5.89763           12.9943
 [9,]               8.96044      4.61407       5.92574           12.9992
[10,]               9.00868      4.60766       5.94232           13.0033
```

05 cbind()

- cbind(dfrm1, dfrm2)
- 두 데이터프레임의 열을 이어 붙인다.

컬럼을 추가하는 방법은 추가할 data frames가 있을 경우 용이하다. cbind (column bind)를 이용하는 방법과 $속성명 명령어를 이용하여 추가할 data frames를 추가하면 된다. 추가할 속성명이 temp_No라고 한다면 다음 예제는 모두 컬럼 추가 효과를 낸다. 두 개 data frames의 길이가 다를 경우에는 재활용 규칙을 적용하여 짧은 쪽의 data frames의 길이를 늘인다는 것을 유의하자.

```
> vNo <- 1:32                         # 추가할 vector 생성
# temp_No 속성명을 생성하여 vNo를 추가
> dCar <- cbind(dCar, temp_No=vNo)
> dCar$temp_No = vNo                  # temp_No 속성명을 생성하여 vector 추가
> cbind(dCar, vNo)                     # vNo 속성명을 생성하여 vector 추가
```

06 rbind()

두 데이터프레임의 행을 쌓는다.
레코드를 추가하는 방법은 두 개의 data frames를 병합하는 방식과 동일하다. 추가되는 data frames에 레코드가 하나가 있을 수도 있고 여러 개의 레코드가 있을 수 있지만 방법은 동일하다. 두 개의 data frames의 병합은 rbind 함수를 사용한다. rbind는 기본적으로 두 data frames가 동일한 속성을 가질 것을 가정한다. 단, 새롭게 추가되는 레코드가 하나여도 data frames로 만들어진다는 점을 유의한다.

```
> dCar <- mtcars
> dNewRecord <- data.frame(mpg=11.1, cyl=1, disp=111, hp=111
  , drat=1.11, wt=1.111, qsec=11.11,  vs=1
  ,  am=1,     gear=1,     carb=1)
> dCar <- rbind(dCar, dNewRecord)
> rownames(dCar)[length(rownames(dCar))] <- "RBook new Car"
> tail(dCar)
```

```
                mpg cyl  disp  hp drat    wt  qsec vs am gear carb
Lotus Europa   30.4   4  95.1 113 3.77 1.513 16.90  1  1    5    2
Ford Pantera L 15.8   8 351.0 264 4.22 3.170 14.50  0  1    5    4
Ferrari Dino   19.7   6 145.0 175 3.62 2.770 15.50  0  1    5    6
Maserati Bora  15.0   8 301.0 335 3.54 3.570 14.60  0  1    5    8
Volvo 142E     21.4   4 121.0 109 4.11 2.780 18.60  1  1    4    2
RBook new Car  11.1   1 111.0 111 1.11 1.111 11.11  1  1    1    1
```

이상에서 data frames에의 데이터 추가와 읽기를 살펴보았다. 데이터의 수정과 삭제는 상기의 방법을 응용하면 쉽게 가능하다. 복수개의 레코드와 컬럼을 삭제하는 방법을 살펴본다.

```
> dCar <- mtcars
> dCar[1,1]                          # Mazda RX4의 mpg값이 기존 21임
[1] 21
> dCar[1,1] <- 22                    # Mazda RX4의 mpg값이 22로 수정됨
> dCar["Mazda RX4",1] <- 22          # 위와 동일한 결과
> dCar[1,"mpg"] <- 22                # 위와 동일한 결과
> dCar["Mazda RX4","mpg"] <- 22      # 위와 동일한 결과

> dTemp <- dCar[-1,]                 # Mazda RX4 레코드 삭제
> dTemp <- dCar[-c(5:15),]           # 복수개의 레코드 삭제
> dTemp <- dCar[,-1]                 # mpg 컬럼 삭제
> dTemp <- dCar[,-c(2:4)]            # 복수개의 컬럼 삭제
```

data frames는 데이터 분석에서 가장 기본적으로 사용되는 구조이며 data frames에 저장된 데이터를 조작하는 기능은 매우 다양하다. 따라서 별도의 장을 마련하여 data frames의 데이터 조작 방법을 살펴본다.

07 subset()

subset(dataframe, select = 열 이름)은 : 데이터세트에서 조건에 맞는 내용 조회한다.

Data frames 에서 원하는 레코드만 추출할 수 있다.

* subset
  조건에 맞는 레코드값들을 도출
  subset(x, subset, select, drop = FALSE, ...)
  - x : data frames 또는 matrix
  - subset : 로직 표현을 통해 유지할 레코드를 설정
    (예, Temp > 30)
  - select : 유지할 속성(컬럼)을 설정
  - drop : 레벨이 하나인 배열 삭제

data frames에서 특정 조건에 부합하는 레코드만 추출할 경우 logical vector를 사용하거나 subset 함수를 이용한다. logical vector는 기존에 사용한 방식과 유사하므로 예제를 통해 쉽게 이해할 수 있다. data frames의 데이터를 접근하는 방법이 다양하지만 그만큼 복잡하다. data frames의 속성은 모두 속성명을 가지므로 데이터를 추출할 때는 가능한 속성명으로 접근하는 것이 혼돈을 줄인다. 인덱스를 사용하는 경우는 여러 속성명을 입력하기 불편하거나 속성이 동적으로 변환하여 자동화가 필요할 때는 유용하다.
조건에 맞는 레코드를 추출 할 때 which 함수를 사용할 수도 있다. 속성명의 조건만을 이용한 경우는 추출할 데이터의 위치를 로직값의 배열로 반환하지만, which 함수를 사용하면 필요한 레코드의 위치를 인덱스값으로 나타낸다. 아래 예제를 보면 쉽게 이해할 수 있다.
subset 함수의 select 옵션은 추출하고자 하는 속성만 지정할 수 있으며, subset 옵션은 원하는 레코드만 추출하도록 조건을 지정할 수 있다. 이는 마치 SQL 문의 select와 where 조건문과 사용이 비슷하다. subset 함수는 속성번호를 사용하진 못하지만, data frames는 대부분 속성명으로 컬럼단위 데이터를 처리하므로 불편은 드물다.
예를 들어 mtcars 데이터에서 wt (차의 무게)가 5보다 큰 차량을 추출하는 조건과 mpg (차량 마일리지)가 12 이상인 조건에 부합하는 차량을 추출하여본다. 그리고 mpg (차량 마일리지)가 평균 이상인 차량의 wt(무게)와 mpg를 구해본다. subset 함수는 추출 대상 data frames 명을 속성명 앞에 붙이지 않아도 되기 때문에 명령어가 간결하다.

```
> mtcars[mtcars$wt>5,]
                     mpg  cyl  disp   hp  drat     wt   qsec  vs  am  gear  carb
Cadillac Fleetwood  10.4    8   472  205  2.93  5.250  17.98   0   0     3     4
Lincoln Continental 10.4    8   460  215  3.00  5.424  17.82   0   0     3     4
Chrysler Imperial   14.7    8   440  230  3.23  5.345  17.42   0   0     3     4
```

```
> mtcars[mtcars[6]>5,]
                     mpg cyl disp  hp drat    wt  qsec vs am gear carb
Cadillac Fleetwood  10.4   8  472 205 2.93 5.250 17.98  0  0    3    4
Lincoln Continental 10.4   8  460 215 3.00 5.424 17.82  0  0    3    4
Chrysler Imperial   14.7   8  440 230 3.23 5.345 17.42  0  0    3    4

> mtcars[mtcars[[6]]>5,]
                     mpg cyl disp  hp drat    wt  qsec vs am gear carb
Cadillac Fleetwood  10.4   8  472 205 2.93 5.250 17.98  0  0    3    4
Lincoln Continental 10.4   8  460 215 3.00 5.424 17.82  0  0    3    4
Chrysler Imperial   14.7   8  440 230 3.23 5.345 17.42  0  0    3    4

> mtcars[mtcars["wt"]>5,]
                     mpg cyl disp  hp drat    wt  qsec vs am gear carb
Cadillac Fleetwood  10.4   8  472 205 2.93 5.250 17.98  0  0    3    4
Lincoln Continental 10.4   8  460 215 3.00 5.424 17.82  0  0    3    4
Chrysler Imperial   14.7   8  440 230 3.23 5.345 17.42  0  0    3    4

> mtcars[mtcars$wt>5 & mtcars$mpg>12,]   # 복수의 조건 적용
                     mpg cyl disp  hp drat    wt  qsec vs am gear carb
Chrysler Imperial   14.7   8  440 230 3.23 5.345 17.42  0  0    3    4

# which 함수 이용 (차량의 힘이 200이상인 차량 추출)
> mtcars$hp > 200             # 조건에 맞는 차량의 위치를 로직값으로 반환
 [1] FALSE FALSE FALSE FALSE FALSE FALSE  TRUE FALSE
 [9] FALSE FALSE FALSE FALSE FALSE FALSE  TRUE  TRUE
[17]  TRUE FALSE FALSE FALSE FALSE FALSE FALSE  TRUE
[25] FALSE FALSE FALSE FALSE  TRUE FALSE  TRUE FALSE

> which( mtcars$hp > 200 )    # 조건에 맞는 차량의 위치를 인덱스값으로 반환
[1]  7 15 16 17 24 29 31

> dNewDataset <- mtcars[ mtcars$hp < 100, ]
> dNewDataset <- mtcars[ which(mtcars$hp < 100), ]  # 동일한 결과임

# And 조건 이용하기 (차의 힘이 좋으면서, 5단 기어인 차량 추출)
> mtcars[mtcars$hp>200 & mtcars$gear==5,]

# Or 조건 이용하기 (차의 힘이 좋거나, 5단 기어인 차량 추출)
> mtcars[mtcars$hp>200 | mtcars$gear==5,]

# NOT 조건 이용하기 (무게가 5를 넘지 않는 차량 추출)
> mtcars[ !(mtcars$wt>5), ]
```

```
# subset 함수를 이용한 데이터 추출
> subset(mtcars, wt>5 & mpg>12)
                    mpg cyl disp  hp drat    wt  qsec vs am gear carb
Chrysler Imperial  14.7   8  440 230 3.23 5.345 17.42  0  0    3    4

# mpg가 평균보다 큰 차량의 무게와 마일리지 추출
> subset(mtcars, select=c("wt","mpg"), subset=(mpg>mean(mpg) )

# 컬럼명을 이용하여 특정 속성 제외
> subset(mtcars, select= -wt )  # wt를 제외한 모든 속성(컬럼)
```

원하는 레코드를 추출하는 과정에서 흔히 범하는 오류를 설명한다. 인덱스를 사용하는 경우 레코드 추출뿐만 아니라, 필요한 레코드의 값만을 변경할 수도 있다. 추출된 레코드셀이 data frames 형식이면 수정할 데이터 구조도 data frames 이어야 함을 아래 예제를 통해 다시 한 번 살펴본다. 내용이 일부 중복되는 면도 있지만 데이터 추출 과정에서 발생하는 오류를 찾지 못하면 며칠을 고생하게 되므로 유의 깊게 살펴보기 바란다.

```
# 조건에 해당하는 레코드를 추출하는 정상적인 방법
# 차의 무게가 5 이상인 차종만 추출하여 저장
> dM <- mtcars
> dM <- dM[dM$wt > 5, ]
> head(dM)

# 아래 방법에서 잘못된 부분을 찾아보자
> dM <- mtcars
> dM$wt <- dM[dM$wt > 5,]      # data frames를 vector에 대입하는 오류
다음에 오류 $<-.data.frame ( *tmp* , "wt", value = list(mpg = c(10.4, 10.4,  :
  replacement has 3 rows, data has 32

> dM$wt <- dM[dM$wt > 5]      # 컬럼(속성) 지정이 안됨
다음에 오류 [.data.frame (dM, dM$wt > 5) : undefined columns selected

> dM <- dM[dM$wt > 5]         # 컬럼(속성) 지정이 안됨
다음에 오류 [.data.frame (dM, dM$wt > 5) : undefined columns selected

# 기존 data frames에 지정된 속성 한개만 남고, 나머지가 삭제됨
> dM <- dM$wt[dM$wt > 5]
> head(dM)
[1] 5.250 5.424 5.345
```

CHAPTER 3_ 데이터 Object

```
# 참고로 인덱스를 이용할 경우, 조건에 해당하는 레코드의 값을 변경하는 방법
# 차의 무게가 5 이상인 경우 5로 변환
> dM[dM$wt > 5,] <- 5
```

08 with

- Data frames 명을 반복 입력하는 불편함을 줄이기
- with(dataframe, 열 이름)

with	data frames 내의 속성(컬럼)명 사용 지원 with(data, expr, ...) • data : 데이터셀 • expr : 명령어

데이터셀의 속성을 읽을 때 data frames명을 계속해서 반복하기 번거롭다. 이를 간편하게 하기 위해서는 with 함수를 사용한다. 혼돈이 적고 가장 많이 사용되는 방법이지만, 처음 접하는 분은 다소 어려워하기도 하므로 숙지가 필요하다. attach 함수로 데이터셀을 세션에 올려두고 속성명에 간편하게 접근하는 방법도 있지만 실제 업무에서는 사용자가 혼돈을 일으키기 쉬워 사용을 권하지 않고 별도로 설명하지 않는다.

```
> dCar <- mtcars
> names(dCar)
 [1] "mpg"  "cyl"  "disp" "hp"   "drat" "wt"   "qsec" "vs"   "am"   "gear" "carb"

# data frames 명을 반복해서 사용하는 방식
> vZ <- (dCar$mpg-mean(dCar$mpg)) / sd(dCar$mpg)

# data frames 명을 추가하지 않는 방식
> vZ <- with(dCar, (mpg-mean(mpg)) / sd(mpg) )
```

09 merge()

두 개의 Data frames을 조인(join) 하기
공통된 열로 데이터프레임을 병합
merge(df1, df2, by = "df1과 df2의 공통된 열의 이름")

• merge
두 data frames를 연계

```
merge(x, y, by = intersect(names(x), names(y)),
      by.x = by, by.y = by, all = FALSE, all.x = all, all.y = all,
      sort = TRUE, suffixes = c(".x",".y"),
      incomparables = NULL, ...)
```

- x, y : data frames 또는 객체
- by, by.x, by.y : 조인에 사용할 속성(컬럼) 지정
- all : all.x = TRUE, all.y = TRUE 의 간략 표현
  (예, all = TRUE)
- all.x : y에 매칭안되는 레코드를 추가하며, y에 해당하는 속석은 값이 NA 로 채워짐(예, all.x = TRUE)
- all.y : all.x 와 유사
- sort : by 에 의해 지정된 속성으로 정렬됨
  (예, sort = TRU)
- suffixes : 연계 후 두 data frames 의 이름 고유성을 유지하기 위해 첨가되는 문자
  (예, suffixes = c(".x",".y")
- incomparables : 매칭하지 않을 값 지정. 입력값 형태는 vector(예, incomparables = c("NA", "NULL"))

두 data frames를 연계하여 필요한 데이터를 추출 및 분석하는 기술을 설명하고자 한다. 데이터분석 데이터를 데이터베이스(DB)로 부터 읽을 경우 대부분 관계형으로 설계되어 있어 테이블간의 연계(join)가 필요하다. 설문 또는 패널 데이터를 분석할 경우에도 초기 데이터를 코드표와 맵핑할 필요가 발생한다. 이와 같이 data frames를 연계하는 기술은 활용범위가 넓은 기술이다. 하지만, 현재 데이터 특성상 연계가 당장 필요 없는 경우라면 다음에 필요할 때 다시 보아도 무방하다.

data frames의 연계는 join과 유사한 기능이며 inner join, left join, right join, outer join을 모두 구현할 수 있다. 연계는 merge 함수를 통해서 수행되며 연계에 키가 되는 속성을 지정하고, join 옵션을 설정하면 된다. by.x에는 왼쪽변수의 키속성을, by.y에는 오른쪽변수의 키속성을 각각 지정하며 속성명이 동일할 경우에는 생략 가능하다. all 옵션은 FALSE가 기본값으로 inner join을 수행하고, all.x = TRUE이면 left join, all.y = TRUE이면 right join, all = TURE이면 outer join을 수행한다. 예제를 통해 활용방법을 쉽게 알 수 있다. 데이터베이스의 SQL 문과 비교하여 한계점은 두 개의 data frames 만을 연계할 수 있다는 점이다. 다음 예제는 개인별로 소속된 부서의 명칭을 도출하며, 부서 ID를 키값으로 활용한다.

```
# 개인이름과 소속 부서 ID를 파일로부터 읽어 fEmp에 저장
> (dEmp <- data.frame(DepartmentId=c(301,303,303,304,304,307)
            ,EmpName=c("Kim","Park","Lee","An","Choi","Jeong")))
  DepartmentId  EmpName
1       301        Kim
2       303       Park
3       303        Lee
4       304         An
5       304       Choi
6       307      Jeong

# 부서 Id와 부서명을 읽어 fDepart에 저장
> (dDepart <- data.frame(Department
            ,DepartmentName=c("Music","Engineering","Computer",NA)))
  DepartmentId  DepartmentName
1       301              Music
2       303        Engineering
3       304           Computer
4       305               <NA>

# 키가 두개 데이터셀에 존재하는 경우에만 머지
> (dMerge1 <- merge(dEmp,dDepart))
  DepartmentId  EmpName  DepartmentName
1       301        Kim           Music
2       303       Park     Engineering
3       303        Lee     Engineering
4       304         An        Computer
5       304       Choi        Computer

# 머지할 키값의 명칭이 다를 경우 by.x 와 by.y 옵션에 속성명을 지정한다
> dMerge3 <- merge(dEmp,dDepart, by.x="DepartmentId", by.y="DepartmentId")
```

```
# 키가 존재하지 않더라도 모두 머지하는 방법
> (dMerge2 <- merge(dEmp,dDepart,all=TRUE))
  DepartmentId  EmpName  DepartmentName
1      301          Kim           Music
2      303         Park     Engineering
3      303          Lee     Engineering
4      304           An        Computer
5      304         Choi        Computer
6      305         <NA>            <NA>
7      307        Jeong            <NA>

# 왼쪽키를 중심으로 머지(Left Join 수행)
> (dMergeRight <- merge(dEmp,dDepart, by.x="DepartmentId", by.y="DepartmentId",
all.x=TRUE))
  DepartmentId  EmpName  DepartmentName
1      301          Kim           Music
2      303         Park     Engineering
3      303          Lee     Engineering
4      304           An        Computer
5      304         Choi        Computer
6      307        Jeong            <NA>

# 오른쪽키를 중심으로 머지(Right Join 수행)
> (dMergeRight <- merge(dEmp,dDepart, by.x="DepartmentId", by.y="DepartmentId",
all.y=TRUE))
  DepartmentId  EmpName  DepartmentName
1      301          Kim           Music
2      303         Park     Engineering
3      303          Lee     Engineering
4      304           An        Computer
5      304         Choi        Computer
6      305         <NA>            <NA>
```

10 grep(), regexpr()

- **grep(조회할 문자패턴, data)**
- 문자열의 일부를 검색하기

문자열 내에서 특정 문자열을 찾으려면 grep 또는 regexpr 함수를 이용하면 된다. grep은 검색된 레코드 항목의 인덱스를 반환하며, regexpr은 배열형태로서 문자열의 첫 번째 위치와 길이 정보를 반환한다. regexpr 함수의 예제에서 숫자 7과 3은 각각 문자열의 시작위치와 길이를 나타낸다. 문자열의 길이는 사전에 아는 정보가 아니냐고 궁금해 할 수 있지만, 문자열이 변수로 자동으로 입력된다면 길이가 사후 정보로서 유용할 수 있다. 다음 장의 정규표현식 예를 참고하기 바란다. 그리고, vector의 인덱스는 수치 또는 logical 값의 배열이 들어갈 수 있으므로 grep 의 결과를 바로 인덱스로 활용할 수 있다.

```
> vCarName <- rownames(mtcars)
> vCarName
 [1] "Mazda RX4"            "Mazda RX4 Wag"        "Datsun 710"
 [4] "Hornet 4 Drive"       "Hornet Sportabout"    "Valiant"
 [7] "Duster 360"           "Merc 240D"            "Merc 230"

> grep("Toyota", vCarName)  # "Toyota"가 들어있는 문자열을 검색하여 인덱스 반환
[1] 20 21

> grep("toyota", vCarName)   # 검색 시 대소문자를 구분함
integer(0)

> vCarName[20]
[1] "Toyota Corolla"

> grep("RX4", vCarName)      # "RX4"가 중간에 위치한 문자열도 검색
[1] 1 2

> vCarName[grep("RX4", vCarName)]
[1] "Mazda RX4"     "Mazda RX4 Wag"

# regexpr 함수는 검색 문자열의 시작위치와 길이를 반환
> vRegexpr <- regexpr("RX4", vCarName)
> vRegexpr                   # 7은 "RX4" 문자열의 시작위치, 3은 문자열의 길이임
 [1]  7  7 -1 -1 -1 -1 -1 -1 -1 -1 -1 -1 -1 -1 -1 -1 -1 -1 -1 -1 -1 -1 -1 -1 -1 -1
[27] -1 -1 -1 -1 -1 -1
attr(,"match.length")
 [1]  3  3 -1 -1 -1 -1 -1 -1 -1 -1 -1 -1 -1 -1 -1 -1 -1 -1 -1 -1 -1 -1 -1 -1 -1 -1
[27] -1 -1 -1 -1 -1 -1
attr(,"useBytes")
[1] TRUE
```

```
> vCarName[ regexpr("RX4",vCarName) > 0 ]
[1] "Mazda RX4"      "Mazda RX4 Wag"

> attr(vRegexpr,"match.length")      # "match.length" 속성만을 도출
 [1]  3  3 -1 -1 -1 -1 -1 -1 -1 -1 -1 -1 -1 -1 -1 -1 -1 -1 -1 -1 -1 -1 -1 -1 -1 -1
[27] -1 -1 -1 -1 -1 -1
```

제 5 절 Matrix 구조

차원을 가진 벡터이다.

vector에 차원을 정해주면 matrix로 바꿀수 있다.
matrix는 vector와 같이 동일한 타입의 값을 가진다.
수학에서 흔히 보는 행렬 계산이 matrix를 통해 가능하며, 전문적 활용을 위해서는 행렬 연산에 대한 수학적 지식이 필요하다. 참고로, matrix의 최대 사이즈는 이론적으로는 셀 수가 2,147,483,647개(=2^31-1) 이다. matrix는 내부적으로 vector 구조이며 디멘젼만 2차원이다.

01 matrix 구조 생성

matrix는 matrix 함수를 사용하여 생성이 가능하다. 활용방법은 간단하므로 예제를 통해 쉽게 익힐 수 있다. 단, matrix에 대한 기본 규칙을 인식할 필요가 있다. 글쓰기는 왼쪽에서 오른쪽으로 횡으로 쓴다는 일반적인 규칙이 있다. 하지만 matrix는 데이터 항목을 왼쪽 위에서 아래로 종으로 채워나간다. 이유는 간단하다. 친구에게 1에서 10까지 숫자를 Excel에 입력하게 하고, 잠시 후 100에서 110까지 입력하게 해보라. matrix에서 데이터 항목 입력 방식과 유사하게 왼쪽에서부터 위에서 아래로 입력할 것이다. 그러나 때로 글쓰기와 마찬가지로 데이터 항목을 횡으로 입력할 경우가 있을 것이다. 이럴 경우는 byrow=T 옵션을 이용한다.

- dim(dimension) 함수를 이용한 방법도 살펴본다.
  행렬의 행과 열의 수를 알 수 있다.

컬럼수를 지정하는 방식으로 생성

```
> mX <- matrix(1:6, ncol=2)
> mX
     [,1] [,2]
[1,]    1    4
[2,]    2    5
[3,]    3    6
```

행수를 지정하는 방식으로 생성

```
> mX <- matrix(1:6, nrow=2)
> mX
     [,1] [,2] [,3]
[1,]    1    3    5
[2,]    2    4    6
```

```
 mX <- matrix(1:6, 3, 2, byrow=T)     # 횡으로 입력됨
> mX
     [,1] [,2]
[1,]    1    2
[2,]    3    4
[3,]    5    6

> data.class(mX)
[1] "matrix"
> typeof(mX)
[1] "integer"

# dim 함수를 이용하여 디멘젼 설정
> mX <- 1:6
> dim(mX) <- c(3,2)
> mX
     [,1] [,2]
[1,]    1    4
[2,]    2    5
[3,]    3    6
```

deparse.level 옵션을 이용하면 속성(컬럼) 혹은 레코드의 이름을 설정할 수 있다.

```
> vX <- c(1,2,3)
> vY <- c(5,6,7)
> cbind(vX,vY,deparse.level=0)    # deparse.level=0 이면 컬럼명을 사용하지 않음
     [,1] [,2]
[1,]    1    5
[2,]    2    6
[3,]    3    7
> cbind(vX,vY,deparse.level=1)    # 기본값은 deparse.level=1 로서 컬럼명을 사용
     vX vY
[1,]  1  5
[2,]  2  6
[3,]  3  7
```

02 diag

matrix의 대각선을 따라 값을 조회하거나 수정할 경우에는 diag 함수를 사용한다.

matrix의 대각선값 추출, 대입 또는 대각선의 matrix 생성
diag(x=1, nrow, ncol)
- x : matrix
- nrow : (수치) 레코드 수
- ncol : (수치) 레코드 수

matrix의 대각선에 값 대입
diag(x) <- value
- x : matrix
- value : matrix의 대각선 길이와 같은 vector값

```
> mX <- matrix(seq(1,9),nrow=3)

# 대각선의 값을 조회
> diag(mX)
[1] 1 5 9

# 대각선의 값을 수정
> diag(mX) <- 0
> mX
     [,1] [,2] [,3]
[1,]    0    4    7
[2,]    2    0    8
[3,]    3    6    0

# diag를 이용한 matrix 생성
> mX <- diag(2,3,3)
> diag(2,3,3)
     [,1] [,2] [,3]
[1,]    2    0    0
[2,]    0    2    0
[3,]    0    0    2
> diag(mX) <- c(1,2,3)
> mX
     [,1] [,2] [,3]
[1,]    1    0    0
[2,]    0    2    0
```

```
[3,]    0    0    3
> diag(mX)
[1] 1 2 3
```

03 matrix 추가, 읽기, 수정, 삭제

matrix 조작 명령어는 행(rows)과 열(cols)의 쌍으로 구성된다. 간혹 rows 와 cols가 서로 혼돈되는 경우도 있는데, cols 는 column의 약어이며, 아테네 신전에 서있는 굵은 기둥(column)과 matrix의 세로 열을 함께 연상하면 혼돈을 줄일 것이다. matrix의 인덱스 값은 numeric과 logical의 두 가지 유형임은 vector 와 동일하지만, 차이점은 쌍으로 입력된다는 점이다. 인덱스 값이 행(rows) 또는 열(cols)이 생략될 경우 해당 열, 행 전체를 나타낸다. vector의 인덱스가 이해되었다면 자연스럽게 이해가 될 것이다. 다음 명령어 중 음수 인덱스가 이해가 안 된다면 vector로 돌아가 다시 한 번 읽어볼 필요가 있다. matrix의 데이터 CRUD(추가, 읽기, 수정, 삭제) 방법을 살펴본다.

#행 데이터만 추출, 열 데이터만 추출

```
> mX <- rbind(c(101,102,103),c(201,202,203),c(301,302,303))
> mX
     [,1] [,2] [,3]
[1,]  101  102  103
[2,]  201  202  203
[3,]  301  302  303
> mX[2,]                        # 2번째 row를 추도출(Read)
[1] 201 202 203
> mX[,3]                        # 3번째 col를 추도출(Read)
[1] 103 203 303
> mX[2,3]
[1] 203

> mY <- mX[,-3]                 # 3번째 col을 제외(Delete)
> mY
     [,1] [,2]
[1,]  101  102
[2,]  201  202
[3,]  301  302
```

```
> mX[2,-3]                       # 2번째 row를 두출한 후 3번째 col을 제외
[1] 201 202
> mX[-2]                         # matrix 를 vector 로 변환한 후 2번째 값을 제외
[1] 101 301 102 202 302 103 203 303

> mX[3,3] <- 333                 # matrix 수정(Update)
> mX[3,] <- c(111,222,333)       # matrix의 특정 row 전체 수정(Update)
> mX
     [,1] [,2] [,3]
[1,]  101  102  103
[2,]  201  202  203
[3,]  111  222  333
```

cbind (column bind) 또는 rbind (row bind)를 이용하면 다수의 vector를 가로 또는 세로로 병합하여 matrix를 생성할 수 있다. 여기서 cbind 또는 rbind는 matrix 생성에 주로 사용되지만, 향후 data frames에도 자주 응용되는 유용한 함수이다.

```
> mY <- cbind(mX,c(104,204,304))        # col 추가(Create)
> mY
     [,1] [,2] [,3] [,4]
[1,]  101  102  103  104
[2,]  201  202  203  204
[3,]  111  222  333  304

> rbind(c(10,20,30),c(40,50,60))
     [,1] [,2] [,3]
[1,]   10   20   30
[2,]   40   50   60
```

행렬 내 여러 위치에 산재해 있는 값만을 읽기 위해서는 복수의 위치를 인덱스로 사용하면 된다. 가령, (1,2), (2,3), (3,1) 위치의 값을 읽고자 할 경우 matrix로 위치값을 변환하여 사용하여야 한다.

```
> mX
     [,1] [,2] [,3]
[1,]  101  102  103
[2,]  201  202  203
[3,]  111  222  333
> mIndex <- rbind(c(1,2),c(2,3),c(3,1))
```

```
> mIndex
     [,1] [,2]
[1,]    1    2
[2,]    2    3
[3,]    3    1
> mX[mIndex]
[1] 102 203 111
```

인덱스가 쌍이 아닌 하나의 numeric 수치로 입력된 경우, R은 matrix를 vector와 같이 1차 행렬로 간주하여 처리한다. 다음 예제를 보면 쉽게 이해가 간다.

```
> mX
     [,1] [,2] [,3]
[1,]  101  102  103
[2,]  201  202  203
[3,]  111  222  333
> mX[2]
[1] 201
> mX[3]
[1] 111
> mX[2:5]
[1] 201 111 102 202
```

다음은 matrix 인덱스에 logical 값을 저장한 경우를 살펴본다. logical 값을 인덱스로 이용할 경우 martix에서 원하는 위치의 값만을 편리하게 도출할 수 있다.

```
> mX
     [,1] [,2] [,3]
[1,]  101  102  103
[2,]  201  202  203
[3,]  111  222  333
> mX > 200                    # logical 값으로 matrix 생성
      [,1]  [,2]  [,3]
[1,] FALSE FALSE FALSE
[2,]  TRUE  TRUE  TRUE
[3,] FALSE  TRUE  TRUE
> mX[mX > 200]                # logical 값이 TRUE인 값만 vector 형식으로 도출
[1] 201 202 222 203 333
> mY <- mX
> mY[mY > 200] <- 0            # matrix 값 중 200 이상인 경우 0으로 변경
```

```
> mY
     [,1] [,2] [,3]
[1,]  101  102  103
[2,]    0    0    0
[3,]  111    0    0
```

04 matrix 구조 연산

기본적으로 vector에서 적용되었던 모든 계산방식이 matrix에도 적용된다.
또한 행렬계산 규칙에 따라 matrix 계산이 가능하다. 유의해야할 점은 데이터 조작의 용이성을 위해 행렬 계산 규칙과 다른 연산 기능도 제공하는데 이러한 기능이 혼돈을 초래할 수 있다는 점이다.
R은 데이터 분석 툴로서 다양한 데이터 조작에 유용하다. 먼저 matrix 계산 규칙에 따른 연산을 살펴본 후, 데이터 조작 기능을 살펴본다.
행렬 계산 규칙을 따르기 위해서는 연산에 % 기호를 앞뒤에 붙인다.

- **전치행렬**

  전치행렬은 t(mX) 함수를 이용한다.

(1) #전치행렬 : t(행렬) / 역행렬 : solve(행렬)

- **전치행열** : 행과 열이 바뀜

```
> mX <- matrix(1,2,3)
> mX
     [,1] [,2] [,3]
[1,]    1    1    1
[2,]    1    1    1

> mY <- matrix(1:6,3,2)
> mY
     [,1] [,2]
[1,]    1    4
```

```
[2,]    2    5
[3,]    3    6

> t(mY)
      [,1]  [,2]  [3,]
[1,]    1     2     3
[2,]    4     5     6


> mS <- matrix(1:4,2,2)
> mS
      [,1]  [,2]
[1,]    1     3
[2,]    2     4
> solve(mS)
      [,1]  [,2]
[1,]   -2   1.5
[2,]    1  -0.5


 >
```

(2) %*% 곱

행렬에 일반적인 연산이 모두 가능하다. 다만 matrix 곱셈을 예상과 다른 결과를 내기도 하므로 자세히 살펴본다. 곱셈은 %*% 연산기호를 사용하며, 곱셈기호(*) 와는 다른 방식으로 계산한다. 행렬의 일부만을 이용하여 연산하는 방법도 살펴본다. 행렬이므로 mA%*%mB 와 mB%*%mA의 결과값은 다르다는 점을 유의한다.

#행렬의 연산: %*% , * , ^,행렬의 부분연산

```
> mX <- matrix(1,2,3)
> mX
      [,1]  [,2]  [,3]
[1,]    1     1     1
[2,]    1     1     1
> mY <- matrix(1:6,3,2)
> mY
      [,1]  [,2]
[1,]    1     4
```

```
[2,]    2    5
[3,]    3    6
> mX%*%mY                    # %를 사용하여 수학적 행렬 계산 규칙을 강제함
     [,1] [,2]
[1,]    6   15
[2,]    6   15

> mX*mY
다음에 오류X * Y : 적절한 배열이 아닙니다.

> mY^2
     [,1] [,2]
[1,]    1   16
[2,]    4   25
[3,]    9   36
> mY*mY
     [,1] [,2]
[1,]    1   16
[2,]    4   25
[3,]    9   36
> mY%*%mY
다음에 오류 mY %*% mY : 적절한 인수가 아닙니다.

> mY%*%t(mY)
     [,1] [,2] [,3]
[1,]   17   22   27
[2,]   22   29   36
[3,]   27   36   45

# 행렬의 일부만을 사용하여 곱셈을 수행
> (mA <- matrix(c(1,0,4,2,-1,1),nrow=3))
     [,1] [,2]
[1,]    1    2
[2,]    0   -1
[3,]    4    1
> (mB <- matrix(c(1,-1,2,1,1,0),nrow=2))
     [,1] [,2] [,3]
[1,]    1    2    1
[2,]   -1    1    0
> mA[1,]
[1] 1 2
> mB[,1]
[1]  1 -1
```

```
> mA[1,]*mB[,1]
[1]  1 -2
> sum(mA[1,]*mB[,1])
[1] -1
> mA %*% mB
     [,1] [,2] [,3]
[1,]   -1    4    1
[2,]    1   -1    0
[3,]    3    9    4
> mB %*% mA
     [,1] [,2]
[1,]    5    1
[2,]   -1   -3
```

05 colnames(), rownames()

- colnames 함수는 속성명을 도출하며, 별칭은 names이다.
- 그리고 rownames 함수는 레코드를 도출하며, 별칭은 row.names이다.

```
> mtcars
                    mpg cyl  disp  hp drat    wt  qsec vs am gear carb
Mazda RX4          21.0   6 160.0 110 3.90 2.620 16.46  0  1    4    4
Mazda RX4 Wag      21.0   6 160.0 110 3.90 2.875 17.02  0  1    4    4
Datsun 710         22.8   4 108.0  93 3.85 2.320 18.61  1  1    4    1
Hornet 4 Drive     21.4   6 258.0 110 3.08 3.215 19.44  1  0    3    1
  ... 중략

> colnames(mtcars)       # 속성명 (column names)
 [1] "mpg"  "cyl"  "disp" "hp"   "drat" "wt"   "qsec" "vs"   "am"   "gear" "carb"
> names(mtcars)          # colnames와 names는 동일한 기능
 [1] "mpg"  "cyl"  "disp" "hp"   "drat" "wt"   "qsec" "vs"   "am"   "gear" "carb"

> rownames(mtcars)      # row names
 [1] "Mazda RX4"           "Mazda RX4 Wag"       "Datsun 710"
 [4] "Hornet 4 Drive"      "Hornet Sportabout"   "Valiant"
  ... 중략
```

06 rowSums, colSums

maxtrix의 컬럼별로 합계를 구하는 방식은 rowSums, colSums를 이용하면 간단히 구할 수 있다. apply 함수를 이용하는 방법도 있는데, 나중에 본 함수에 대해서는 다시 한 번 다루게 되므로 간단하게 사용방법만 살펴보도록 한다.

```
# apply 함수 사용 예제
> mY <- matrix(1:6,3,2)
> mY
     [,1] [,2]
[1,]    1    4
[2,]    2    5
[3,]    3    6

> apply(mY, 1, sum)   # 가로 합계
[1] 5 7 9
> apply(mY, 2, sum)   # 세로 합계
[1]  6 15

# 컬럼, 레코드별로 평균 구하기
> rowMeans(mY)
[1] 2.5 3.5 4.5
> colMeans(mY)
[1] 2 5
```

연습문제로서 matrix에 레코드(row, 열)별 합계를 마지막 열에 추가하는 방법을 살펴본다.

```
# 명령문을 ( )로 감싼 이유는 결과값을 출력하기 위함임
> (mX <- matrix(c(1,2,3,4,5,6),2,3,byrow=T))
     [,1] [,2] [,3]
[1,]    1    2    3
[2,]    4    5    6

# 레코드 전체 합을 마지막 컬럼(행)에 추가
> cbind(mX, rowSums(mX))
     [,1] [,2] [,3] [,4]
[1,]    1    2    3    6
[2,]    4    5    6   15
```

```
# 레코드 전체 합을 마지막 컬럼(행)에 추가하는 문제를 apply 함수를 이용하여 해결
> cbind(mX, apply(mX, 1, sum))
     [,1] [,2] [,3] [,4]
[1,]    1    2    3    6
[2,]    4    5    6   15

# 레코드의 2번째부터 3번째 컬럼(행)까지의 합을 마지막 컬럼(행)에 추가
> cbind(mX, rowSums(mX[,2:3]))
     [,1] [,2] [,3] [,4]
[1,]    1    2    3    5
[2,]    4    5    6   11
```

matrix의 행렬의 크기가 달라도 놀랍겠지만 계산된다. 이러한 기능은 데이터 조작을 용이하게 한다.

```
> mX <- matrix(1:6, ncol=2)
> mX
     [,1] [,2]
[1,]    1    4
[2,]    2    5
[3,]    3    6

> mY <- c(10,20,30)
> mY
[1] 10 20 30

> mX*mY
     [,1] [,2]
[1,]   10   40
[2,]   40  100
[3,]   90  180
```

07 upper.tri

matrix 구조에서 많이 사용되는 기능 중에 상위 삼각형을 제거하는 기능을 살펴본다. upper.tri와 lower.tri 함수를 사용하면 된다. 대각선(diagonal)의 값이 흔히 1인 경우가 많이 있는데 계산에서 이를 제거하는 경우가 있다. 이는 diag 옵션을 FALSE 로 설정하면 된다. 다음 예제는 대각선의 값을 포함하여 상위 삼각형의 값을 모두 "99"로 채운다.

```
> mX <- matrix(seq(1,9),nrow=3)

# base 라이브러리 필요
> library(base)
> mX[upper.tri(mX, diag=TRUE)] <- 99
```

08 upper.tri 응용

matrix의 하변 삼각형을 상변으로 복사하는 기능을 base 패키지의 기능만으로 구현해 본다. matrix를 transpose 한 후 상변을 기존 matrix의 상변으로 복사한다.

```
# base 라이브러리 필요
> library(base)
> mX1 <- matrix(c(1:9),3,3)
> mX2 <- mX1
> mX2
     [,1] [,2] [,3]
[1,]    1    4    7
[2,]    2    5    8
[3,]    3    6    9
> mX1[upper.tri(mX1)] <- t(mX1)[upper.tri(mX1)]
> mX1
     [,1] [,2] [,3]
[1,]    1    2    3
[2,]    2    5    6
[3,]    3    6    9
```

09 matrix의 연산

행렬식(determinant) 은 정방행렬에서 구해질 수 있는 특별한 값이다. determinant 가 행렬식으로 번역되므로 어떤 수식을 연상할 수 있지만, 수식이 아니라 하나의 수치값(스칼라)이다. matrix A의 행렬식(determinant)은 기호로 $|A|$ 이다. 이 값은 matrix를 이용하여 선형방정식을 풀 때와 역행렬을 구할 때 유용하다.

어떤 2×2 matrix의 determinant는 $|A| = ad - bc$이다. 이를 그림으로 표현하면 다음과 같다.

$$A = \begin{bmatrix} a & b \\ c & d \end{bmatrix},$$

```
# 행렬 A의 행렬식(determinant) 계산
> (mA <- matrix(c(1,2,6,8), nrow=2))
     [,1] [,2]
[1,]    1    6
[2,]    2    8

> (1*8)-(2*6)
[1] -4

> det(mA)      # R의 det 함수를 이용하여 계산
[1] -4

# 행렬 A의 행이나 열에 어떤 값(수치, λ )을 곱하면, determinant에 곱한 값과 같음
> (mA <- matrix(c(1,2,6,8),nrow=2))
     [,1] [,2]
[1,]    1    6
[2,]    2    8
> mA[1,] <- mA[1,]*5
> mA
     [,1] [,2]
[1,]    5   30
[2,]    2    8
> (5*8)-(30*2)
[1] -20
> ((5*1)*8)-((5*6)*2)
[1] -20
> det(mA)
[1] -20

# 행렬 A의 특정 행(레코드)이나 열(컬럼) 값이 0이면, 행렬식(determinant)은 0이 됨
> (mA <- matrix(c(1,2,6,8),nrow=2))
     [,1] [,2]
[1,]    1    6
[2,]    2    8
> mA[1,] <- 0
> mA
     [,1] [,2]
```

```
[1,]    0    0
[2,]    2    8
> (0*8)-(0*2)
[1] 0
> det(mA)
[1] 0

# 행이나 열이 다른 행열과 독립적이지 않으면(배수 관계 등), determinant는 0임
> (mA <- matrix(c(1,2,4,8),nrow=2))
     [,1]  [,2]
[1,]    1    4
[2,]    2    8
> det(mA)        # 둘째 컬럼이 첫째 컬럼과 배수의 관계이면 determinant는 0이됨
[1] 0
```

10 matrix의 역행렬(inverse matrix)

역행렬(inverse matrix)은 사칙연산에서 어떤 수에 특정값을 곱하면 1이 되는 것(상호적 : reciprocal)과 유사한 개념이다. 어떤 행렬에 역행렬을 곱하면 I (단위행렬 : identity matrix) 가 된다. I 는 대각선 값만 모두 1인 행렬로서 수치 1과 같은 개념이다. 모든 행렬에 대해 역행렬이 존재하는 것이 아니라 determinant 가 0이 아닌 경우($|A| \neq 0$)에만 존재한다. 역행렬이 존재하지 않는 행렬을 특이행렬(singular matrix) 라고 한다. 역행렬의 개념은 행렬의 나눗셈(division)으로 볼 수 있다. 참고로, 전치행렬은 matrix의 x축과 y축의 변환이므로 역행렬과 다르다.

*** 역행렬(inverse matrix)의 특징**

- 행렬 A에 역행렬은 곱하면 I 가 된다(단, 역행렬은 모든 행렬에 존재하는 것이 아니라 $|A| \neq 0$)에만 존재한다).

  $A^{-1}A = AA^{-1} = I$
- 행렬 A는 하나의 고유한 역행렬을 가진다.
- I 는 단위행렬이다.

  $$I = \begin{bmatrix} 1 & 0 & 0 \\ 0 & 1 & 0 \\ 0 & 0 & 1 \end{bmatrix}$$

역행렬은 태초부터 존재하던 어떤 희귀한 값이라기보다는 어떤 행렬 A에 특정 행렬을 곱했을 때 I 가 되도록 행렬의 내부 값들을 정교히 조작해서 만들어낸 행렬이다. 행렬의 곱셈 방식을 거꾸로 연구한다면 머리가 좋은 사람이라면 조작 규칙을 스스로도 만들 수 있을 것이다. 왜 그런 특성을 가지는 행렬을 만들었는지 궁금하게 생각하는 분들도 계실텐데 이유는 간단하다. 사칙연산은 계산의 용이성뿐만 아니라 많은 수학적 증명을 가능하게 하기 때문이다.

2×2 matrix의 역행렬은 다음과 같은 조작 규칙을 따른다.

$$A^{-1} = \begin{bmatrix} a\,b \\ c\,d \end{bmatrix}^{-1} = \frac{1}{ad-bc}\begin{bmatrix} d & -b \\ -c & a \end{bmatrix}$$

3×3 matrix는 다음과 같은 조작 규칙을 따른다.

$$A^{-1} = \begin{bmatrix} a\,b\,c \\ d\,e\,f \\ g\,h\,i \end{bmatrix}^{-1} = \frac{1}{|A|}\begin{bmatrix} ei-fh & ch-bi & bf-ce \\ fg-di & ai-cg & cd-af \\ dh-eg & bg-ah & ae-bd \end{bmatrix}$$

역행렬을 만드는 방법은 ginv 함수를 이용하여 구할 수 있다.

```
> library(MASS)
> (mA <- matrix(c(1,2,6,8),nrow=2))
     [,1] [,2]
[1,]    1    6
[2,]    2    8
> ginv(mA)
     [,1] [,2]
[1,] -2.0 1.50
[2,]  0.5-0.25
> ginv(ginv(mA))
     [,1] [,2]
[1,]    1    6
[2,]    2    8
```

11 colMeans, rowMeans, rowSums, colSums

maxtrix의 컬럼별로 합계를 구하는 방식은 rowSums, colSums를 이용하면 간단히 구할 수 있다.

- colMeans 레코드별 평균 구하기
- rowMeansv 컬럼별 평균 구하기

```
# apply 함수 사용 예제
> mY <- matrix(1:6,3,2)
> mY
     [,1] [,2]
[1,]    1    4
[2,]    2    5
[3,]    3    6

> apply(mY, 1, sum)   # 가로 합계
[1] 5 7 9

> apply(mY, 2, sum)   # 세로 합계
[1]  6 15



> rowMeans(mY)
[1] 2.5 3.5 4.5

> colMeans(mY)★★★
[1] 2 5
```

제 6 절 List 구조

List 구조는 Vector와 같이 1차 배열이다.
다른 점이라면 Vector가 동일한 타입의 데이터만 저장하는 반면,
List 구조는 다양한 이질적 데이터 구조를 저장할 수 있다.
List는 list 구조 자신도 저장이 가능하므로 다양하게 응용이 가능하다. 이러한 유연성 때문에 R의 통계함수는 분석결과(회귀분석, 의사결정트리 등) 출력 시 List 구조를 사용한다.

01 list() : List 구조 생성

List는 값과 해당하는 이름으로 구성된다. 다양한 데이터 구조를 가진 List를 생성해 본다.

```
> lSales <- list("홍길동", 8, c(1500, 3000, 2500, 3000))
> lSales
[[1]]
[1] "홍길동"

[[2]]
[1] 8

[[3]]
[1] 1500 3000 2500 3000

> lSales <- list(Name="홍길동", Count=8, Price=c(1500, 3000, 2500, 3000))
> lSales
$Name
[1] "홍길동"

$Count
[1] 8

$Price
[1] 1500 3000 2500 3000
```

```
> data.class(lSales)
[1] "list"
> typeof(lSales)
[1] "list"
```

02 List 구조 추가, 읽기, 수정, 삭제

List 내의 항목을 읽는 방법은 다양하지만 두 가지를 소개한다 : 1) 데이터값 인덱스를 이용하는 방식, 2) 데이터값 이름을 이용하는 방식. 인덱스를 이용하여 List 내의 항목을 읽는 방법은 []을 사용하며 아래 예제와 같다. [] 와 [[]]의 차이점은 []은 결과값이 list 데이터 구조이며, [[]]은 결과값이 데이터 자체가 된다. 아래 예제를 살펴보면 []와 [[]]은 결과값은 동일하지만 타입이 다름을 볼 수 있다. 속성(컬럼)명을 이용하는 방식은 $ 표시를 이용하며, 아래 예제를 통해 살펴본다.

```
> lSales <- list(Name="홍길동", Count=8, Price=c(1500, 3000, 2500, 3000))

> lSales[1]        # 데이터값에 위치로 접근
$Name
[1] "홍길동"

> lSales[[1]]
[1] "홍길동"

> lSales[3]
$Price
[1] 1500 3000 2500 3000

> lSales[[3]]
[1] 1500 3000 2500 3000

> typeof(lSales[1])
[1] "list"
> typeof(lSales[[1]])
[1] "character"

> lSales["Name"]    # 데이터값에 이름으로 접근
```

```
$Name
[1] "홍길동"

> lSales[["Name"]]
[1] "홍길동"

> lSales$Price[3]
[1] 2500
```
List에서 데이터값을 삭제하는 방법은 NULL 값을 대입하면 된다.

```
> lSales <- list(Name="홍길동", Count=8, Price=c(1500, 3000, 2500, 3000))
> lSales
$Name
[1] "홍길동"

$Count
[1] 8

$Price
[1] 1500 3000 2500 3000

> lSales[2] <- NULL
> lSales
$Name
[1] "홍길동"

$Price
[1] 1500 3000 2500 3000
```

List의 속성(컬럼)명은 names 함수를 이용한다. names 함수는 속성(컬럼)명을 수정할 경우에도 사용한다.

```
> names(vList)
[1] "wId"          "sContents"
> names(vList) <- c("wNo","sFruit")
> names(vList)
[1] "wNo"      "sFruit"
```

03 as.list() : List 구조로 변환

vectors, matrices, data frames와 같은 다양한 객체가 List 구조로 변환이 가능하다. 사용 함수는 as.list이다.

```
> as.list(1:3)
[[1]]
[1] 1

[[2]]
[1] 2

[[3]]
[1] 3
```

list 구조에 사용된 함수 또는 예약어 모음

함수명	설명
list	list 생성 함수 list(...)
as.list	데이터 구조를 list로 변환 as.list(object)
is.list	데이터 구조가 list인지 확인 is.list(object)

04 unlist

list → vector	unlist(lData)	list의 구조를 없애고 하나의 vector로 변환 (* as.vector를 사용하면 여러 개의 vector가 생성됨)

- unlist(x)
  function simplifies a list to produce a vector which contains all the atomic components which occur in x
- "unlist(x, recursive = TRUE, use.names = TRUE)

- 'x' is list or vector
  'recursive' is logical, should unlisting be applied to list components of x
  'use.names' is logical, should names be preerved.

```
> BOD
  Time demand
1    1     8.3
2    2    10.3
3    3    19.0
4    4    16.0
5    5    15.6
6    7    19.8
> is.list(BOD)
[1] TRUE
> unlist(BOD)
 Time1  Time2  Time3  Time4  Time5  Time6 demand1 demand2 demand3 demand4
   1.0    2.0    3.0    4.0    5.0    7.0     8.3    10.3    19.0    16.0
demand5 demand6
   15.6    19.8
> unlist(BOD, use.names=False)
Error in unlist(BOD, use.names = False) : object 'False' not found
> unlist(BOD, use.names=FALSE)
 [1]  1.0  2.0  3.0  4.0  5.0  7.0  8.3 10.3 19.0 16.0 15.6 19.8
```

05 데이터 구조 변환

데이터 구조를 변환하는 작업은 빈번히 발생하므로 변환 방법을 정리한다. 기존 데이터 구조를 변경하고자 하는 구조로 변환이 가능한 지 사전에 검토할 필요가 있다. 데이터 구조를 변환하는 과정에는 미처 생각지 못한 많은 오류가 존재할 수 있으므로 유의하여야 한다.

- data frames → vector : data frames의 하나의 속성(컬럼)이나 하나의 레코드를 vector로 변환할 수 있다. 속성(컬럼)은 동일한 데이터 구조를 가지므로 변환이 개념적으로도 타당하지만, 레코드는 이질적 데이터 구조를 가지므로 vector로 변환이 어렵다. 레코드의 값이 모두 수치형이던가 아니면 모두 문자열이면 vector로 변환이 가능하다.

- vector → data frames : vector를 속성(컬럼)이 하나인 data frames로 변환하는 것은 개념적으로 타당하다. 하지만 vector를 레코드가 하나인 data frames로 변환하고자하는 경우도 있을 것이다. 이러한 경우는 먼저 각 속성별로 데이터 타입이 일치하는 지를 확인하여야 한다. vector를 data frames로 변환하기 전에 rbind 함수를 사용하여 레코드 형식으로 변환하여야 한다.
- data frames → list : data frames가 각 속성은 list의 값으로 볼 수 있으므로 변환이 가능하다. list로 변환되면 data frames의 다양한 데이터 관리방법을 사용하지 못하게 된다.
- data frames → matrix : data frames가 숫자만 가진 경우는 문제가 없지만, 문자를 포함한 경우 문자열 행렬로 변환되므로 유념하여야 있다.
- list → vector : list가 단일 데이터 구조를 가지고 있어야 한다. 만약 list에 수치형과 문자형이 혼합된 경우에는 문자형 vector로 변환한다. list 내의 값이 모두 하나의 데이터 타입이어서 하나의 vector로 변환하는 방식이 있고, list 내의 각 값을 vector로 변환하는 개념이 있으므로 변환방식에 유의하여야 한다.
- vector → list : vector를 list로 변환할 때 vector 자체가 list의 하나의 값이 될 수도 있고, vector의 각 값을 list의 각 값으로 변환하는 두 가지 개념이 있다는 점을 기억하여 원하는 방법을 명확히 파악하여야 한다.

```
# vector를 속성(컬럼)이 하나인 data frames 로 변환방법
> vX <- c(1,2,3)
> as.data.frame(vX)
  vX
1  1
2  2
3  3

# vector를 레코드가 하나인 data frames 로 변환방법
> vX <- c(1,2,3)
> rbind(vX)
   [,1] [,2] [,3]
vX    1    2    3
> as.data.frame(rbind(vX))
   V1 V2 V3
vX  1  2  3
```

```
# list 구조를 없애고 vector로 변환하는 방법과 여러 개의 vector로 변환방법 비교
> lData <- list(1,2,3)
> unlist(lData)    # unlist 가 많이 사용됨
[1] 1 2 3
> as.vector(lData)
[[1]]
[1] 1

[[2]]
[1] 2

[[3]]
[1] 3

# as.list 와 list 함수의 비교
> vX <- c(1:3)
> vX
[1] 1 2 3
> list(vX)
[[1]]
[1] 1 2 3
> as.list(vX)
[[1]]
[1] 1

[[2]]
[1] 2

[[3]]
[1] 3
```

CHAPTER 4

데이터 TYPE

데이터 타입은 데이터를 저장하는 최소 단위 형태이다.
R을 통해 데이터를 분석할 때에 데이터의 타입을 명확히 파악하여야 한다.
서로 다른 데이터 타입을 동일 분석코드에 적용할 수 없듯이 각 데이터에 대한 형식을 확인하고 분석에 적용할 수 있어야겠다.

- 데이터의 성격 및 분석 목적에 따라 적절한 데이터 타입을 선택하여야 한다.
- R은 모든 데이터를 배열로 저장한다는 점에서 일반적인 컴퓨터 프로그래밍 언어(C, Java, VB 등)와 차이가 있다.

Numeric	Interger, double
Logical	True false
Character	문자

01 Double 타입

- double 타입은 실수를 저장한다.
- 소수점이 포함된 숫자이다.
- 가장 일반적으로 사용되는 숫자타입
- 예) 환율, 평균 근로일수 등을 저장할 때 사용한다.
- 정수로 표현할 수 있는 최소-최대값은 -137,438,949,999 ~ +137,438,949,999이다.
- 지수표현 방식을 이용하면 2e-308 ~ 2e+308까지 숫자를 표현할 수 있다.
- 수치를 double 타입으로 변환하기 위해서는 as.double 함수를 사용한다.

```
> vX <- 3.1
> vX
[1] 3.1                              # double 타입의 수치를 변수에 대입

> vY <- vX + 0.1
> vY
[1] 3.4                              # double 타입에 덧셈 연산을 수행
```


02 Integer 타입

(1) Integer 타입 이해

- Integer는 정수를 저장한다.
- 정수는 1, 3, 100과 같은 소수점이 포함되지 않은 숫자
- 구직자수, 거래횟수 등을 표현한다.
- Integer 변수가 저장할 수 있는 범위는 -2,147,483,647 ~ +2,147,483,647이다.
- R은 숫자를 기본으로 double 형식으로 인식하므로, integer 타입으로 숫자를 저장하기 위해서는 as.integer라는 함수를 사용하여야 한다.

(2) 연산의 결과 저장되는 데이터 타입

- Integer 변수끼리의 연산 결과는 Integer이다.
- Integer와 double과의 연산은 double 타입이 된다.
- Integer 변수의 연산에서 double 형의 결과값일 경우 double 형식으로 자동 변환한다.

```
 vX <- as.integer(5)

> vX <- vX + 3
> is.integer(vX)
[1] FALSE               # integer 타입과 double 타입 연산 시 double 타입으로 변환됨
```

03 Character 타입(문자열)

(1) 개요

- Character 타입은 문자열을 저장한다.
- 문자열은 큰따옴표(")로 구분된다.
- "employment", "t", "employment-A" 등이 문자열이며, 캐릭터 하나도 문자열이다.
- 숫자를 문자열로 변환할 경우 as.character를 사용한다.

```
> vChar <- "Test"

> vChar
[1] "Test"
```

04 Logical 타입(진리)

- Logical 타입은 TRUE 또는 FALSE의 값을 가진다.
- 로직값을 수치로 변환하면 TRUE는 1이며, FALSE는 0이다. 이는 TRUE의 개수를 셀 때 유용하다. 내부적으로 0 이외의 수는 TRUE로 인식한다.
- Logical 타입은 흔히 로직 연산자와 함께 사용된다. AND(&) 와 OR(|) 연산자에 따른 결과 값의 차이를 살펴본다.

logical 연산자 모음

Logical 연산자	설명
<	보다 작은
<=	보다 작거나 같은
>	보다 큰
>=	보다 크거나 같은
==	같은
!=	다른
&	AND
|	OR
!	NOT

```
> vX <- TRUE                   # logical 값을 변수에 대입

> vX
[1] TRUE

> is.logical(vX)               # logical 타입 여부 확인
[1] TRUE

> typeof(vX)                   # logical 타입 확인
[1] "logical"


# AND(&)를 이용한 로직 연산
> vY <- (1 < 2) & (1 > 2)

> vY
[1] FALSE

# OR(|)를  이용한 로직 연산
> vY <- (1 < 2) | (1 > 2)

> vY
[1] TRUE

> as.logical(0)                # 0을 FALSE 로 인식함
[1] FALSE

> as.logical(1)                # 0을 제외한 모든 수는 TRUE 로 인식함
[1] TRUE
```

05 Dates 타입

- R은 날짜와 시간을 다루는 여러 가지 기능을 제공하고 있다.
- 날짜를 표현하는 데이터 타입도 여러 가지이다.
- 기본적으로 제공하는 날짜용 데이터 타입은 Date, POSIXct, POSIXlt 이며,
- POSIX(Portable Operating System Interface)는 IEEE 가 운영체제시스템(OS) 간에 호환성을 유지하기 위해 만든 표준이다.
- 이상 열거한 함수 이외에도 날짜와 시간을 다루는 다양한 R 패키지(chron, lubridate, mondate, timeDate, zoo, tseries, its, Rmetrics 등)가 있다.

날짜용 데이터 타입

구분	설명
Date	날짜만 나타낼 수 있고, 시간을 나타내지 못한다.
POSIXct	날짜와 시간을 초단위로 나타낼 수 있다. 시간은 1970.1.1.을 기준으로 흐른 초로 저장된다. 일반적으로 data frames 내에 날짜를 저장할 때 주로 사용한다. 1년은 31,536,000초이므로 double 타입으로 저장한다면 향후 충분한 기간을 나타낼 수 있다.
POSIXlt	날짜와 시간을 부분적으로 추출하기 쉽다. 날짜와 시간을 초, 분(0-59), 시(0-24), 날(1-31, 달 기준), 달(0-11), 년(1900년 이후 햇수), 주(0-6, 일요일부터 시작), 날(0-365, 년 기준), 섬머타임적용 여부(1: 적용, 0-미적용, -1: 모름)의 목록으로 제공한다. 날짜를 저장하기 보다는 중간처리과정에 많이 사용된다.

(1) Date 타입 이해

- Date 데이터 타입의 날짜를 생성하는 함수는 as.Date이다.
- as.Date 함수는 yyyy-mm-dd 또는 yyyy/mm/dd를 기본 형식으로 여긴다.
- 만약 다른 형식으로 입력하고자할 경우는 함수 내에 format 옵션에 날짜를 읽는 방식을 지정하여야 한다.
- 날짜 객체는 연산이 가능하여 가감이 가능하다.
- 날짜와 관련된 유용한 함수인 difftime은 두 날짜의 차이를 계산한다.
- difftime 함수의 결과값은 difftime 데이터 구조임을 유의한다.

```
> vDate <- c("05-15-2011", "06-15-2012")   # c는 데이터를 병합하는 함수임

> vDate
[1] "05-15-2011" "06-15-2012"

> tDate <- as.Date(vDate, "%m-%d-%Y")   # %Y는 숫자 네자리, %y는 두자리 의미

> tDate
[1] "2011-05-15" "2012-06-15"

> tDate + 5
[1] "2011-05-20" "2012-06-20"

> typeof(tDate)                       # 타입을 살펴보면 double 타입으로 나옴
```

```
[1] "double"

> oDateDiff <- tDate[2] - tDate[1]

> oDateDiff
Time difference of 397 days

> typeof(oDateDiff)
[1] "double“

# 시간차이는 별도의 타입으로 저장되며 수치형임
> data.class(oDateDiff)
[1] "difftime"
```

(2) POSIXct 타입 이해

- 날짜와 시간을 함께 저장하는 방법
- POSIXct 함수를 통해 생성된 날짜시간 객체는 날짜와 시간을 저장하고 연산이 가능하다.

```
# 시간 차이를 계산
> tctT1 <- as.POSIXct("2010-06-15 01:01:01")

> tctT2 <- as.POSIXct("2010-06-15 01:02:01")

> oDateTimeDiff <- tctT2 - tctT1

> oDateTimeDiff
Time difference of 31.00069 days

# 일시의 연산
> vDateTime <- c("05-11-15 01:01:01", "05-11-15 01:02:01")

> tctDateTime <- as.POSIXct(vDateTime)
[1] "2011-05-15 01:01:01" "2011-05-15 01:02:01"

> tctDateTime + 10
[1] "2011-05-15 01:01:11 KST" "2011-05-15 01:02:11 KST"

# as.POSIXct 함수는 입력값으로 POSIXct 형식 지원
> tctDateTime <- as.POSIXct(tctDateTime)
```

```
> tctDateTime
[1] "2011-05-15 01:01:01 KST" "2011-05-15 01:02:01 KST"

> tctDateTime + 10
[1] "2011-05-15 01:01:11 KST" "2011-05-15 01:02:11 KST"

> oTimeDiff <- tctDateTime[2] - tctDateTime[1]

> oTimeDiff
Time difference of 1 mins

> data.class(oTimeDiff)
[1] "difftime"
```

시간의 차이를 연산한 결과가 difftime 객체에 저장됨을 볼 수 있다. 두 시간의 차이를 계산하기 위해서는 시간을 수치로 저장하는 방법부터 고민되어야 한다. 가령 두 시간의 차이가 1일 10초인 경우 두 가지 방식으로 이를 표현할 수 있다. 하나는 간단하게 초단위를 정수형으로 카운트 하는 것이다 : 1일 10초 = 24(h) * 60(m) * 60(s) + 10(s). 다른 방식은 현재 EXCEL 등에서 널리 사용되고 있는 방식으로 날짜는 정수로 카운트 하고 시간은 하루의 비율로 표시하는 것이다 : 1일 10초 = 1일 + 10(s)/(24(h) * 60(m) * 60(s)). R이 두 번째 방식으로 날짜를 표현한다는 것을 알면 날짜와 시간 타입을 이해하는 데 도움이 될 것이다. 그럼 다시 difftime으로 돌아가서, difftime 타입으로 저장된 시간차이를 다시 시간 연산에 사용할 경우가 있다. 이럴 경우 계산의 안정성을 위해 as.POSIXct 와 같은 날짜함수를 사용할 것을 권장한다.

```
> vSomeDate <- "2014-04-01"
> as.POSIXct(c(difftime(Sys.time(), vSomeDate, units = "sec")), origin = vSomeDate)
[1] "2014-04-29 22:09:53 KST"
```

(3) 다양한 형식의 일시를 POSIXct 타입으로 변환

실무에서 날짜와 시간은 다양한 형식으로 저장되어 있는데 이를 날짜로 변환해 본다. 콜센터의 상담 데이터의 경우 상담일과 상담시간이 각각의 변수에 저장되어 있는 경우와, 주식거래에서 저장된 일시를 변환해 본다. strptime 함수는 문자를 날짜와 시간 타입으로 변환한다.

```
# 연월일 시분초가 YYYYMMDD HHMMSS형식인 경우(시간은 24시간 형식임)
> sDate <- c("20121101", "20121101", "20121101")
> sTime <- c("82358", "84716", "84848")

> sDate <- paste(
   substr(sDate,1,4),
   substr(sDate,5,6),
   substr(sDate,7,8),
   sep="-")

> sTime <- paste(
   ifelse(nchar((substr(sTime,1,nchar(sTime)-4)))==1,
   paste("0",(substr(sTime,1,nchar(sTime)-4)),sep=""),(substr(sTime,1,nchar(sTime)-4))),
   substr(sTime,nchar(sTime)-3,nchar(sTime)-2),
   substr(sTime,nchar(sTime)-1,nchar(sTime)),
   sep=":")

> sDateTime <- paste(sDate, sTime)
> tctDateTime <- as.POSIXct(sDateTime)
> tctDateTime
[1] "2012-11-01 08:23:58 KST" "2012-11-01 08:47:16 KST"
[3] "2012-11-01 08:48:48 KST"


# 월/일/년 구조일 경우
> sDate <- c("05/15/11","05/15/11")
> sTime <- c("01:01:01","01:02:01")
> sDateTime <- paste(sDate,sTime)
# strptime 함수의 반환값은 list 구조임
> lDateTime <- strptime(sDateTime,"%m/%d/%y %H:%M:%S")
> lDateTime
[1] "2011-05-15 01:01:01" "2011-05-15 01:02:01"
# list 구조를 POSIXct 구조로 변환
> tctDateTime <- as.POSIXct(lDateTime)


# 연월일 시분초가 YYYYMMDD 형식인 경우
#> sDateTime <- c("20121101 82358", "20121101 84716", "20121101 84848")
#> tctDateTime <- strptime(sDateTime,"%y%m%d %H%M%S")


# 연월일이 YY.MM.DD 형식인 경우
> sDateTime <- c("2001.01.02. 04:17", "2001.01.02. 04:18")
> tctDateTime <- strptime(sDateTime,"%y.%m.%d %H:%M")
```

- 년, 월, 일, 시, 분, 초를 모두 입력받으려면 ISOdatetime 함수를 이용한다.
- 년, 월, 일이 각각 저장된 경우 하나로 합쳐서 Date 타입으로 변환하려면 ISOdate 함수를 사용
- POSIXct 타입을 반환한다.
- 날짜만 가지고 데이터를 분석할 것이면 as.Date 함수를 이용하여 Date 타입으로 변환하여 저장공간을 줄일 수 있다.

```
> ISOdate(2012, 5, 5)                # 년, 월, 일을 입력
[1] "2012-05-05 12:00:00 GMT"

> as.Date(ISOdate(2012, 5, 5))
[1] "2012-05-05"

> ISOdatetime(2012, 5, 5, 9, 0, 1)   # 년, 월, 일, 시, 분, 초를 입력
[1] "2012-05-05 09:00:01 KST"
```

(4) POSIXlt 타입 이해

- POSIXlt 타입은 날짜의 각 부분(년, 월, 주, 일, 시, 분, 초 등)을 구분하여 저장하고 있어 필요한 부분만을 추출하기에 편리하다.
- 구성

  여기에서 유의할 점은 연도에 1900을 더해야 한다는 점이다.
  이는 빼먹기 쉽다. 과거 C 혹은 Perl 프로그래밍을 하던 분들은 쉽게 받아들이지만 처음 프로그램을 접하는 분들은 R의 오류라고 생각할 수도 있을 것이다.
  그냥 C 등의 다른 프로그램과 호환을 위해 필요하다고 생각하고 유의해서 사용하기 바란다.
  또 다른 매우 유의할 점은 월이 0부터 시작하고, 일(년기준)도 0부터 계산한다는 점이다.
  시간을 나타내는 시, 분, 초도 0부터 시작한다.
  년도 0부터 시작한다.
  기억하기 쉽게 달력의 일(달기준)은 사람 편의를 위해 1부터 시작하고
  나머지는 날짜의 덧셈 개념을 쉽게 하기 위해 모두 0부터 시작한다고 이해한다.
  아래 날짜와 시간의 시작 기준을 정리하였다.
  특이한 점은 초가 61초가 있는 것을 보게 된다. 이는 윤초(leap second) 때문인데 초단

위이 작업이 아니라면 너무 염려할 필요는 없다. 윤초는 원자시계와 지구공전간의 차이를 조정하기 위해 추가하는 1초를 의미한다. 대한민국에는 1972년 도입되어 20회 이상 발생하였는데, 12월말이나 또는 6월말에 추가되기도 한다.

```
- year : 년  * 1900 이후로 지난 햇수
- mon : 월 (0-11)
- mday : 달 기준 일(1-31)  * 달기준의 일은 1부터 시작
- hour : 시(0-23)
- min : 분(0-59)
- sec : 초(0-61)
- wday : 주(1-6)  * 일요일은 0
- yday : 년 기준 일(0-365)  * 1월1일은 0
- isdst : 섬머타임 적용여부(양수는 적용, 0은 미적용, 음수는 모름을 의미)

# "2012-05-05"은 토요일임(5월1일은 화요일)
> tCurrent <- as.POSIXlt("2012-05-05")
> tCurrent
[1] "2012-05-05"

> tCurrent$year          # year는 1900년부터의 햇수를 반환
[1] 112

> tCurrent$year + 1900 # 1900을 추가하여야 함을 주의
[1] 2012

> tCurrent$mon           # 월을 9부터 카운트하므로 5월이면 4를 반환 (※ 0-11)
[1] 4

> tCurrent$mday          # 5일이므로 5를 반환
[1] 5

> tCurrent$hour          # 시, 분, 초는 입력값이 없으므로 0으로 인식
[1] 0

> tCurrent$min
[1] 0

> tCurrent$sec
[1] 0

> tCurrent$wday          # 월요일이 1이므로 토요일은 6을 반환(※ 일요일=0)
[1] 6
```

```
> tCurrent$yday          # 365일 기준으로 며칠 째인지 반환(년기준)
[1] 125

> tCurrent$isdt
NULL
```

(5) 시스템으로부터 현재 날짜와 시간 확인

- 타임존[2])을 지정하면 특정 지역의 시간을 알 수 있다.
  타임존의 전체 목록은 http://twiki.org/cgi-bin/xtra/tzdatepick.html에서 확인할 수 있다.
- 현재 날짜와 시간을 알아보는 함수 : Sys.Date 와 Sys.time

```
> Sys.Date()
[1] "2013-01-31"

> Sys.time()
[1] "2013-01-31 21:40:15 KST"

> as.POSIXlt(Sys.time())
[1] "2012-06-16 18:24:18 KST"

> as.POSIXlt(Sys.time(), "America/New_York")  # in New York
> as.POSIXlt(Sys.time(), "HST")               # in Hawaii
> as.POSIXlt(Sys.time(), "Australia/Darwin")
```

(6) 날짜로 된 수열 생성

- seq 함수를 이용하여 날짜의 수열을 만들 수 있다.
- seq(시작값, 마지막값, 증가분)의 형식으로 시작하는 날짜와 끝나는 날짜, 증가분을 지정하면 된다.

---

2) 타임존 : 대한민국에서 사용되는 한국표준시간의 타임존은 UTC/GMT+9 이다. 그리니치천문대가 있는 곳의 시간인 세계협정시(세계표준시)에서 9시간을 더하면 한국시간이 되며, 날짜분개를 고려하여야 한다.

```
> tStartDate <- as.Date("2012-05-01")

> tEndDate <- as.Date("2012-05-10")

> seq(from=tStartDate, to=tEndDate, by=2)
[1] "2012-05-01" "2012-05-03" "2012-05-05" "2012-05-07" "2012-05-09"
```

- 또 다른 방법은 length.out 옵션을 이용하는 것인데, 반복 횟수를 지정한다.
- length.out 과 함께 사용되는 by 옵션에는 다양한 증가분을 적용할 수 있다.

```
> seq(from=tStartDate, by=2, length.out=3)
[1] "2012-05-01" "2012-05-03" "2012-05-05"

> seq(from=tStartDate, by="2 month", length.out=3)
[1] "2012-05-01" "2012-07-01" "2012-09-01"

> seq(from=tStartDate, by="year", length.out=3)
[1] "2012-05-01" "2013-05-01" "2014-05-01
```

(7) 달의 마지막 날짜 확인

- 특정 월의 마지막 날을 구하는 손쉬운 방법을 소개한다.
- 달의 마지막 날짜를 구하는 방법은 함수로 코딩하기도 번거로우며, 2월의 마지막 날자는 다소 복잡한 계산을 필요로 한다.
- 간단히 해결하는 방법은 아래와 같이 다음달 1일에서 하루를 빼는 방법이다.

```
# 특정 년도의 2월 마지막 날짜를 구하려면, 전월에서 1을 빼면됨
> as.Date("2012-03-01")-1
[1] "2012-02-29"
```

(8) 년 중 몇 번째 week인지 계산(week of year)

- 첫째는 주의 시작 요일을 결정하는 것이다.
- 흔히 달력에서는 일요일을 주의 시작으로 표시하고 있다. 하지만 ISO 표준은 월요일을 시작으로 본다. 본서에서도 한주의 시작은 월요일로 카운트 한다.

날짜를 요일로 변환하는 방법은 weekdays 함수를 사용하면 된다.

구분	유형	설명	비고
주 시작 (방법2)	월요일 기준 방법	한주가 월요일로 시작	– ISO 8061 표준 – 예제의 방식
주 시작 (방법1)	일요일 기준 방법	한주가 일요일로 시작	

```
# POSIXlt 함수를 이용하여 요일 확인
> as.POSIXlt("2012-05-05")$wday    # 토요일
[1] 6

> as.POSIXlt("2012-05-06")$wday    # 일요일
[1] 0

> as.POSIXlt("2012-05-07")$wday    # 월요일
[1] 1

# 날짜를 요일로 변환하기 위해 weekdays 함수를 사용

> weekdays(Sys.Date())
[1] "목요일"

> weekdays(Sys.time())
[1] "목요일"
```

- 오늘이 이번 달의 몇 번째 주인지는 금융데이터나, 회사에서 마케팅 실적 등을 관리할 때 간혹 사용된다.
- 이러한 기능은 R에서 기본함수로 제공되지 않아 별도로 계산 함수를 만들어야 한다. 엑셀 등에서도 이 함수는 자동으로 제공되지 않는다. 아래 테이블의 예제는 이해의 편의를 돕기 위해 5월을 임의로 사용한다.

구분	유형	설명	비고
월 시작 (방법2)	월요일 기준 방법	월요일부터 시작된 주 만 6월의 첫 주이다.	예제의 방식
월 시작 (방법1)	일요일 기준 방법	일요일부터 시작된 주 만 6월의 첫 주이다.	–
월 시작 (방법3)	절충한 방법	목요일이 있는 월로 한다.	ISO 8061 표준

```
# 월요일 기준 방법으로 달의 몇 번째 주인지 카운트
> FwGetWeekNumofThisMonth <- function(wY, wM, wD)
{
  if(wM == 1){
    wWN_TD <- as.numeric(format(as.Date(paste(wY,wM,wD,sep="-")), "%W"))
    return(wWN_TD)
  }else if(wM == 2){
    wWN_LD_PM <- as.numeric(format(as.Date(paste(wY,wM,1,sep="-"))-1, "%W"))
    wWN_TD <- as.numeric(format(as.Date(paste(wY,wM,wD,sep="-")), "%W"))
    if (wWN_TD != wWN_LD_PM) {
      return(wWN_TD - wWN_LD_PM)
    }else{
      return(wWN_LD_PM)
    }
  }else{
    wWN_LD_PM <- as.numeric(format(as.Date(paste(wY,wM,1,sep="-"))-1, "%W"))
    wWN_TD <- as.numeric(format(as.Date(paste(wY,wM,wD,sep="-")), "%W"))
    if (wWN_TD != wWN_LD_PM) {
      return(wWN_TD - wWN_LD_PM)
    }else{
      wWN_LD_PPM    <-     as.numeric(format(as.Date(paste(wY,(wM-1),1,sep="-"))-1,
"%W"))
      return(wWN_LD_PM - wWN_LD_PPM)
    }
  }
}

# 한 달의 시작이 월요일이 아닐 경우 지난달의 마지막 주로 계산
> FwGetWeekNumofThisMonth(2014,04,01)
[1] 5
# 한 달의 시작이 월요일일 경우만 금월의 첫 주로 계산
> FwGetWeekNumofThisMonth(2013,07,01)
[1] 1
```

세 번째는 년의 몇 번째 주인지 계산하는 방법을 설명한다.

- 년의 첫 월요일이 전년에 걸쳐있는 경우 년의 첫 번째 주는 언제부터로 보아야할지 혼돈스럽다.
- 한 주가 년의 몇 번째 주인지 구하는 방법을 몇 가지 소개한다.
  월요일과 일요일을 기준으로 카운트 하는 방식은 format 또는 strptime 함수의 옵션을 사용한다.
  목요일을 기준으로 하고자할 경우는 예제와 같이 특정 값을 더하는 방식으로 가능하다. 이는 R이 날짜를 정수로 카운트하기 때문에 가능하다.

구분	유형	설명	비고
년 시작 (방법1)	월요일 기준 방법	월요일부터 시작된 주 만 그해의 첫 주로 인정(그전의 날은 00으로 인식)	예제의 방식
년 시작 (방법2)	일요일 기준 방법	일요일부터 시작된 주 만 그해이 첫 주로 인정	
년 시작 (방법3)	목요일 기준 방법	목요일이 포함된 주가 그해의 첫 주가 된다.	ISO 8061 표준

```
# 월요일을 기준으로 년의 몇 번째 주인지 계산(00-53) - 영국식
> format(as.Date("2012-05-05"), format="%W")          # "2012-05-05"는 토요일임
[1] "18“

# 일요일을 기준으로 년의 몇 번째 주인지 계산(00-53) - 미국식
> format(as.Date("2012-05-05"), format="%U")
[1] "18“
```

날짜 표시 표준
날짜를 표시하기 위해 국제표준기구에서 만든 표준을 주로 사용한다. 한국은 년-월-일, 미국은 월-일-년, 일부 다른 나라는 일-월-년의 순서로 날짜를 표시하기 때문에 혼돈을 초래한다. 이러한 국가 간 혼돈을 줄이기 위해 날짜를 표시하는 방법에 있어서도 국제 표준이 필요하다. ISO 8601은 날짜를 표현함에 있어 국가 간 모호성을 줄이고 정제성을 높이기 위한 날짜 호환 형식 국제표준이다. ISO(International Organization for Standardization) 에서 1988년에 최초 개발되어 2004년 3차 개정되었고 지속적으로 개정되고 있다. 특징으로는 연월일로 큰 기간에서 작은 기간으로 이어지며, UTC 와의 시차를 표현 가능하다. UTC(Goordinated Universal Time)은 국제 표준시간이다.

자료 : Wikipeida.org

06 Time-series 구조

(1) Time-series 구조 이해

Time series 구조란 각 레코드를 시간으로 접근 가능한 구조이다. Time series 구조는 ts 함수로 생성된다. ts는 날짜 영역과 데이터 영역으로 구성된다. tsp 함수는 데이터 구조의 시작과 마지막 날짜를 파악하고 빈도 정보를 제공한다. Time series 데이터 분석은 타 데이터 구조와 다른 특성을 보이므로 본서에서는 간단히 소개한다.

```
> tTs <- ts(data=matrix(1:6,ncol=2), start=c(2000))
> tTs
Time Series:
Start = 2000
End = 2002
Frequency = 1
        Series 1   Series 2
2000          1          4
2001          2          5
2002          3          6
> tsp(tTs)
[1] 2000 2002    1

> data.class(tTs)
[1] "mts"
> typeof(tTs)
[1] "integer"
```

Time-series 구조에 사용된 함수 또는 예약어 모음

함수명	설명
ts	Time series 데이터 구조 생성 ts(data = NA, start = 1, end = numeric(), frequency = 1, deltat = 1, ts.eps, class = , names =) • data : vector 또는 matrix • start : 첫 번째 값(레코드)의 시간 • end : 마지막 값(레코드)의 시간 • frequency : 시간단위별로 값(레코드)의 수 • deltat : 두레코드 사이의 시간 • ts.eps : 빈도 비교 시 주어진 값의 절대값 이하면 동일하다고 간주 • class : 결과값에 주어질 데이터 구조. 시리즈가 하나인 경우 기본값은 "ts" 이며, 두 개인 경우 c("mts","ts") 임 • names : 컬럼명. 기본값은 "Series 1", "Series 2", ...
tsp	데이터 구조의 시작과 마지막 날짜를 파악하고 빈도 정보를 제공 tsp(x) • x : 객체

MEMO

Part 2

분석준비 - SPSS

CHAPTER 1

자료입력하기와 데이터관리

학습목표

1. 작업선택 대화상자, 메뉴구성, 데이터편집기 사용을 습득한다.
2. 텍스트 형식으로 저장된 데이터를 spss로 변환하여 불러올 수 있다.
3. 변환된 데이터에 변수유형 및 결측값을 처리할 수 있다.
4. 이상치를 찾을 수 있다.
5. 가중값을 부여하고, 가중치로 분석된 결과를 해석할 수 있다.
6. 데이터에서 새로운 변수를 생성 및 변경할 수 있다.

제 1 절 SPSS

01 데이터 편집기

데이터 편집기 (Data Editor)창은 데이터 보기(Data view)와 변수보기(Variable View) 두 개의 탭으로 구성된다.

데이터보기(Date view)는 [그림]과 같이 데이터 보기(Date view)는 데이터를 입력하고 변경할 수 있도록 스프레드시트(spreadsheet) 기능을 제공한다.

- 케이스는 행(row)에 나타내고 열(q1, q2 등)은 질문항목이 된다.
- 설문 조사에서 설문 응답을 받은 각 설문지 한부는 한 개의 케이스가 되고 설문에서 각 질문들은 한 개의 열이 된다.
- 만일 빈칸이 있는 경우 SPSS에서 결측값으로 간주해서 마침표(.)로 표시된다.

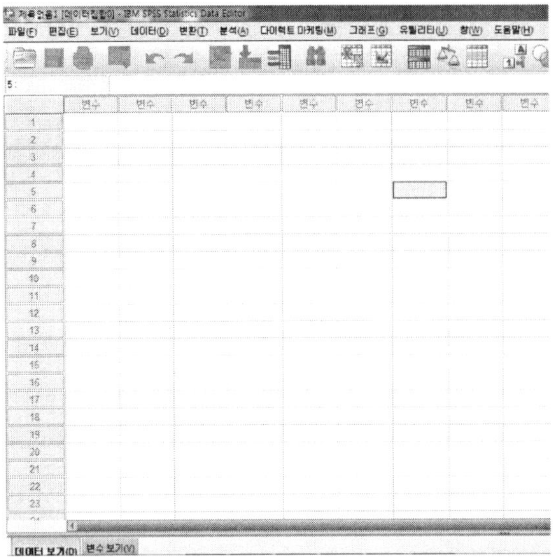

변수보기에서는 변수의 유형과 값을 입력할 수 있다.

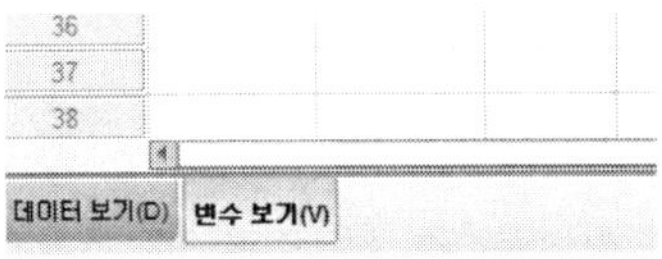

02 뷰어 창

- [그림]과 같이 분석된 결과는 SPSS 뷰어 창으로 자동적으로 출력된다.
- 왼쪽에는 실행한 분석방법의 리스트, 오른쪽에는 결과값이 나타난다.

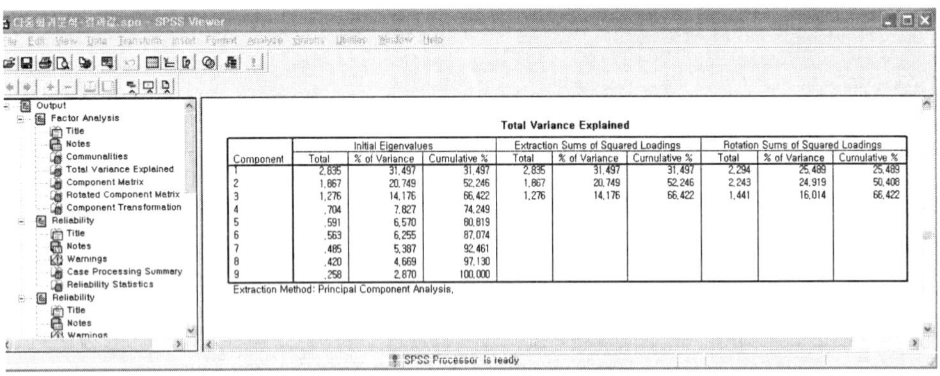

▲ SPSS 뷰어 창

03 메뉴 구성

File 메뉴는 [그림]에서 File메뉴는 파일 불러오기, 저장, 새 파일 작성, 인쇄 등의 명령을 실행할 수 있다.

View메뉴는 작업상태표시줄, 도구모음, 폰트 등의 명령을 실행할 수 있다.

Edit메뉴는 이전상태로, 복사, 붙이기, 지우기 기능 등의 명령을 실행할 수 있다.

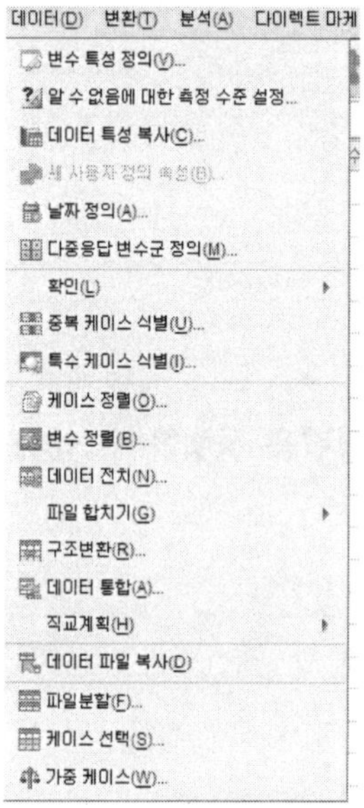

Data메뉴는 변수속성의 정의, 속성 복사, 케이스 정렬, 파일 분할 등의 명령을 실행할 수 있다.

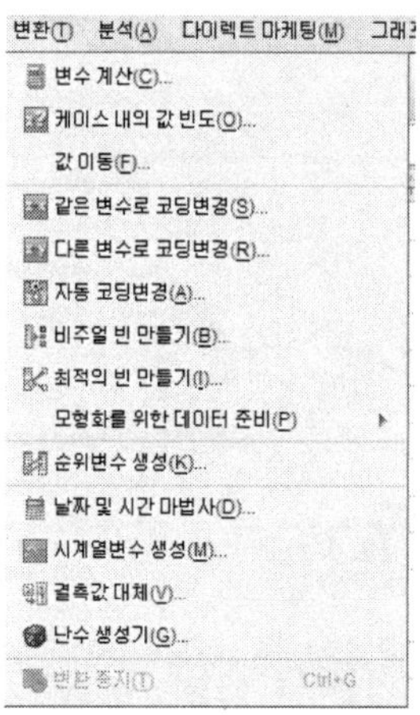

Transform메뉴는 변수의 계산, 변수의 생성, 날짜 및 시간의 정의 등의 명령을 실행할 수 있다.

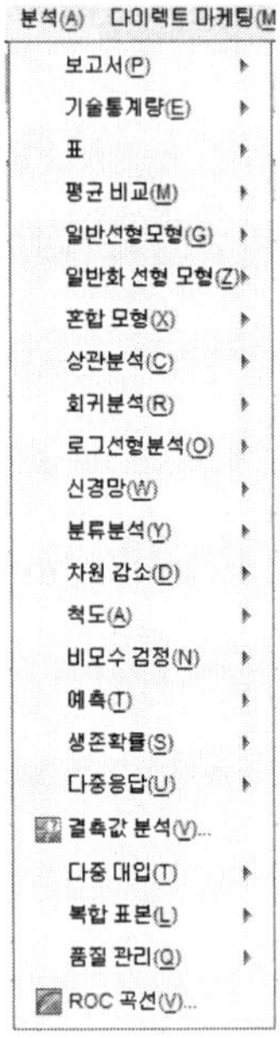

Analyze메뉴는 기술통계분석, 평균비교, 선형모형 분석, 회귀분석, 비모수검정, 신뢰성분석 등의 명령을 실행할 수 있다.

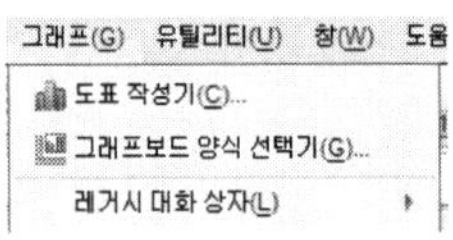

Graphs메뉴는 막대도표, 파레토그래프 등의 명령을 실행할 수 있다.

- 툴바는 일반적으로 많이 사용하는 메뉴들이 모아진 도구상자이다.
  - 열기, 저장, 인쇄, 대화상자 불러오기
  - 행 번호로 바로가는 '사례 바로가기'
  - 지정열로 바로가는 '변수바로가기
  - 데이터를 찾는 '찾기'
  - 중간에 행을 추가하는 '사례 삽입'
  - 변수 삽입
  - 하나의 파일을 여러 개로 나누는 ' 파일 분할'
  - 케이스 선택은 사례 선택
- 변수값 설명

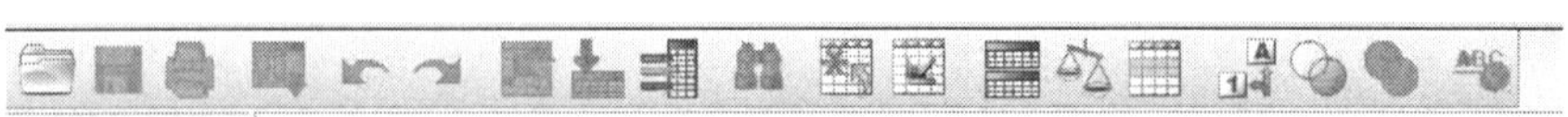

제 2 절 자료입력과 보기

01 변수보기의 사용

변수의 이름과 유형 결측값 등의 항목 입력하기 위해서, 그림에서 하단에 Variable View 탭과 Data View탭이 있다.

- Variable View탭은 입력할 변수에 대한 형식을 정의하는 탭이고
- Data View탭은 설문을 받은 변수들의 값을 입력하는 탭이다.

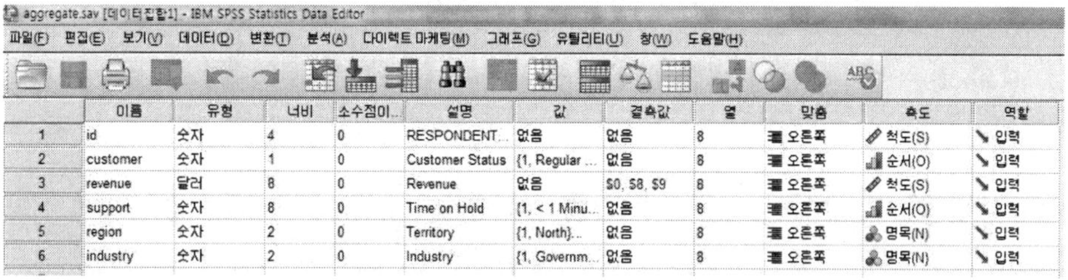

	이름	유형	너비	소수점이...	설명	값	결측값	열	맞춤	측도	역할
1	id	숫자	4	0	RESPONDENT...	없음	없음	8	오른쪽	척도(S)	입력
2	customer	숫자	1	0	Customer Status	{1, Regular ...	없음	8	오른쪽	순서(O)	입력
3	revenue	달러	8	0	Revenue	없음	$0, $8, $9	8	오른쪽	척도(S)	입력
4	support	숫자	8	0	Time on Hold	{1, < 1 Minu...	없음	8	오른쪽	순서(O)	입력
5	region	숫자	2	0	Territory	{1, North}...	없음	8	오른쪽	명목(N)	입력
6	industry	숫자	2	0	Industry	{1, Governm...	없음	8	오른쪽	명목(N)	입력

변수보기(Variable View)탭에서 변수입력을 하기 위해서는 변수보기(Variable View)탭은 10개의 항목으로 구성되어 있다.

- 이름(Name) : 변수이름을 입력한다.

유형(Type) 열은 변수유형 입력한다.
Type란을 클릭하게 되면 변수의 유형을 선택하는 'Variable Type' 창이 나타난다.

변수유형으로 숫자변수인지 문자변수인지를 지정

변수유형 대화상자 항목 설명

변수의 유형	설명
숫자(Numeric)	숫자 변수
콤마(Comma)	세 자리마다 구분하는 콤마를 사용
점(Dot)	세 자리마다 구분하는 점을 사용
지수표기(Scientific notation)	E와 10의 지수 형태로 표시된 변수
날짜(Date)	날짜와 시간 형식으로 표시된 변수
달러(Dollar)	달러 부호와 콤마를 포함하는 변수
사용자 통화(Custom currency)	옵션 대화상자의 통화탭에서 정의한 사용자 정의 통화로 표시된 변수
문자열(String)	문자 변수

변수의 유형은 설문의 선택지가 아라비아 숫자인 경우에는 숫자(Numeric), 비율척도 등의 실측값을 입력하고자 하는 경우에는 콤마(Comma) 혹은 점(Dot)을 선택한다.
지수로 된 숫자를 입력하고자 하는 경우에는 지수표기(Scientific notation), 날짜형식의 값을 입력하고자 하는 경우에는 날짜(Date), 화폐 단위의 값을 입력하고자 하는 경우에는 달러(Dollar), 기타 통화의 경우에는 사용자 통화사용자 통화(Custom Currency)를 설정할 수 있다.
입력값이 텍스트인 경우에는 문자열(String)을 선택한다.

자릿수(Width)열은 숫자나 문자가 차지하는 최대 자릿수를 지정한다. 천만 단위라면 8, 억 단위면 9를 입력한다.

소수점 이하 자리(Decimals)는 소수점 이하의 자리를 정한다. 소수점 이하의 자리가 하나이면 1, 둘이면 2를 입력한다. 디폴트는 2값이다.

설명(Label)은 변수이름에 대한 설명을 입력한다. Label 열에는 변수의 설명을 간략하게 입력한다.

Values 열에는 설문에서 사용한 척도를 입력한다. 즉 Values란에는 설문에서 사용했었던 사용자의 선택 항목들을 입력한다. 예를 들어 '핸드폰을 사용하기에 편리하다고 생각하십니까'라는 질문에 1번 항목으로 '전혀 그렇지 않다', 2번 '그렇지 않다', 3번 '보통이다', 4번 '그렇다', 5번 '전적으로 그렇다'인 경우에 [그림]에서 보이는 것처럼 값을 입력한 후 OK 버튼을 클릭한다.

결측값(Missing)열에는 결측값을 어떻게 표시할 것인가에 대해 입력한다. 사용자가 정의하는 결측값을 입력할 수 있다. - 주로 9 혹은 99를 많이 이용한다.
• None인 경우에는 결측값이 있을 경우에 공란으로 남기게 된다.

열(Colums) 열에는 해당 변수의변수의 길이 폭를 정의한다. 숫자의 경우 디폴트는 8값을 가진다.

맞춤(Align) 열에서는 데이터의 정렬을 오른쪽, 왼쪽, 가운데로 정렬할 수 있다. 숫자는 오른쪽,문자는 왼쪽이 디폴트 설정이다.

척도(Measure)는 척도(구간/비율척도), 순서척도, 명목척도 등을 지정할수 있다. 그림에 보이는 바와 같이 Measure 열에서는 변수의 성격을 정의한다. Scale은 척도, Nominal은 명목척도, Ordinal은 순서척도, Interval은 구간척도, Ratio는 비율척도를 나타낸다.

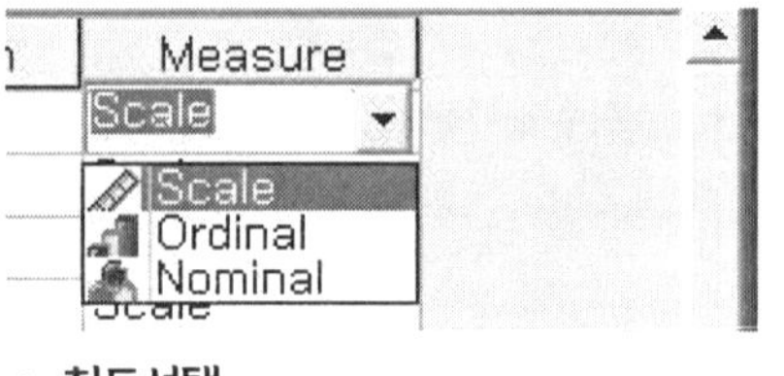

▲ 척도선택

02 변수보기의 사용 연습과제

※ 데이터 입력 예제

[1번 응답자]
귀하의 성별은 무엇입니까?
❶ 남 ② 여

Pay 1 귀하는 매월 지급되는 현재급여 중 본봉급여수준이 적절하다고 생각하십니까?
① 매우 불만 ② 불만 ③ 보통 ❹ 만족 ⑤ 매우 만족

Pay 2 귀하는 입사 시 최초급여가 적절한 수준이었다고 생각하십니까?
① 매우 불만 ② 불만 ③ 보통 ❹ 만족 ⑤ 매우 만족

[2번 응답자]
귀하의 성별은 무엇입니까?
① 남 ❷ 여

Pay 1 귀하는 매월 지급되는 현재급여 중 본봉급여수준이 적절하다고 생각하십니까?
① 매우 불만 ② 불만 ❸ 보통 ④ 만족 ⑤ 매우 만족

Pay 2 귀하는 입사 시 최초급여가 적절한 수준이었다고 생각하십니까?
① 매우 불만 ❷ 불만 ③ 보통 ④ 만족 ⑤ 매우 만족

저장된 데이터의 형태

일련번호	성별	Pay 1	Pay 2
1	1	4	4
2	2	3	2
3	1	3	4
4	2	3	3
5	1	3	2
6	2	3	4
7	1	2	2
8	1	2	2
9	1	2	2

03 데이터보기(Data View)탭 값 입력하기

변수보기탭(Variable View)에서 정의가 끝난 후에는 화면의 좌측 하단에 있는 Data View탭에 설문지에 응답받은 값들을 입력한다.
Variable View에서 설정된 형식에 적합한 값만을 입력할 수 있다.
그렇지 않은 경우에는 에러메시지가 나타나고 값이 입력되지 않는다.

04 값 입력하기(Data View)과제

저장된 데이터의 형태

일련번호	성별	Pay 1	Pay 2
1	1	4	4
2	2	3	2
3	1	3	4
4	2	3	3
5	1	3	2
6	2	3	4
7	1	2	2
8	1	2	2
9	1	2	2

05 결과 저장

데이터 편집기에 있는 데이터 파일은 '*. sav', 결과 파일은 '*. spo', 명령문 파일은 '*. sps'라는 기본 확장자로 저장된다.
<그림 2-17>과 같이 분석을 실행한 결과창에서 File → Save를 클릭하면 spo 형식으로 결과를 저장할 수 있다.

제 3 절 데이터 관리

• 데이터를 입력하는 과정에서 잘못 입력된 데이터를 바로잡거나 데이터를 추가삭제 처리하는 과정을 살펴보자.

• 잘못 입력된 데이터를 수정하거나 변경하는 것은 데이터(Data) 메뉴를 사용한다.

• 종류로는 변수를 끼워 넣기(Insert Variable), 케이스 끼워 넣기(Insert Cases), 원하는 케이스로 바로가기(Go to Case), 케이스 정렬하기(Sort Case), 두 개의 파일을 케이스 추가 방식으로 합치기, 두 개의 파일에 변수를 추가(Merge Files)하는 방식으로 합치기가 있다.

01 변수 끼워 넣기(Insert Variable)

• count-01.sav 파일을 사용하시오.

• 변수 끼워 넣기는 자료를 입력하여 데이터 파일을 만든 후 변수(열) 사이에 새로운 변수를 하나 끼워 넣는 기능이다.

• 열을 선택하고 마우스에서 오른쪽 버튼을 클릭, '변수삽입'메뉴를 선택한다.

• 화면에 'VAR00001'변수가 삽입된 것을 확인할 수 있다.

• 삽입된 변수의 이름을 변경하고자 하면 Variable View탭에서 NAME칸에 이름을 변경 입력한다.

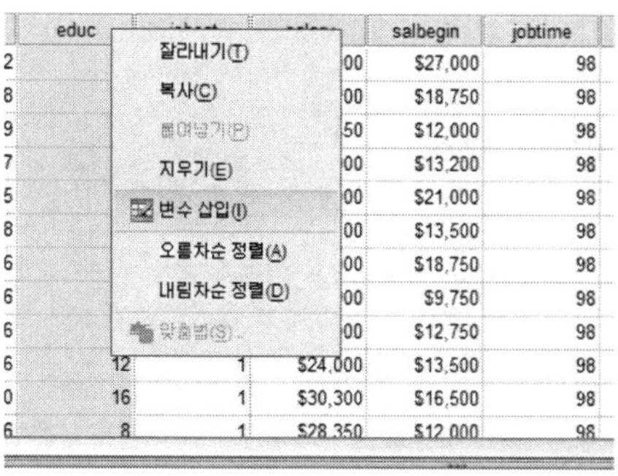

02 케이스 끼워 넣기(Insert Cases)

- 케이스 끼워 넣기(Insert Cases)는 100개의 데이터를 수집하였는데 99개의 데이터를 입력한 경우 사용한다.
- 한 개의 케이스(혹은 행이라고 표현한다)를 케이스 사이에 입력하고자 하는 경우에 사용한다.
- 행을 선택하고 마우스 오른쪽버튼을 클릭, '케이스 삽입'을 선택한다.
- 화면에 커서를 위치시킨 위치 바로 위에 새로운 케이스(행)가 추가된 것을 확인할 수 있다. 추가된 행에 응답값을 입력할 수 있다.

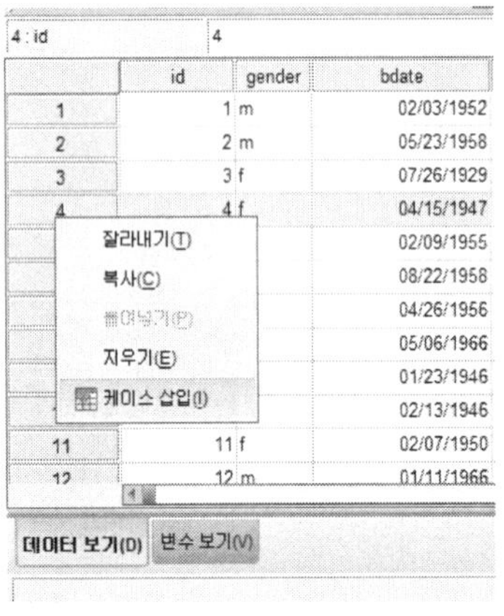

03 케이스로 바로가기(Go To Case)

- 케이스 바로가기는 많은 케이스(행) 중에서 원하는 케이스로 커서를 옮겨 놓는 기능이다.
- 도구모음에서 '케이스로이동'을 클릭하면, 아래와 같은 창이 나타난다. 바로 보고자 하는 케이스의 번호를 입력하면, 입력한 행번호로 커서가 이동한다.

04 케이스 정렬하기(Sort Case)

- 케이스 정렬하기는 지정된 기준에 맞춰서 모든 케이스를 정렬한다.
- 데이터(Data) 메뉴에서 케이스정렬(Sort Cases)를 클릭한다.
- 케이스정렬(Sort Cases) 대화상자가 나타나면, 정렬에 기준으로 사용할 항목을 선택하여서 오른쪽 정렬기준(Sort by)로 이동시킨다.
- 정렬선택 방법은 오름차순(Ascending) 혹은 내림차순(Descending)으로 데이터를 정리할 수 있다.

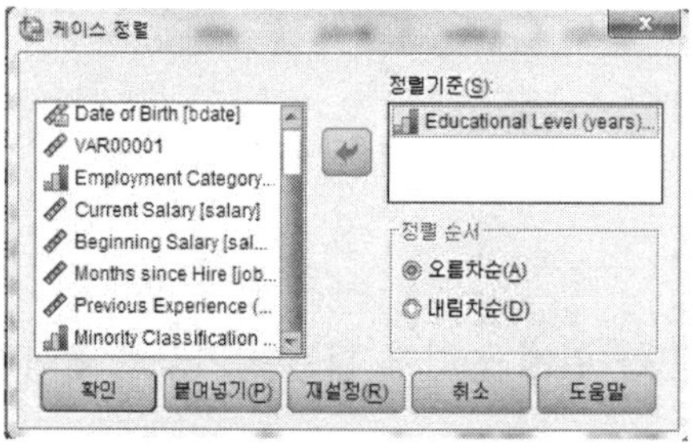

▲ 케이스정렬

05 케이스 정렬하기(Sort Case) 과제

> data-menu-01.sav파일에서 educational Level(year) 기준으로 오름차순(Ascending)을 하시오.

data-menu.sav파일을 열고 → 데이터(Data) 메뉴에서 케이스정렬(Sort Cases)를 클릭 → 케이스정렬(Sort Cases) 대화상자 → Educational Level (years)을 클릭하여 정렬기준(Sort by)로 이동시키고 오름차순(Ascending)을 선택한다. → (교육수준)을 기준으로 오름차순(Ascending)으로 데이터가 정렬된 것을 확인할 수 있다.

id	gender	bdate	educ	jobcat	salary	salbegin	jobtime
4	f	04/15/1947	8	1	$21,900	$13,200	98
12	m	01/11/1966	8	1	$28,350	$12,000	98
36	f	08/07/1963	8	1	$31,350	$11,250	96
44	m	06/15/1963	8	1	$29,250	$14,250	95
61	m	04/28/1964	8	1	$22,500	$9,750	94
65	m	03/28/1964	8	1	$21,900	$14,550	93
84	f	03/12/1967	8	1	$25,050	$10,950	93
90	f	02/27/1938	8	1	$16,200	$9,750	92
92	f	06/25/1968	8	1	$24,000	$10,950	92
96	m	10/02/1933	8	2	$30,750	$15,000	92
98	m	05/17/1956	8	2	$30,000	$15,000	92
3	f	07/26/1929	12	1	$21,450	$12,000	98
8	f	05/06/1966	12	1	$21,900	$9,750	98
10	f	02/13/1946	12	1	$24,000	$13,500	98
15	m	08/29/1962	12	1	$27,300	$13,500	97

▲ 케이스정렬 결과

06 데이터 전치(Transpose)

- 데이터 전치(Transpose)는 케이스를 행, 변수를 열에 놓아야 되는데 거꾸로 놓아진 경우 이를 바로잡기 위해 사용된다.
- 데이터(Data)메뉴에서 데이터 전치(Transpose)를 클릭한다.

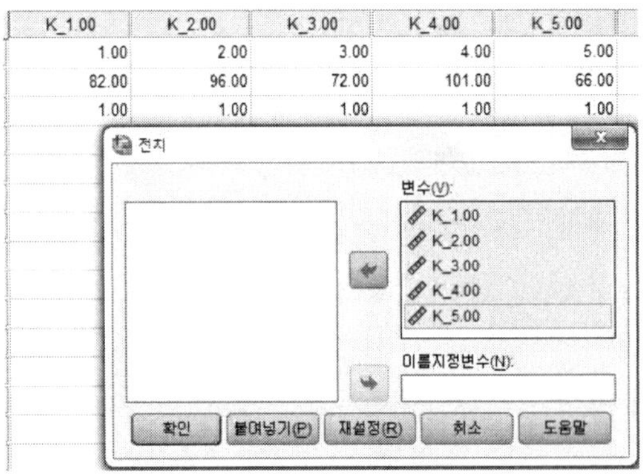

▲ 전치메뉴

07 데이터 전치(Transpose) 과제

> trans-pose-01.sav 파일에서 케이스의 번호가 행으로 되어 있지 않고 열로 되어 있다. 이제부터 변경해 보도록 하자.

- trans-pose-01.sav 파일을 불러온다. → 데이터(Data)메뉴에서 데이터전치(Transpose)를 클릭한다. → 모든 변수를 '변수상자(Variable)'에 넣고 'OK'를 클릭한다.
- 행과 열이 전치된 것을 확인할 수 있다.

	CASE_LBL	var001	var002	var003
1	K_1.00	1.00	82.00	1.00
2	K_2.00	2.00	96.00	1.00
3	K_3.00	3.00	72.00	1.00
4	K_4.00	4.00	101.00	1.00
5	K_5.00	5.00	66.00	1.00

▲ 전치결과

08 파일 합치기(Merge File)

- 파일 합치기는 두 개의 파일을 하나로 합치는 기능이다.
- 케이스가 두 개의 파일로 분리되어 저장된 파일을 하나로 합치기, 변수가 두 개의 파일로 분리되어 저장된 파일 합치기가 있다.
- 데이터(Data) 메뉴에 파일합치기(Merge File) → 케이스 추가(Add Case)는 두 개에 파일로 분리되어 있는 케이스를 합치고,
- 데이터(Data) 메뉴에 파일합치기(Merge File) → 변수추가(Add Variables)은 변수를 추가하여 합치는 것이다.

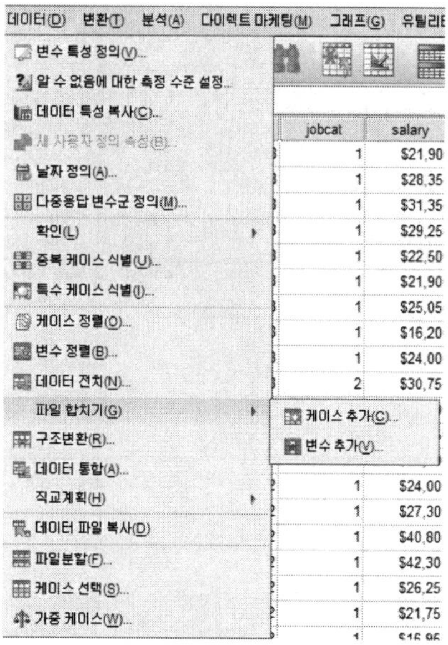

09 파일합치기 - 케이스 추가하기(Add Case)

data-menu-case1.sav 파일을 사용한다.

- 각 케이스가 다른 파일에 저장되어 있는 경우에 케이스 추가하기(Add Case)는 사용한다.
- 데이터(Data)에서 파일합치기(Merge Files) → 케이스추가(Add Cases)를 클릭한다.
- 케이스추가(add case) 대화상자가 나타난다. 대화상자에서 'data-menu-merge-case.sav' 합칠 파일을 선택하고 열기 버튼을 클릭한다.
- 변수를을 선택하는 화면에서 새로운 작업 데이터 파일 변수(Variable in New Working Data File)에서 변수들을 선택하여 '대응되지 않는 변수(Unpaired Variables)'로 이동시킨다. 이동시킨 변수들을 제외하고 나머지 변수들로만 구성된 케이스가 추가된다.
- 즉 '새로운 작업 데이터 파일 변수(Variable in New Working Data File)'란에는 새로 만들어질 작업 파일 내에 있는 변수들의 목록만이 남아 있어야 한다.
- 케이스의 소스를 표시(Indicate case source as variable) 옵션을 체크하면 각 케이스가 어느 파일에 있었는지 확인할 수 있다.
- 'OK' 버튼을 클릭한다.

▲ 케이스추가하기

10 파일합치기 – 케이스 추가하기(Add Case) 과제

data-menu-case1-01.sav'와 'data-menu-merge-case2-01.sav' 합친 후 케이스 수가 몇 개 인지 확인하시오.
(   ) 개

- 'data-menu.sav' 파일을 불러온다. 100개의 case가 있는 것을 확인할 수 있다. → Data에서 Merge Files→Add Cases를 클릭한다 → add case 대화상자가 나타난다. 대화상자에서 'data-menu-merge-case.sav' 합칠 파일을 선택하고 열기 버튼을 클릭한다. → 각 열을 매치시킨 후에 'OK' 버튼을 클릭한다. → 두 파일의 케이스가 합쳐져서 케이스가 늘어난 것을 확인할 수 있다.

11 변수추가(Add Variables)

- 변수추가(Add Variables)는 케이스는 동일하지만 변수별로 저장된 파일이 다른 경우에 사용한다.
- 데이터(Data)메뉴에 파일합치기(Merge File)의 변수추가(Add Variables)를 선택한다.

(1) 변수추가 대화상자

- 변수추가 대화상자에서 추가할 변수가 저장된 파일을 선택한다.

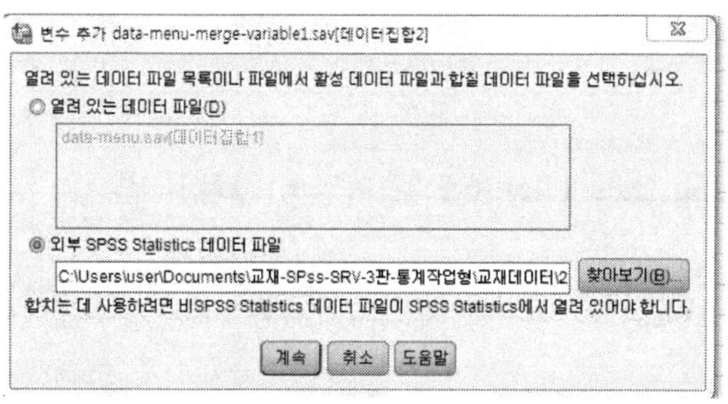

▲ 변수추가하기-파일선택

(2) 변수추가 ver22

새 활성화 데이터 파일(New Working Data File)란에 두 파일의 합쳐진 변수가 열거되어 있다. 변수명(+)표시는 변수추가에서 선택된 파일에 있는 변수들이다.

- '제외된 변수 목록(Excluded Variables)'는 변수를 제외시키고자 하는 경우에 변수를 선택하여 이동하면 된다.
- '키 변수(Key Variables)'는 두 파일이 통합될 때 정확하게 통합되도록 하는 기준이 되는 변수이다.
- 키 변수에 일치하는 사례는 "양쪽데이터 세트를 기준, 비활성데이터세트를 기준, 활성 데이터 세트를 기준"으로를 선택할 수 있다. 이는 어느한쪽 파일에 결측되어 있는 케이스가 있는 경우에 사용하면 유용하다.
- 케이스의 소스를 표시(Indicate case source as variable) 옵션을 체크하면 각 케이스가 어느 파일에 있었는지 확인할 수 있다.

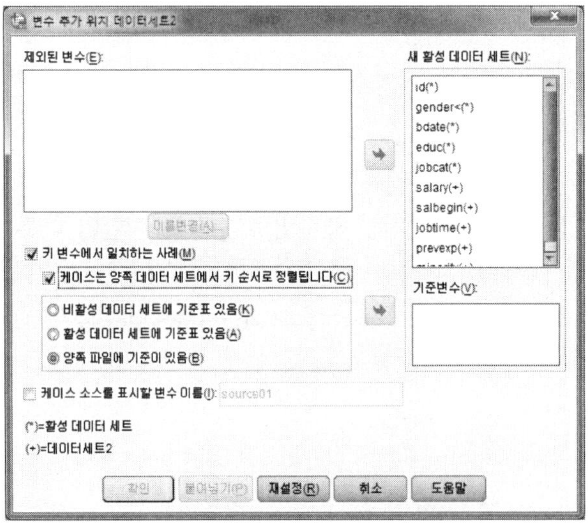

(3) 변수 추가 위치 ver 18

새 활성화 데이터 파일(New Working Data File)란에 두 파일의 합쳐진 변수가 열거되어 있다.

- '제외된 변수 목록(Excluded Variables)'는 변수를 제외시키고자 하는 경우에 변수를 선택하여 이동하면 된다.
- '정렬된 파일의 기준변수에 맞추어 케이스 연결(Match Cases on Key Variables in

Sorted Files)'은 기준변수를 사용할 때 선택한다. 한 파일에 결측되어 있는 케이스가 있는 경우에 사용하면 유용하다.

'양쪽 파일에 기준이 있음(Both files provide cases)'은 두 파일 모두 케이스들이 일치하는 경우 사용한다.

- '기준 변수(Key Variables)'는 두 파일이 통합될 때 정확하게 통합되도록 하는 기준이 되는 변수를 입력한다.

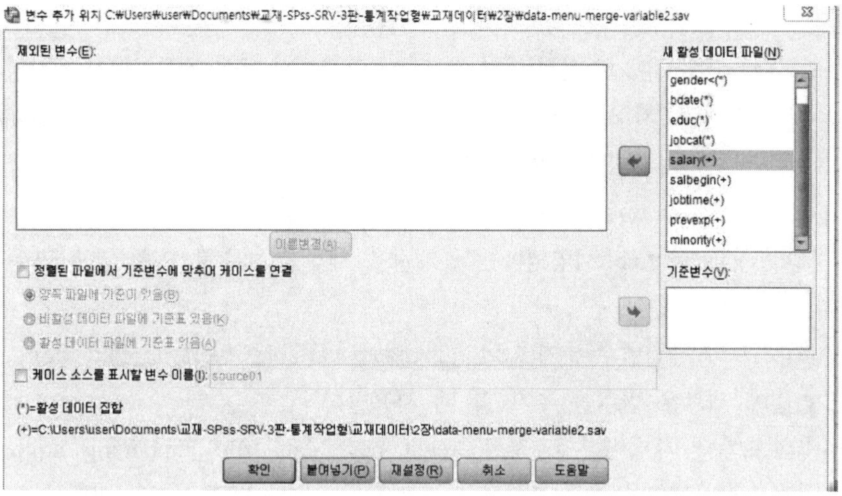

▲ **변수추가하기-변수설정파일**

12 변수추가(Add Variables) 과제

merge-variable1-01.sav, merge-variable2-01.sav 두 파일은 케이스(행)는 동일하지만 변수열이 다르게 구성되어 있다. 파일합치기를 한수 합쳐친 변수의 개수를 적으시오.
( )개

merge-variable1-01					merge-variable2-01				
id	gender	bdate	educ	jobcat	salary	salbegin	jobtime	prevexp	minortiry

- merge-variable1.sav 파일을 열고, 데이터(Data)메뉴에 파일합치기(Merge File)의 변수추가(Add Variables)를 클릭한다. → 변수추가 대화상자에서 추가할 변수가 저장된 파

일을 선택한다. → 계속버튼 클릭 → 변수추가위치선택대화상자에서 → 새활성데이터세트로 두 파일의 합쳐진 변수가 열거한다.. → merge-variable1.sav 파일과 data-menu-merge-variable2.sav 파일의 변수가 합쳐진 데이터를 확인할 수 있다.

13 데이터 통합(Aggregate)

데이터 통합(Aggregate)은 기존의 변수의 평균이나 표준편차 등을 계산하여서 계산된 값들을 새로운 변수로 만들고자 하는 경우에 사용한다. 데이터(Data)에서 데이터통합(Aggregate)를 클릭하여 실행한다. [그림]은 데이터통합(Aggregate Data) 대화상자가 나타난다.
구분 변수(Break Variable)는 변수 목록으로부터 집단을 나누는 변수이고,
통합변수(Aggregate Variables)영역에는 통계량을 계산할 변수를 왼쪽 전체 변수 목록에서 선택하여 이동시킨다.
활성 데이터 세트에 통합변수 추가(Add aggregated variables working data file)', 는 작업 중인 파일에 새로운 변수를 추가 할 때 사용한다.
'통합변수만 포함된 새데이터세트작성(Create new data file containing aggregated variables only)'은 새로운 변수를 포함하는 새로운 파일 만드는 옵션으로 선택할 수 있다.

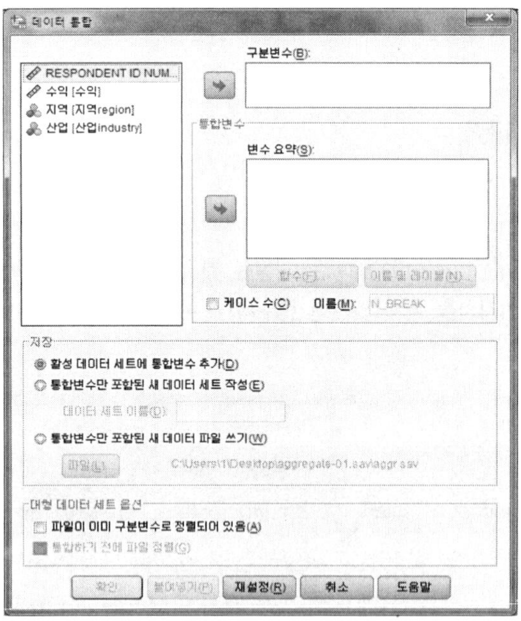

▲ 데이터통합대화상자

[그림] 함수(Function) 대화상자에서는 [변수요약]란에 선택된 변수에 대해 평균(Mean), 표준편차(Standard deviation) 등을 사용할 수 있다.

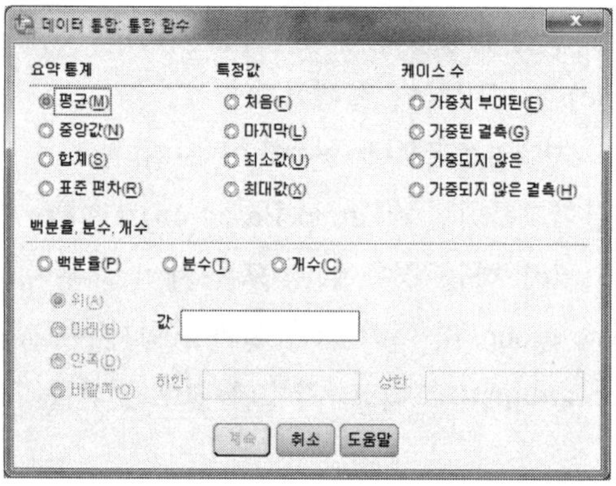

14 데이터 통합(Aggregate) 과제

aggregate-01.sav 파일에서 [지역]에따라 [수익]의 평균을 계산한 변수로 [수익_MEAN]을 만들고, [수익]의 표준편차를 계산한 변수로 [수익_sd]변수를 만드시오.

데이터(Data)에서 데이터통합(Aggregate)를 클릭한다. → 구분 변수(Break Variable)에 [지역]을 입력 → 변수요약란에 [수익] 변수를 입력 → 함수버튼선택 평균 선택 → 계속 → 왼쪽목록에서 [수익] 변수를 '변수요약'란으로 입력 → 함수버튼 선택 → 표준편차선택 → 계속버튼 크릭 [수익_MEAN]과 [수익_sd]라는 이름의 변수가 추가된 것을 확인할 수 있다.

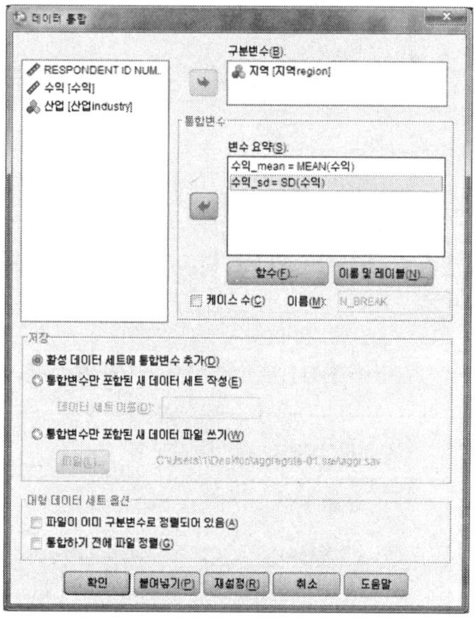

15 파일 분할(Spilt File)

파일 분할은 하나의 데이터 파일을 일정 조건에 맞추어 분할 저장한다.
데이터(Data)메뉴에서 파일분할(Split File)을 클릭하여 실행한다.
[그림] 파일분할(Split File) 대화상자를 보면 왼쪽목록에 변수들이 보인다.
그룹으로 구분할 변수를 오른쪽 하단의 분할그룹화변수(Group Based on)로 이동시킨다.
파일을 분할하지 않은 상태에서 실행시키고자 하는 경우에는 '모든 케이스 분석, 그룹 작성 안함(Analyze all cases, do not create groups)', 여러 집단 결과를 함께 비교하고자 하는 경우 선택하는 '그룹 비교(Compare groups)' 그리고 '각 그룹별로 결과를 나타냄(Organize output by groups)'을 선택할 수 있다.
데이터가 분할그룹화변수에 관해 정렬되어 있는 않는 경우에는 '그룹화변수 기준으로 케이스 정렬(Sort the file grouping variables)', 데이터가 분할그룹화변수에 관해 정렬되어 있는 경우에는 '파일이 이미 정렬되어 있음(File is already sorted)'을 선택한다.

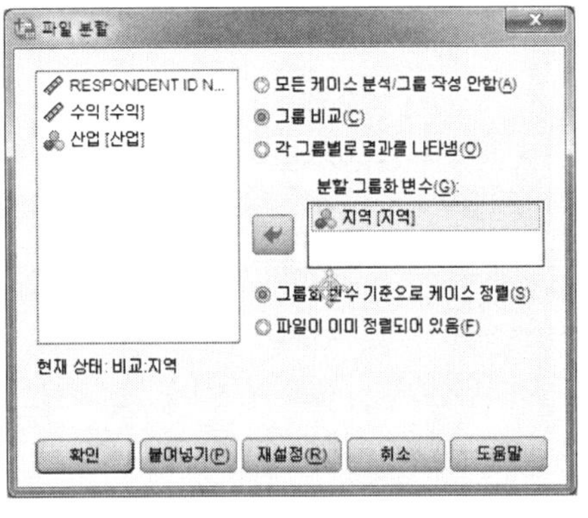

16 파일 분할(Spilt File) 과제

splitfile-01.sav에서 [지역]변수를 그룹화변수로 사용해서 파일을 분할해 보자.

aggregate.sav 파일구성

변수명	id	수익	지역	산업
설명	일련번호	수익	지역	산업

SPSS프로그램을 실행시킨 후 aggregate-01.sav 파일을 불러온다. → 데이터(Data)메뉴에서 파일분할(Split File)을 클릭하여 실행한다. → 파일분할 대화상자에서 → 그룹비교를 선택한다. → 분할그룹화변수에 [지역]변수를 이동한다. → 확인버튼을 클릭한다.

<그림 2-53> [지역]을 기준으로 정렬된 것을 확인하고, [지역]이 1인 케이스만을 선택한 후 파일(File)에서 다른이름으로저장(Save as)를 클릭해서 저장한다. 동일한 방법으로 나머지 케이스를 지역별로 구분하여서 다른 이름으로 저장한다.

17 케이스 선택하기(Select Cases)

케이스 선택하기(Select Cases)는 분석에 필요한 케이스만 선택하여 분석하고자 하는 경우에 사용한다.
데이터(Data) → 케이스선택(Select Cases)를 클릭하여 실행한다.
Select Cases 대화상자 기능은 표에서 보이는 바와 같이 모든 케이스를 선택하고자 하는 경우 전체 케이스(All cases), 일정한 조건을 주어 조건을 만족하는 케이스만을 선택하고자 하는 경우에는 조건을 만족하는 케이스(If condition is satisfied), 무작위로 랜덤으로 표본을 추출하고자 하는 경우에는 케이스의 무작위 표본추출(Random sample od cases), 시계열 데이터에서 시간의 범위에 해당되는 케이스만을 선택하고자 하는 경우에는 시간 또는 케이스 기준(Base on time or case range), 한 변수를 기준으로 변수에 대해 결측값인 케이스 혹은 결측값이 아닌 케이스만 선택하고자 하는 경우 필터변수를 사용(Use filter variable)을 선택한다.

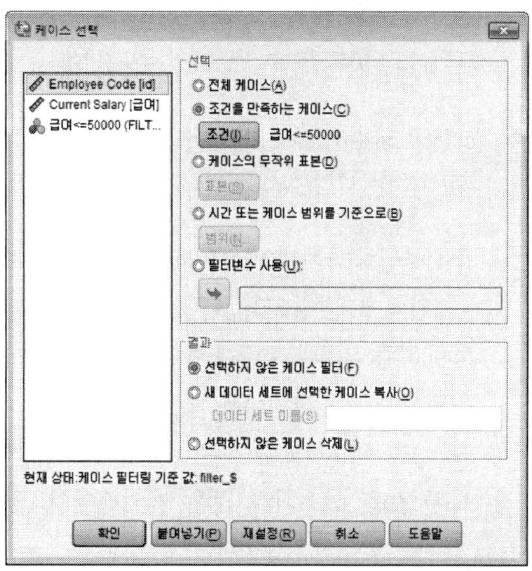

결과영역에서 선택하지 않은 케이스 필터(Unseleted Cases Are)는 선택하면 선택되지 않은 케이스를 사선처리, 선택하지 않은 케이스 삭제(Deleted)를 선택하면 선택되지 않은 케이스를 삭제하게 된다.

케이스 선택 대화상자 항목 설명

구분	항목	설명
선택 (Select)	전체 케이스(All cases)	디폴트이고 모든 케이스를 사용한다.
	조건을 만족하는 케이스 (If condition is satisfied)	케이스를 선택하는 데 조건식을 사용한다. 조건에 맞는 케이스만 선택된다.
	케이스의 무작위 표본추출 (Random sample of cases)	케이스의 수나 비율을 지정하여 랜덤 표본을 뽑는다.
	시간 또는 케이스 범위를 기준으로 (Based on time or case range)	시계열 데이터에서 시간의 범위에 해당되는 케이스만 뽑는다.
	필터변수 사용 (Use filter variable)	데이터 파일에 있는 한 변수를 선택한다. 이 변수값이 0이거나 결측값이 아닌 케이스들만 선택된다.
결과 (Unselectmre)	선택하지 않은 테이스 필터 (Filtered)	선택되지 않은 데이터는 분석에는 사용되지 않으나 데이터 파일에는 남아 있다.
	선택하지 않은 케이스 삭제 (Deleted)	선택되지 않은 데이터를 데이터 파일에서 삭제한다.

18 케이스 선택하기(Select Cases) 과제

select-case-01.sav 파일에서 [급여]가 50000보다 작은 케이스만 선택해 보자.

select-case.sav 구성

변수명	id	성별	급여
설명	일련번호	gender	현재 급여

select-case-01.sav 파일을 열고, 데이터(Data) → 케이스선택(Select Cases)를 클릭한다. → 케이스선택(Select Cases) 대화상자가 나타난다.

조건을만족하는케이스(If condition is satisfied)를 선택한 후 조건(If) 버튼을 클릭한다. → 왼쪽에 변수 리스트에서 [급여]를 더블클릭하고 → 왼쪽상단의 박스에 '급여<=50000'을 입력한 후 계속(Continue) 버튼을 클릭한다. → 선택하지 않은 케이스 필터를 선택한다. → 확인버튼 클릭
salary가 50000보다 작은 케이스만 선택되어 정상적으로 보이고, 케이스 번호에 사선처리된 것은 선택되지 않은 케이스이다.

19 케이스 삭제하기

케이스 삭제하기는 불필요하다고 판단이 되는 케이스를 삭제한다.
케이스 번호 위에 커서를 놓고 오른쪽 버튼을 클릭하여 바로가기 메뉴 중 [지우기]를 선택하명 선택된 케이스(해당번호 행)를 삭제한다.

CHAPTER 2

외부데이터 불러오기와 저장하기

01 불러오기

저장되어 있는 데이터 파일을 SPSS로 불러오기 위해서 파일(File) → 열기(Open) 메뉴를 실행한다.

파일 형식이 sav(SPSS 파일), 엑셀 파일, dat, txt, sas 등의 다양한 파일을 SPSS 파일로 변형시켜서 불러올 수 있다.

02 저장하기

- 자료 입력을 마치고 나면 저장을 해야 한다.
- 자료를 저장하기 위해서는 SPSS의 File메뉴를 클릭하면 [그림]과 같은 화면이 나온다.
- New는 새로운 파일을 만들기이고
- Open은 기존 파일을 열고자 하는 경우에 사용한다.
- Save 메뉴를 클릭하면 입력한 파일을 저장할 수 있다. Save와 Save as 메뉴는 모두 파일을 저장하기 위해 사용하는 메뉴이다. Save는 확장자가 .sav인 SPSS 파일로 저장,
- Save As 메뉴는 SPSS형식의 파일뿐만 아니라 Fixed ASCII, EXCEL 등의 다양한 유형으로 데이터를 저장할 수 있다.

▲ 파일메뉴

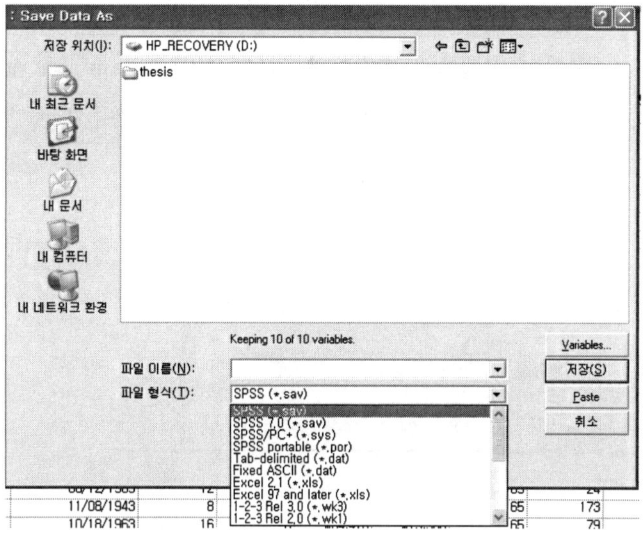

▲ Save As 대화상자

03 엑셀 데이터 불러오기

엑셀 형식으로 저장된 파일을 SPSS에서 불러오고자 하는 경우에는 파일(File) → 열기(Open Data base) → 데이터를 클릭한다.

[그림]과 같이 파일선택 대화상자가 나타나면, [파일유형]에 Excel을 선택하고, 엑셀 파일을 선택하고 열기 버튼을 클릭한다.

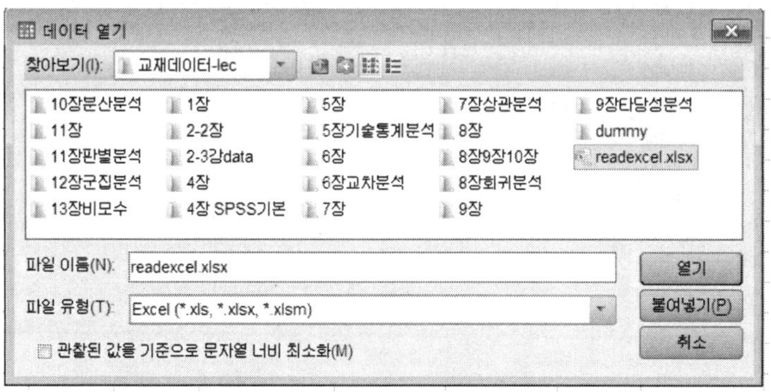

다음으로, [Excel 데이터 소스 열기] 대화상자가 엑셀 파일을 변환시키기 위해서 나타난다. [데이터 첫행에서 변수이름 읽어오기(Read variable names)]은 엑셀 파일의 형식이 열에 변수 이름이 설정되어 있는 경우에 선택한다. OK 버튼을 클릭한다.

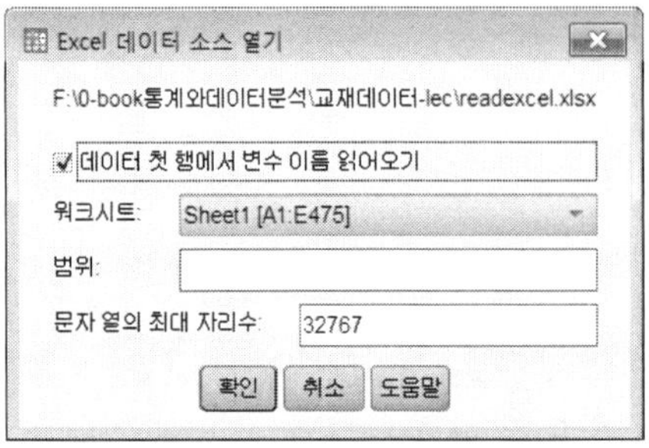

04 엑셀 데이터 불러오기 과제

readexcel2-1 엑셀 데이터 변수설명

변수	첫 월급	성	근무개월	현재월급	교육년수
현 직장에서 받는 첫 월급(원)	0 = 남자 1 = 여자	현 직장에서 근무한 기간(월)	현재 받고 있는 월급(월)	종업원의 교육 받는 기간(년)	종업원의 교육받은 기간(년)

첫월급	성	근무개월	현재월급	교육연수
840000	0	81	1768800	16
2400000	0	73	4554000	16
1020000	0	83	2415600	15
870000	0	93	2112000	16
1740000	0	83	3118500	19
1299600	0	80	2997500	18
690000	0	79	1768800	15
540000	0	67	1551000	15
504000	0	96	1366200	15
630000	0	77	1353000	12
630000	0	84	1729200	15
600000	0	88	976800	12
1050000	0	93	2420000	17

▲ readexcel 엑셀 데이터 내용

[파일(File) → 열기(Open Data base) → 데이터]를 클릭한다.
대화상자가 나타나면, 엑셀 파일을 선택하고 열기 버튼을 클릭한다.

'데이터 첫행에서 변수이름 읽어오기(Read variable names)'를 선택한다. OK 버튼을 클릭한다.

[그림]에서 보이는 바와 같이 엑셀 파일에 있는 데이터가 SPSS로 변환되어 나타난다. 줄의 개수와 열의 개수가 올바르게 변환되었는지 여부를 확인하여 엑셀 파일이 제대로 변환되었는지 확인한다.

05 텍스트 형식으로 저장된 데이터 파일 가져오기

실행하기위해 파일 → 텍스트 데이터 읽기를 선택한다.
[데이터열기]대화상자에서 텍스트파일을 선택한다.

고정너비로 된 경우 '고정 너비로 배열' 선택
탭이나 콤마로 구분된 경우 '구분자에 의한 배열'을 선택한다.

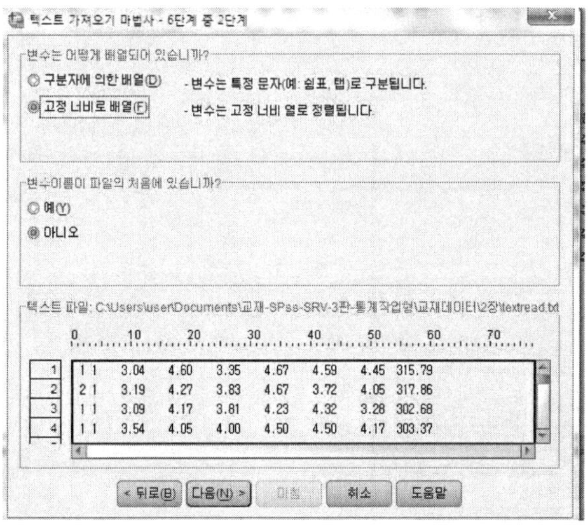

06 실습과제

txtreadtest

다음 txtread2-1.txt 자료는 A회사에서 사회과학 계열와 이공계열 졸업한 입사직원에 대한 성적자료이다. 아래의 과정을 따라 실행하시오 실행을 완료한 후에는 변수의 개수와 케이스의 개수가 모두 몇 개 인지 확인하시오.

변수의 개수	(　　　　)개
케이스의 개수	(　　　　)개

txtreadtest.txt 자료-풀이

'파일메뉴 → 텍스트데이터읽기'를 클릭한다. → .txt 파일을 선택하고 → '열기' 버튼을 클릭한다. → 고정 너비로 배열 선택한다.

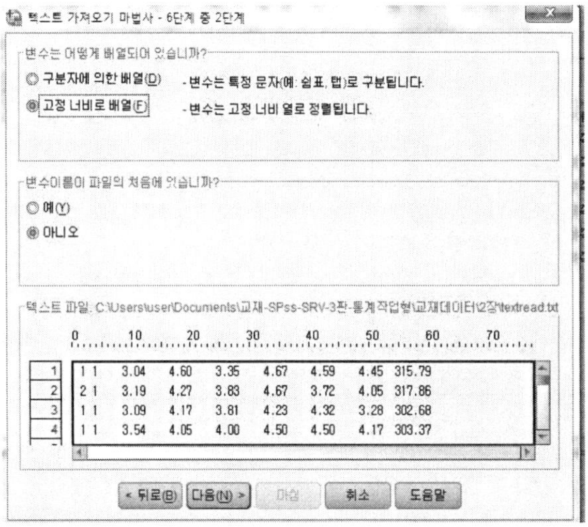

3단계에서는 [한 줄이 한 케이스인 경우 '데이터의 첫 번째 케이스가 몇 번째 줄에서 시작합니까?]'에 1을 입력한다.

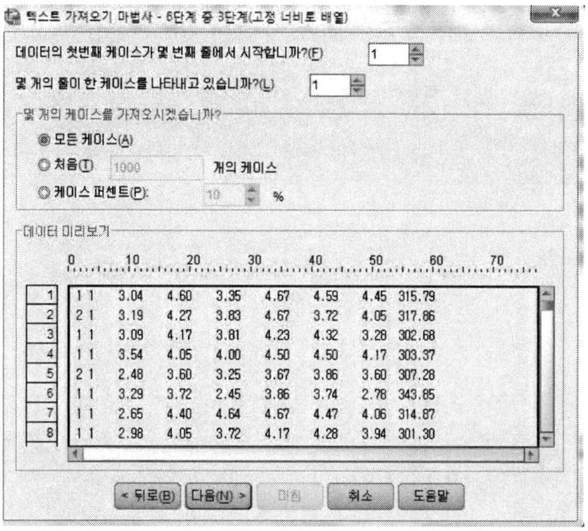

4단계에서는 컬럼지정을 한다. 숫자 사이에 마우스로 클릭하면 세로선이 나타나면서 변수의 구분 기준이 된다.

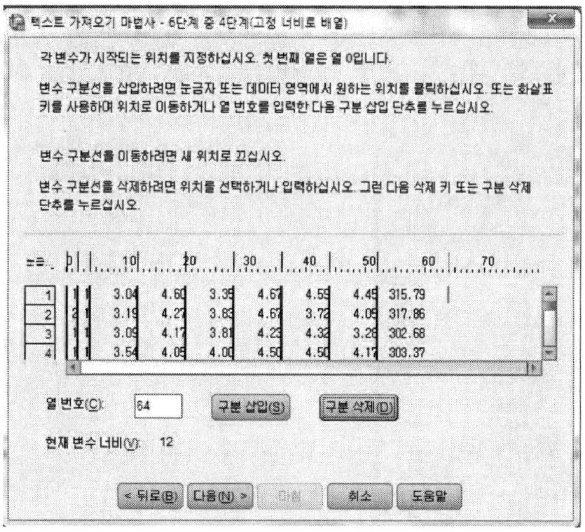

02 CHAPTER 2_ 외부데이터 불러오기와 저장하기

5단계에서는 변수이름과 데이터형식, 변수가 모두 9개 나타는지 확인한다.

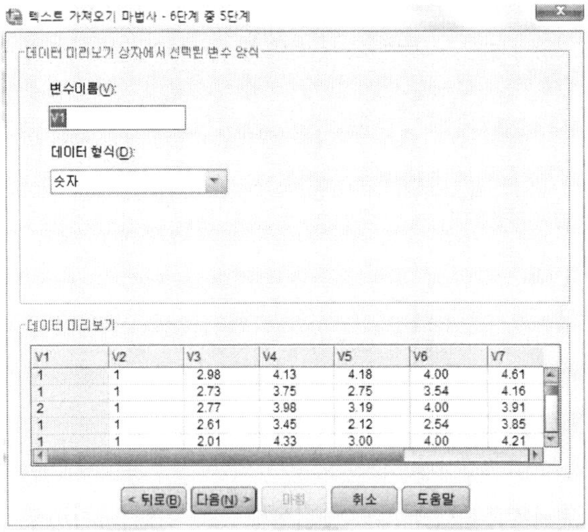

- 마법사 마지막단계에서는 다음에도 사용할 수 있도록 지금까지 정의한 내용들을 저장할 지를 묻는 내용이다. 확인버튼을 클릭하면 데이터 보기 창으로 데이터가 불러왔다.
- 변수(열)의 개수가 9개, 케이스(행)의 개수가 모두 불러왔는지 확인한다.

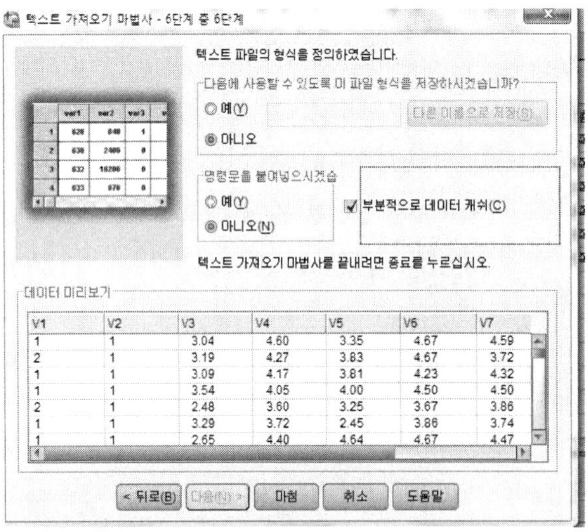

변수의 개수	(　　　　)개
케이스의 개수	(　　　　)개

07 결과 저장

데이터 편집기에 있는 데이터 파일은 '*. sav', 결과 파일은 '*. spo', 명령문 파일은 '*. sps'라는 기본 확장자로 저장된다.

분석을 실행한 결과창에서 File → Save를 클릭하면 spo 형식으로 결과를 저장할 수 있다.

CHAPTER 3

코딩변경

제 1 절 재분류 - 같은 변수로 코딩변경

코딩변경 데이터변환은 코딩변경 → 데이터값의 재분류(Record) 메뉴를 사용한다.

- 데이터값의 재분류는 데이터를 일정기준에 따라서 재분류하고자 하는 경우에 사용한다.
- SPSS에서는 같은 변수로 코딩변경(Into Same Variables)와 다른 변수로 코딩변경(Into Different Variables) 두 가지의 기능이 있다.

01 같은 변수로 코딩변경(Into Same Variables)

- 같은 변수로 코딩변경(Into Same Variables)는 변수 재분류를 원하는 변수의 데이터값을 바꾸고자 하는 경우에 사용한다.
- 변환(Transform)메뉴에서 같은 변수로 코딩변경(Into Same Variables)를 클릭해서 실행한다.

[같은 변수로 코딩변경(Recode Into Same Variables)] 대화상자가 나타난다.
[기존값 및 새로운 값(Old and New Values)] 버튼은 기존에 입력된 값을 새로 재설정한 분류기준에 따른 값으로 바꾸고자하는 경우에 사용한다.

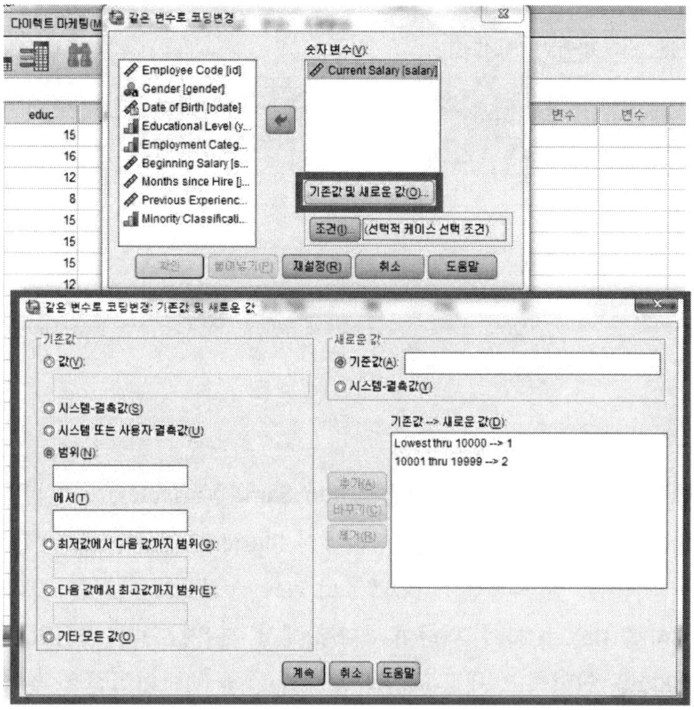

02 같은 변수로 코딩변경(Into Same Variables) 과제

Into Same Variables2-4.sav 파일에서,
Salary가 10000 이하를 0,
10001~19999를 1로,
20000~29999를 2로,
30000~39999를 3,
기타모든값 4로 코딩을 변경하시오. 아래 표를 작성하시오.

	빈도
0	
1	
2	
3	
4	
총계	

Into Same Variables.sav 파일의 데이터

id	성별	급여
1	m	57000
2	m	40200
....	...	...
30	m	31200

풀이

변환(Transform)메뉴에서 → 같은 변수로 코딩변경(Into Same Variables) → 같은 변수로 코딩변경(Recode Into Same Variables) 대화상자에서 'current salary(salary)'를 변수칸으로 이동시킨다. → 기존값 및 새로운 값(Old and New Values) 버튼을 클릭한다. → Salary가 10000 이하를 0으로 하기 위하여 최저값에서 다음값까지 범위(Range : Lowest through)에 10000을 입력하고 새로운값(New Value)에 0을 입력한후 추가버튼 클릭 →

[범위(Range)]를 선택하고 '10001'에서 '19999'를 입력하고 새로운값(New Value)에 1을 입력한다. →

20000~29999를 2로,

30000~39999를 3으로,

[기타모든값]을 선택하고 새로운값에 [4]를 입력 한다. → 이제 결과로 [급여] 열이 0부터 4까지의 숫자로 코딩이 변경된 것을 확인할 수 있다.

분석 → 기술통계 → 빈도분석 → 빈도표 표시를 채크한 후 실행시킨다.

	빈도
0	
1	
2	
3	
4	
총계	

03 다른 변수로 코딩변경(Into Different Variables) 과제

다른 변수로 코딩변경(Into Different Variables)는 원래의 데이터가 있는 변수값은 그대로 남겨두고 새로운 변수를 만들어서 데이터값을 재분류한다.

- data-menu.sav 파일을 열고 Transform에서 →Into Different Variables를 클릭한다.
  → Recode into Different Variables 대화상자가 나타난다.
  → salary를 선택해서 오른쪽 Nmeric Variable로 이동시킨다.
  → Optput Variable에 recordSalary를 입력하고 Label에 새로 만들 변수에 대한 설명을 입력한다.
  → Old and New Values 버튼을 클릭한다. Old and New Values 대화상자가 나타나면 기존값의 범위와 새 범위의 값을 입력한다. 0부터 49999까지를 새로운 값 1로, 50000부터 99999까지를 새로운 값 2로, 100000부터 149999까지를 새로운 값 3으로 입력한다. Continue를 클릭한 후에, Recode into Different Variables 창에서 Label 밑에 Change 버튼을 클릭하고 나서 OK 버튼을 차례로 클릭한다.
  → Data View창에서 새로운 설정에 따라 데이터를 재분류한 새로운 변수 recordSalary가 생성된 것을 확인할 수 있다.

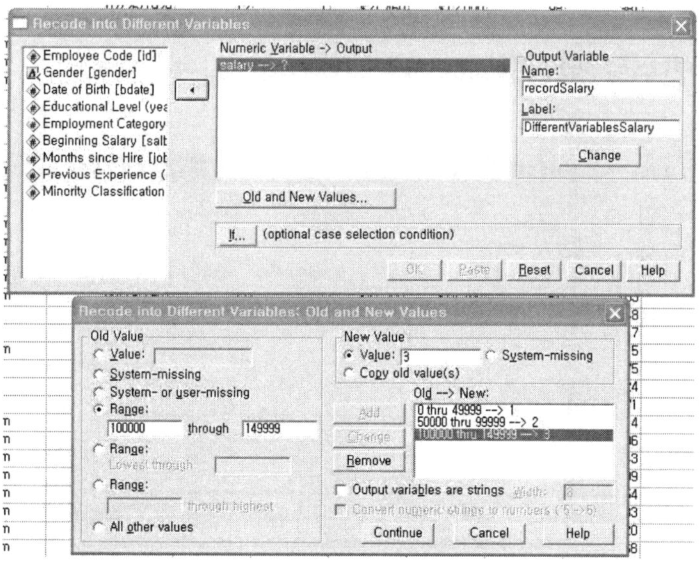

▲ 조건 입력

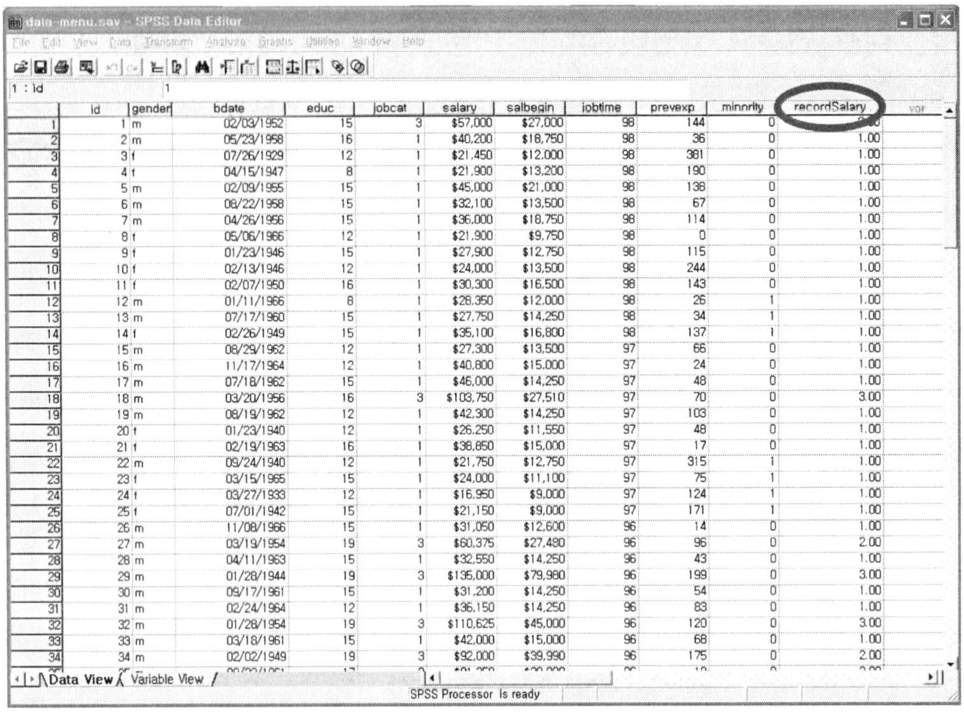

▲ 결과

04 재분류 - 다른 변수로 코딩변경(Into Different Variables)

다른 변수로 코딩변경(Into Different Variables)는 원래의 데이터가 있는 변수값은 그대로 남겨두고 새로운 변수를 만들어서 데이터값을 재분류한다.

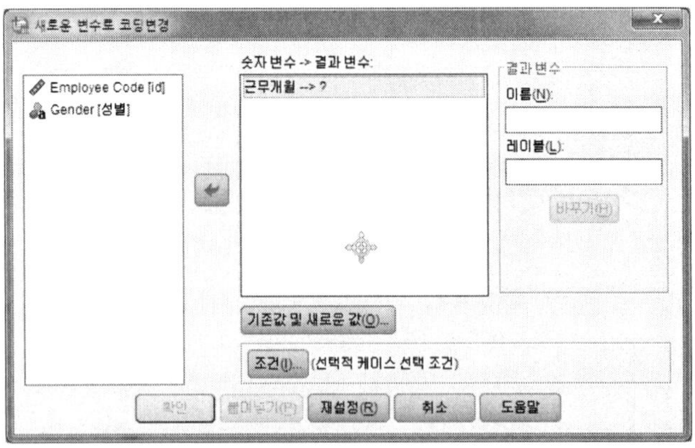

▲ 새로 변수로 코딩변경(Into Different Variables) 대화상자

05 다른 변수로 코딩변경(Into Different Variables) 과제

Into Different Variables2-5.sav 데이터 파일에서 [근무개월]변수의 0부터 50까지를 새로운 값 1로, 51~75까지를 새로운 값 2로, 76부터 최대값까지를 새로운 값 3으로 코딩변경하시오.

Into Different Variables2-5.sav 데이터

id	성별	근무개월
1	m	110
.....		
100	m	91

풀이

- Into Different Variables2-5.sav 파일을 열고
  변환(Transform)에서 → 새로운 변수로 코딩변경(Into Different Variables)를 클릭한다.
  → 새로변수로 코딩변경(Into Different Variables) 대화상자가 나타난다.
  → [근무개월]을 선택해서 오른쪽 [숫자변수 → 결과변수]란으로 이동시킨다.
  → 결과변수(Optput Variable)영역에서 이름란에 [개월범주]를 입력하고 설명(Label)에 새로 만들 변수에 대한 설명을 입력한다.
  → 기존값 및 새로운값(Old and New Values) 버튼을 클릭한다.
  기존값 및 새로운값(Old and New Values) 대화상자가 나타나면 기존값의 범위와 새 범위의 값을 입력한다.
  0부터 50까지를 새로운 값 1로,
  51~75까지를 새로운 값 2로,
  76부터 최대값까지를 새로운 값 3으로 입력한다.
  Continue를 클릭한 후에, Recode into Different Variables 창에서 Label 밑에 Change 버튼을 클릭하고 나서 OK 버튼을 차례로 클릭한다.
  → Data View창에서 새로운 설정에 따라 데이터를 재분류한 새로운 변수 recordSalary가 생성된 것을 확인할 수 있다.

06 변수 계산(Compute)

• 변수 계산은 기존의 변수를 이용하여 새로운 변수를 만들고자 하는 경우에 사용한다.
• 변수에 대한 산술 및 함수를 이용하여 변수를 변환시킬 수 있다.

(1) 변수계산 대화상자

• 변환메뉴에서 → 변수계산을 클릭한다.

[그림] 변수 계산 대화 상자에서, 대상변수(Target Variable)에는 새로운 변수의 이름을 입력한다. 길이는 8자 이내로 입력할 수 있고 변수가 기존의 변수 명과 동일하면 해당변수의 값이 변경되고, 새로운 이름이면 새로운 변수 열이 추가된다.
대상변수(Target Variable)에 변수의 계산 결과가 저장될 변수의 이름, 숫자표현식(Numeric Expression)에는 변수들 간의 계산식을 입력한다.

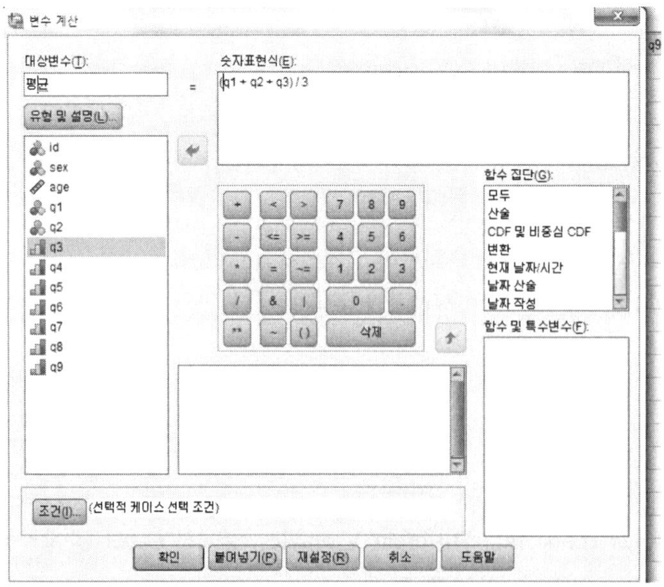

▲ 변수계산대화상자

• 변수 계산 대화 상자

변수 계산 대화상자 항목 설명

항목		설명
대상변수(Target Variable)		• 변수의 계산 결과가 저장될 변수의 이름. • 길이는 8자 이내로 입력할 수 있고 • 변수가 기존의 변수 명과 동일하면 해당변수의 값이 변경되고, 새로운 이름이면 새로운 변수 열이 추가된다.
숫자표현식(Numeric Expression)		• 수식을 입력 • 변수들 간의 계산식을 입력한다.
함수그룹 (Function Group)	ABS(숫자표현식)	절댓값
	ARTAN(숫자표현식)	$\tan^{-1}$ 값
	COS(숫자표현식)	cos 값
	EXP(숫자표현식)	지수 e^x
	LAG(변수)	변수의 바로 직전 케이스에 대한 값을 준다.
	LG10(숫자표현식)	상용대수
	LN(숫자표현식)	자연대수
	MISSING(변수)	변수의 값이 결측값이면 1이 된다.
	MOD(숫자표현식, modulus)	숫자 표현식 값을 modulus로 나눈 나머지
조건	조건식을 입력	조건을 만족하는 테이스만 선택하여 계산식을 적용

07 변수 계산(Compute) 연습과제 1

• 평균을 계산한 새로운 변수 만들기

compute2-3.sav 파일에서 변수 q1, q2, q3의 평균을 계산한 새로운 변수[평균]를 만든 후 아래 표를 작성하시오.

compute2-3.sav 데이터

케이스번호	q1~q3의 평균
1	
2	
3	
4	

케이스번호	q1~q3의 평균
5	
6	
7	
8	
9	
10	

id	성별	나이	q1	q2	q3
1	1	26	5	3	5
.	.				
10	1	26	5	3	5

풀이과정

- compute.sav 파일을 열고, 변환(Transform)메뉴 → 변수 계산(Compute)를 클릭한다. → 새로운 변수의 이름을 '평균'으로 입력하고 숫자표현(Numeric Expression)에 '(q1+q2+q3)/3'을 입력한 후 OK 버튼을 클릭한다. → 데이터보기(Data View) 창에서 변수 q1, q2, q3의 평균값이 계산된 '평균'변수가 추가된 것을 확인할 수 있다.

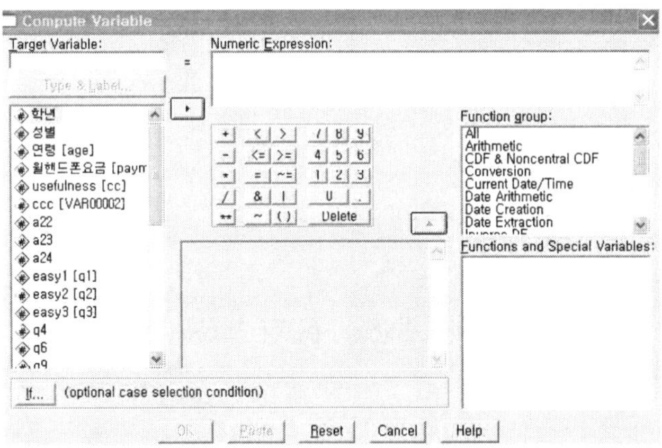

▲ 변수 계산 대화상자

08 변수 계산(Compute) 연습과제 2

• 조건을 만족하는 케이스에만 계산식 적용

computeif2-3데이터 파일 구조

변수이름	성별	계열	교양	영어	전공	인적성점수
변수설명	1 : 남 2 : 여	1 : 문과 2 : 이과	5점 만점의 비율척도			
유형	숫자	숫자	연속형 숫자			
척도	명목	명목	척도			

계열1인 학생의 [종합점수]를 교양, 영어, 전공, 인적성을 합하여 구하시오.
계열2인 학생의 [종합점수]는 [교양+(영어*2)+인적성]으로 구하시오.

학과	N(학생수)	평균	표준편차	평균의 표준오차
1				
2				
합계				

풀이

계열이 1값일 경우에 [종합점수]를 계산하기 위해, 변환 → 변수계산 → 변수계산대화상자에서 대상변수에 [종합점수] → 조건버튼클릭 → [다음 조건을 만족하는 케이스 포함] 선택 → [계열 = 1] 입력 → 계속버튼 클릭 → 숫자표현식에 교양+영어+전공+인적성 입력 → 확인 클릭

계열이 2값일 경우에 [종합점수]를 계산하기 위해, 변환 → 변수계산 → 변수계산대화상자에서 대상변수에 [종합점수] → 조건버튼클릭 → [다음 조건을 만족하는 케이스 포함] 선택 → [계열 = 2] 입력 → 계속버튼 클릭 → 숫자표현식에 [교양+(영어*2)+인적성]입력 → 확인 클릭

제 2 절 결측값 및 이상치 찾기

01 결측값 및 이상치 처리의 필요성

설문에서 받은 응답값 ①부터 ⑤ 외에 데이터 값이 있는 경우 이를 이상값이라 하고, 응답값이 없는 경우 이를 결측값이라고 한다.
결측값 및 이상치를 사용하여 분석을 하게될 경우 전체의 평균이나 표준편차 등의 통계치의 값이 부정확해질 수 있다.

- 결측값 : 설문항목에 응답하지 않은 경우 지정하는 값
  9 및 99로 일반적으로 많이 사용
- 이상값 : 설문항목 및 결측값 외에 입력된 값

결측치를 결측치로 처리하지 않고 평균을 산출한 평균값과 결측치로 처리 후 산출한 평균값에는 차이가 있다.

02 결측치 찾기 및 처리과정

각 문항에 대하여 이상한 값을 찾아 해당 문항의 변수명과 그 값이 몇 번째 행인지를 기록하고, 그 해당값을 결측(missing)으로 처리하는 과정은 다음과 같다.
분석- → 기술통계량 → 빈도분석 메뉴를 실행한다.
[빈도분석대화상자]에서 변수-id를 제외한 모든 변수를 오른쪽 대상 변수란으로 이동한다. 빈도표 출력 옵션을 선택한다.

각 변수별 빈도표에서 이상값이 존재하는 것을 확인 후, 이상 값이 존재하는 변수 전체를 선택한 후 편집- → 찾기 메뉴를 선택한다. '[데이터 찾기 대화상자]에서 찾을 데이터에 빈도표에서 발견한 이상치(값)'을 입력한다. 그러면 몇 번째 케이스에서 이상치가 존재함을 확인할 수 있다.
결측값으로 처리하여 평균 등의 기술통계량에서 제외하기 위해서는 변수보기 탭에서 해당변수의 결측값으로 발견된 '이상치 수치'를 지정한다. 그러면 결측치를 결측치로 처리하지 않고 평균을 산출한 평균값과, 결측치로 처리후 산출한 평균값에는 차이가 있는 것을 확인할 수 있다.

03 결측치 찾기 및 처리 과제

missdatafind.sav
missdatafind2-2.sav주어진 자료는 변수가 7개, 케이스는 300개이다.
각 문항에 대하여 이상한 값을 찾아 해당 문항의 변수명과 그 값이 위에서 몇 번째 행인지를 표에 기록하고, 해당값을 결측(missing)으로 처리하기 전과 한 후의 값을 아래표에 작성하시오.

문항	변수명	내용
일련번호	is	세 자리 숫자
업무만족	V2 –V7	1 : 매우 불만족 2 : 약간 불만족 3 : 불만족하는 편 4 : 보통 5 : 만족하는 편 6 : 약간만족 7 : 매우만족

변수명	이상값	이상값 개 수	몇 번째 행

결측치 처리 전 평균		
결측치 처리 후 평균		

풀이과정

- 이상값 찾기
  - 분석 → 기술통계량- → 빈도분석 메뉴를 선택한다.
  - [빈도분석대화상자]에서
    id를 제외한 모든변수를 이동한다. 빈도분석표출력을 선택한다.
  - 분석결과표에서 각 변수별 표(V2~V7)에서 이상값이 존재하는 것을 확인한다.
    분석결과 V7은 이상치가 두 개 발견됐다.

- 이상값 있는 케이스 찾기

  열을 선택한 후 편집메뉴 → 찾기를 선택한다. 변수에서 데이터 찾기 대화상자에서 찾을 데이터에 '이상치(값) = 9'을 입력한다. 그러면 몇 번째 케이스에서 이상치가 존재함을 확인할 수 있다.

• 이상값 처리 전 평균구하기

분석메뉴 → 기술통계 → 기술통계 → 기술통계 대화상자의 변수란에 V7을 입력한다. 옵션 중 평균을 선택한후 실행한다.

• 이상값 처리 후 평균구하기

결측값으로 처리하기 : 변수보기 탭에서 해당변수의 결측값으로 '이상치'를 지정한다. → 변수보기탭의 V7의 결측값에 → 이산형 결측값란에 '9'를 입력한다. → 분석메뉴 → 기술통계 → 기술통계 → 기술통계 대화상자의 변수란에 V7을 입력한다. 옵션 중 평균을 선택한 후 실행한다.

변수명	이상값	이상값 개 수	몇 번째 행
V7	9	2	

결측치 처리 전 평균	v7	3.24
결측치 처리 후 평균	v7	3.20

Part 3

데이터분석 : 회귀분석 (Regression)

R과 SPSS버전22를 사용한 데이터분석 : regression analysis

CHAPTER 1

회귀분석 가정과 모형

학습목표

1. 회귀분석 가정을 이해한다.
2. 회귀분석을 실행하여 회귀식을 추정할 수 있다.

제 1 절 회귀분석 이론

독립변수와 종속변수와의 관계를 설명하고 예측하는 분석이다.
두 변수 사이의 관계, 설명변수와 결과변수의 관계식을 구하는 기법이다.
회귀분석은 독립변수들과 종속변수와의 선형결합관계 정도를 나타낸다.
독립변수와 종속변수 간의 관계가 양의 방향으로 관련되어 있는가 또는 음의 방향으로 관련되어 있는가 알 수 있다.

- 회귀분석에서 결정계수는 회귀모형에 있는 독립변수들이 종속변수(Y)의 변화를 얼마나 잘 설명할 수 있는지를 나타낸다.

아래 <표>에서 보이는 바와 같이 종속변수 1개, 독립변수 1개인 단순 회귀분석, 종속변수와 독립변수가 여러 개인 다중회귀분석이 있다.
독립변수와 종속변수는 모두 구간이나 비율척도이어야 한다.
독립변수가 명목척도수준으로 측정된 변수인 경우는 더미(dummy)변수로 바꾼 범주형 변수를 사용한다.

단순 회귀분석	종속변수 1개, 독립변수 1개인 회귀분석	$Y=\beta_0+\beta_1 X+\epsilon$
다중 회귀분석	설명변수가 k개, 반응변수와 이 관계가 선형 (1차함수)	$Y=\beta_0+\beta_1 X_1+\beta_2 X_2..\beta_k X_k+\epsilon$
다항회귀	설명변수 k개, 반응변수와의 관계가 1차함수 이상 k가 1이면 이차함수 이상	k = 2이고 2차함수인경우 $Y=\beta_0+\beta_1 X_1+\beta_2 X_2+\beta_{11} X_1{}^2+\beta_{22} X_2{}^2+\beta_{12} X_1X_2+\epsilon$
곡선회귀	설명변수 1개가 반응변수와의 관계가 곡선	2차곡선 $Y=\beta_0+\beta_1 X+\beta_2 X^2+\epsilon$ 3차곡선 $Y=\beta_0+\beta_1 X+\beta_2 X^2+\beta_3 X^3+\epsilon$
비선형회귀	회귀식의 모양이 미지의 모수 β_i들의 선형관계로 이뤄지지 않은 모형	$Y=\alpha e^{-\beta X}+\epsilon$

회귀분석은 독립변수가 종속변수에 영향을 미치는 크기를 측정하여 독립변수의 일정한 값에 대응되는 종속변수의 값을 예측하기 위한 방법이다.

- 독립변수와 종속변수는 모두 구간척도이거나 비율척도이어야 한다. (연속변수이어야 한다.)
- 독립변수가 범주형 변수이거나 명목척도인 변수인 경우는 더미(dummy)변수로 바꾼 변수를 사용하여 분석이 가능하다.

단순회귀분석과 다중회귀분석 비교

단순회귀분석	종속변수 1개, 독립변수 1개인 회귀분석
다중회귀분석	독립변수가 두 개 이상인 회귀분석

- 통제변수(control variable)는 실험이나 서베이를 하는 동안 변수의 여러 가지 수준들 중에서 한 표본에 대해서 일정한 수준의 값이 유지되는 변수로 외재변인(extraneous variable)이라고도 한다. 영향을 미칠지도 모르는 연구의 목적 이외의 다른 변수들의 영향을 통제시키고자 할 때 사용한다. 그러나 실질적으로 많은 실험연구나 서베이연구에서 모든 외재변인을 통제한다는 것은 사실상 불가능하다고 볼 수 있다. 변수를 통제한다는 것은 그 변수를 고정시킨다는 의미로 그 변수의 값을 0으로 한다.

제 2 절 회귀분석 가정

(1) 독립면수와 종속변수 사이에 선형성이 있다. 산점도로 확인한다.

(2) 데이터는 정규성과 등분산성을 가진다. 실제 확인하기가 어렵다.

(3) 잔차는 정규성과 등분산성을 가진다.

① **정규성**

- 정규분포를 따른다.
  Q-Q plot를 사용한다. 도표로 충분하지 않으므로 정규성 검정을 하기위해서 Shapiro-Wilk test, adverson-darling test,kolmogorovSmirnov test 등을 이용할 수 있다.

② **등분산성**

- 오차의 분산은 일정하다.
  잔차의 등분산성, 동분산성동분산성(homoscedasticity)
  등분산성은 독립변수들의 오차의 분산이 일정하며 정규확률 그림을 사용하여 확인할 수 있다.
  잔차의 분산이 독립변수들의 크기에 영향을 받아서는 안된다.
  잔차의 등분산성 그래프는 평균0을 중심으로 어떤 규칙이나 추세, 경향, 주기가 없어야한다. 고르게 무작위로 분포되어 있을 때 등분산이라고 한다.
  잔차산점도로를 이용한다.
  SPSS R essential이 설치된 경우 분석메뉴 → 회귀 → 잔차이분산성검정으로 검정할 수 있다.

(4) 두 개의 오차는 서로 독립적이다.

한 관측치로부터 계산된 잔차가 또 다른 관측치로부터 계산된 잔차에 영향을 미쳐서 안됨, 동분산성(잔차의 분산이 독립변수들의 크기에 영향을 받아서는 안된다.
비상관성 관측치들의 잔차들은 상관이 없어야 Durbin-waston 검정을 이용한다.
Durbin-waston 값이 이상할 때는 샘플의 수를 늘리거나, 중요독립변수라고 생각되는 변수를 추가하거나 시계열분석을 한다.

(5) 정규성 검사

설문이 리커트 5점척도 이상이면 정규분포를 따른다고 봄으로 잔차의 정규성검사가 불필요하다.

- 잔차의 정규성 검사법

  SPSS staritics 프로그램메뉴 분석 → 선형 → 저장옵션 → 잔차표준화선택
  → 변수보기에서 2RE 변수 확인 후
  분석메뉴의 [1 표본 KS] 선택해서 검정변수란에 표준화잔차2RE-1 변수를 넣는다.

귀무가설	정규성 따른다.
대립가설	정규성을 따르지 않는다.

  신뢰도 $\alpha = 0.05$에서 통계프로그램에서 P-value값이 α보다 크고 귀무가설 채택으로 잔차는 정규성을 만족한 것으로 할 수 있다.

회귀분석에 사용되는 데이터 값은 종속변수와 독립변수 모두 등간척도이거나 비율척도 수준으로 측정되었어야 한다.
독립변수와 종속변수는 모두 구간척도이거나 비율척도이어야 한다. (연속변수이어야 한다.)
독립변수가 범주형 변수이거나 명목척도인 변수인 경우는 더미(dummy)변수로 변경한 변수를 사용하여 분석이 가능하다.

제 3 절 모집단의 회귀모형

(1) 모집단 회귀모형

A변수 늘어남에 따라 B변수가 늘어나는 일정한 규칙성을 찾았다면, 두 변수 사이의 모형을 설정하는 것이 가능해진다.

모집단의 회귀모형은 아래 <수식>과 같다.

$$Y_i = \beta_0 + \beta_i X_i + \varepsilon_i$$

- $i = 1, 2, 3, \ldots\ldots, n$
- Y_i : 종속변수의 i번째 관찰값
- X_i : 독립변수의 i번째 관찰값
- β_0 : 절편, 추정해야 할 모수
- β_i : 기울기, 추정해야 할 모수
- ε_i : 오차항, $e \sim N(0,\ \sigma^2)$인 확률변수이다.

(2) 모집단의 회귀모형에서 오차항의 가정시 회귀식

오차항의 평균이 0이고, 오차항의 분산이 일정한 정규분포를 따른다고 가정할 경우, 아래 <그림>에서 보이는 바와 같이 독립변수인 x 각각 값에 대하여 종속변수 Y는 하나의 값이 아닌 여러 값을 가지는 분포의 형태를 나타내는데, 그모양은 정규 분포의 형태를 가진다. 따라서 $y = \alpha + \beta x$ 의 형태로 단순회귀식이 1차식의 회귀식이된다.

모집단 회귀식
$\hat{Y} = \alpha + \beta x$

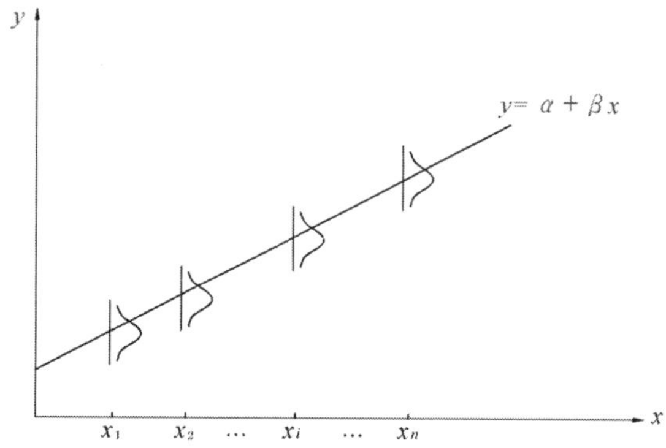

▲ 선형회귀모형

(3) 절편과 기울기

단순회귀식에서 α는 절편, β는 기울기인 직성이 된다는 것을 알수 있다.

위의(선형회귀모형)그림에서 보면 독립변수 한값에 대응하는 종속변수의 값이 오차항에 따라확률적으로 다르게 나타날 수 있다.

제4절 표본의 단순회귀모형(linear Regression)

(1) 표본의 회귀모형

$$Y_i = a + bX_i + e_i$$

y=절편 + 기울기 x + 잔차
e_i 는 잔차, 표본에서의 오차는 잔차라고 한다.

잔차는 예측값과 관측값의 차이
오차는 관측값과 실제값의 차이
편차는 관측값과 평균의 차이

(2) 표본의 회귀식

$$\hat{Y}_i = a + bX_i$$

제 5 절 잔차와 표본회귀식의 결정기준

잔차(residual)는 추정회귀직선($\hat{y_i} = \hat{\alpha} + \hat{\beta}x_i$)를 이용하여 설명변수($x_i$)값에 대응하는 추측값 $\hat{y}$는 실제관측값 y_i와 다르게 나타나는 차이이다.

잔차 : $\hat{e_i} = y_i - \hat{y_i}\ (i = 1,\ \cdots\cdots\ n)$

- 잔차가 작을수록 추정회귀직선이 실제관측결과를 잘 설명한다고 할 수 있다.

아래 <그림>과 같이 예측선은 여러개로 나타날 수 있다. 어떤 선이 독립변수와 종속변수의 관계를 잘 설명해주는 회귀선인가? 회귀분석은 전체적으로 잔차를 가장 작게 해줄 수 있는 절편과 기울기를 구한다.

아래 <그림>에서 왼쪽의 선은 $\sum \varepsilon_i$가 < 0보다 작은 과대 예측이고,
가운데 선은 $\sum \varepsilon_i$ 값이 0인 선으로 적정예측선이다.
오른쪽아래의 선은 $\sum \varepsilon_i$값이 > 0보다 큰 과소예측선이다.

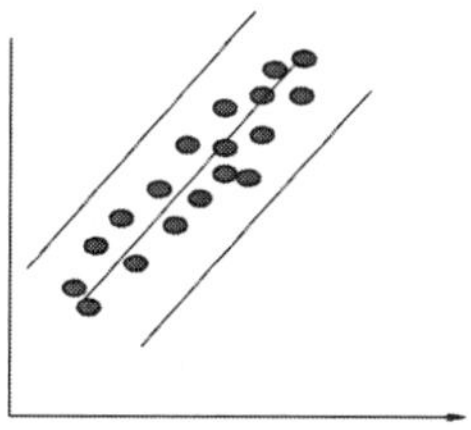

제 6 절 표본의 단잔차제곱합(error sum of squares) 또는 오차제곱합(residual sum sum of squares) 및 평균제곱오차(mean squares error, MSE)순회귀모형(linear Regression)

(1) 잔차제곱합(error sum of squares) 또는 오차제곱합(residual sum of squares)

- $\text{SSE} = \sum_{i=1}^{n}(y_i - \hat{y_1})^2$
- 잔차의 크기는 오차합의 분산 σ^2의 크기에 따라 나타난다.
- 그래서 잔차제곱합 또는 오차제곱합이라고 한다.

(2) 평균제곱오차(mean squares error, MSE)

- 오차제곱합을 이용하여 오차항의 분산 σ^2을 추정한 식

$$\sigma^2 = \frac{SSE}{n-2} = \frac{1}{n-2}\sum_{i=1}^{n}(y_i - \hat{y_i})^2$$

- 오차제곱합 $SSE = \sum_{i=1}^{n}(y_i - \hat{y_i})^2 = (\sum_{i=1}^{n} y_i^2) - \frac{(\sum_{i=1}^{n} y_i)^2}{n} - \frac{\left\{(\sum_{i=1}^{n} x_i y_i) - \frac{(\sum_{i=1}^{n} x_i)(\sum_{i=1}^{n} y_i)}{n}\right\}^2}{(\sum_{i=1}^{n} x_i^2) - \frac{(\sum_{i=1}^{n} x_i)^2}{n}}$

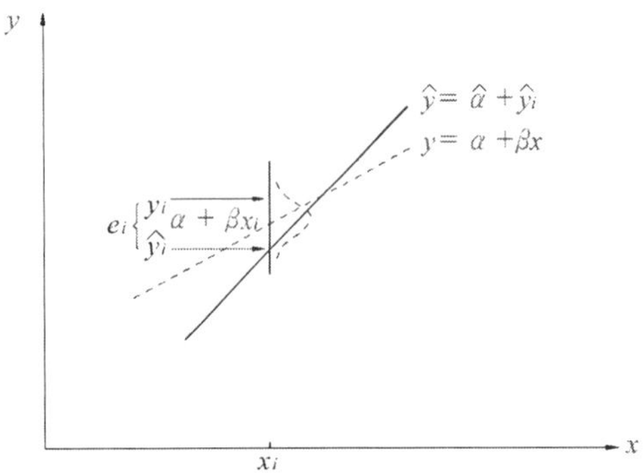

> ※ 예제
>
> 아래 자료로 단순선형회귀모형을 적용할 때, 오차항의 분산 σ^2의 추정값을 구하시오.
>
> $n = 10, \sum_{i=1}^{n} x_i = 460,\ \sum_{i=1}^{n} y_i = 728,\ \sum_{i=1}^{n} x_i^2 = 25600,\ \sum_{i=1}^{n} y_i^2 = 62872$
>
> $\sum_{i=1}^{n} x_i y_i = 40600$

풀이

$$SSE = 62872 - \frac{(728)^2}{10} - \frac{\left\{40060 - \frac{460 \times 728}{10}\right\}^2}{25600 - \frac{(460)^2}{10}} = 145.856$$

$$\hat{\sigma^2} = \frac{SSE}{n-1} = \frac{1}{8}(145.826) = 18.23$$

(3) 잔차를 작게 해주는 회귀식을 구하는 방법

첫째, 잔차의 합을 작게해서 구하는 방법

둘째, 잔차의 절대 합을 가장 작게 해서 직선을 구하는 방법

셋째, 잔차의 제곱합을 최소로 하는 회귀식을 구하는 방법인 최소자승법이 있다.

제 7 절 회귀식계수의 최소자승추정법

회귀분석에서 사용되는 선형회귀모형에 있는 회귀계수 $\beta_0,\ \beta_1,\ \cdots,\ \beta_K$는 최소자최소승법(Least square Method)에 의하여 추정하면,

$\sum_{i=1}^{n}(y_i-\widehat{y_1})^2=\sum_{i=1}^{n}(y_i-\widehat{y_i})^2=\sum_{i=1}^{n}\{y_i-(a+bx_i)\}^2$을 a와 b에 대해 각각 편미분하고, 연립방정시으로 풀면 회귀계수와 절편의 식이 유도된다.

- 최소제곱추정량 $b=\dfrac{\sum_{i=1}^{n}(x_i-\overline{x})(y_i-\overline{y})}{\sum_{i=1}^{n}(x_i-\overline{x})^2}=\dfrac{n(\sum_{i=1}^{n}x_iy_i)-(\sum_{i=1}^{n}x_i)(\sum_{i=1}^{n}y_i)}{n(\sum_{i=1}^{n}x_i^2)-(\sum_{i=1}^{n}x_i)^2}$

- 최소제곱추정량 $a=\overline{y}-\hat{\beta}\overline{x}=\dfrac{\sum_{i=1}^{n}y_i}{n}-\hat{\beta}\dfrac{\sum_{i=1}^{n}x_i}{n}$

(1) 최소자승법에 의한 추정량의 특징

① 불편성을 갖는다. 추정량 a와 b의 평균값은 모수의 회귀계수인 α와 β의 값과 일치한다.

② 최소자승추정량은 모든 가능한 불편추정량 중에서 최소의 분산을 갖는다.

③ 최소자승추정량 a와 b는 종속변수 Y의 1차 함수이다.

④ 최소자승추정랼은 일치성을 가진다.

⑤ 적절한 충분성을 가진다.

제8절 상관계수와 회귀계수의 관계

상관계수(r)과 회귀계수(b)의 관계는 표본 회귀식 $\hat{Y}_i = a + bX_i$에서 b는 X가 변함에 따라 Y가 어느 정도 변화하는 가의 정도를 나타내므로, 상관계수 r의 역할과 같다.

아래 <수식>에서 분자를 n으로 나누면 $Cov(X, Y)$가 되고, 분모를 n으로 나누면 $Var(X)$가 된다.

$$b = \frac{\sum_{i=1}^{n}(x_i - \bar{x})(y_i - \bar{y})}{\sum_{i=1}^{n}(x_i - \bar{x})^2} = \frac{n(\sum_{i=1}^{n} x_i y_i) - (\sum_{i=1}^{n} x_i)(\sum_{i=1}^{n} y_i)}{n(\sum_{i=1}^{n} x_i^2) - (\sum_{i=1}^{n} x_i)^2}$$

$$Cov(X, Y) = \frac{\sum_{i=1}^{n} x_i y_i - n\,\bar{x}\,\bar{y}}{n}$$

$$Var(X) = \frac{\sum_{i=1}^{n} x_i^2 - n\,\overline{x^2}}{n}$$

제9절 결정계수(coefficient of determination)

① 결정계수는 데이터변동에 대한 설명적

결정계수는 총 변동에서 회귀식에 의하여 설명되는 데이터 변동의 비율을 의미한다. 회귀모형에 있는 독립변수들이 종속변수(Y)의 변화를 얼마나 잘 설명할 수 있는지를 나타낸다.

변수가 여러 개 있는 경우 변수의 개수가 증가 하면 R제곱이 증가한다.

② 총제곱합 중에 회귀제곱합이 차지하는 비중

$$R^2 = \frac{SSR}{SST} = 1 - \frac{SSE}{SST}$$

- SSR = 회귀 제곱합
- SSE = 오차의 제곱합
- SST = 총 제곱합

③ $R^2 = 0.95$이면 종속변수의 변동을 회귀식에 의하여 설명할 수 있다는 의미이다.

- 범위 : $0 \leq R^2 \leq 1$이다. 1에 가까우면 X와 Y의 상관관계가 높아진다.
- R^2(결정계수)의 범위는 0에서 1까지이고 1에 가까울수록 설명력이 높다.
- SSE = 0 이면 $R^2 = 1$된다. 표본의 관찰값이 매우 적합하다.
- 추정식의 기울기가 0이 되면 R^2은 0이 된다. X와 Y에 아무런 설명이 되지 않는다.
- 잔차가 낮아지면 R제곱은 값이 커진다.

회귀분석에서 결정계수는 회귀모형에 있는 독립변수들이 종속변수(Y)의 변화를 얼마나 잘 설명할 수 있는지를 나타낸다.

(1) 결정계수(coefficient of determination) 식의 유도

아래 <그림>에서 오차항에 기인은 설명 안된 편차이다.

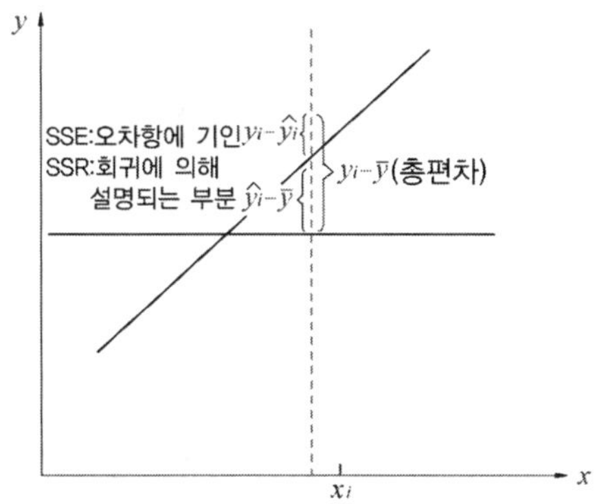

- 결정계수(r^2) : 총제곱합 중에 회귀제곱합이 차지하는 비중

$$r^2 = \frac{\text{SSR}}{\text{SST}} = 1 - \frac{\text{SSE}}{\text{SST}} = \left(\frac{n(\sum_{i=1}^{n} x_i y_i) - (\sum_{i=1}^{n} x_i)(\sum_{i=1}^{n} y_i)}{\sqrt{n(\sum_{i=1}^{n} x_i^2) - (\sum_{i=1}^{n} x_i)^2}\sqrt{n(\sum_{i=1}^{n} y_i^2) - (\sum_{i=1}^{n} y_i)^2}} \right)^2$$

- 총제곱합 : 설명변수 x를 고려하지 않을 때, 추정에 따르는 오차의 크기

SST = SSE + SSR

$$= \sum (Y_i - \hat{Y}_i)^2 + \sum (\hat{Y}_i - \overline{Y})^2 = (\sum_{i=1}^{n} y_i^2) - \frac{(\sum_{i=1}^{n} y_i)^2}{n}$$

- 회귀제곱합

$$\text{SSR} = \frac{\left\{ (\sum x_i y_i) - \frac{(\sum_{i=1}^{n} x_i)(\sum_{i=1}^{n} y_i)}{n} \right\}^2}{(\sum_{i=1}^{n} x_i^2) - \frac{(\sum_{i=1}^{n} x_i)^2}{n}}$$

- 오차제곱합

SSE = SST - SSR : 설명변수 x를 고려한 회귀모형에서의 측정에 따르는 오차의 크기

(2) 결정계수 계산문제

아래 자료로 결정계수를 계산하시오.

$n = 10,\ \sum_{i=1}^{n} x_i = 460,\ \sum_{i=1}^{n} y_i = 728$

$\sum_{i=1}^{n} x_i^2 = 25{,}600,\ \sum_{i=1}^{n} y_i^2 = 62{,}872,\ \sum_{i=1}^{n} x_i y_i = 40{,}060$

풀이

$$r^2 \frac{\{10(40{,}060) - (460)(728)\}^2}{\{10(25{,}600) - (460)^2\}\{10(62{,}782) - (728)2^2\}} = 0.99$$

회귀직선이 전체자료 산포의 99%를 설명해준다.

제 10 절 수정된 결정계수(adjusted R^2)

변수가 여러개 있는 경우 변수의 개수가 증가 하면 R제곱이 증가하는 단점을 보완한 계수이다.
수정된 R제곱은 < R제곱보다 작은 경향이 있다.
R제곱과 수정된 R제곱과의 차이는 작을수록 좋다.

• 독립변수(인자)의 수와 데이터의 수를 고려한 결정계수이다.

$$adj\,R^2 = 1 - \frac{\frac{SSE}{n-k-1}}{\frac{SST}{n-1}} = \frac{(n-1)R^2 - k}{n-k-1}$$

n은 데이터의 개수, p는 독립변수의 인자의 개수
n과 k의 값의 차이가 작을수록 수정된 R제곱값이 높아진다.
데이터의 수를 고려하여 자유도를 반영했고, 변동을 자유도(n-1)로 나눈 분산들에 대한 비율이므로 독립변수 개수의 증감과 무관해진다.

제 11 절 수정된 결정계수와 p의 관계

<table>
<tr><th colspan="2" rowspan="2"></th><th colspan="2">수정된 r제곱</th></tr>
<tr><th>크다</th><th>작다</th></tr>
<tr><td rowspan="4">p값</td><td rowspan="2">낮다</td><td>• 통계적으로 의미가 있다.
• 설명력이 크다.
• 이상적인 모형이다.</td><td>• 통계적으로 의미가 있다.
• 설명력이 작다.</td></tr>
<tr><td></td><td>• 문제원인 : 데이터의 수가 많을 경우에 발생한다.
• 문제해결
– 이상값을 찾는다.
– 비선형회귀분석을 한다.</td></tr>
<tr><td rowspan="2">높다</td><td>통계적으로 의미가 없다.
• 설명력이 크다.</td><td>통계적으로 의미가 없다.
• 설명력이 작다.</td></tr>
<tr><td>• 문제원인 : 데이터의 수가 아주 작다 또는 이상값이 존재한다.
• 문제해결
– 데이이터의 수를 늘린다. 혹은 이상값을 찾아 처리한다.</td><td>• 문제원인 : 선형적인 관계가 없다.
• 문제해결
– 비선형회귀분석을 실행한다.
– 다른 중요한 인자를 찾는다.</td></tr>
</table>

제 12 절 이상값 판별

저장된 통계량의 절대값이 표준화된 잔차>3 인 케이스를 이상점으로 판단하고, cooks의 거리, DFFITS,DFBETAS를 사용한고, 또한 다른 값에 비해 상대적으로 크거나 작은 경우 이상점이다.

• cook's

특정 케이스를 제외하고 회귀분석한 후 잔차가 얼마나 바뀌는가에 대한 측도
값이 크면 그 케이스를 제외할 경우 회귀계수가 많이 바뀌는 것을 나타냄
표준화된 cook의 거리 > 1 경우는 이상점이다.

• DFFITS

특정한 케이스가 제외될 대 발생하는 예측값의 변화량
표준화된 DFITS > 2인 경우 이상점이다.

• DFBETAS

특정한 테이스가 제외될 대 발생하는 베타계수의 변화량

– 표준화잔차 | 2RE | > 3 경우 이상값
– 표준화된 DFBETAS | SPF | > 2 경우 영향관측값
– 영향관측값을 회귀식의 방향을 변경시킨다.

CHAPTER 2

단순회귀분석 (Simple linear Regression Analysis)

제 1 절 단순회귀분석

- **종속변수** : y, 다른 변수의 영향을 받는 변수, 반응변수라고도 한다.
- **독립변수** : x, 영향을 주는 변수로 설명변수라고도 한다. 독립변수가 1개이고 선형의 관계를 가지고 있는 경우에 단순회귀분석을 실행한다.

다른 분석방법과 비교했을 때, 단순회귀분석은 두 변수의 상관관계분석과 동일한 결과를 가져온다.
판별분석과 비교하면 현상의 설명 및 예측목적을 위해 이용되어지는 기법으로 분석의 목적이나 독립변수가 성격은 회귀분석과 같으나 종속변수가 명목척도라는 점에서 회귀분석과 차이가 있다. 즉, 회귀분석에 있어서는 종속변수가 연속적인(continuous)상태로 나타나는데 반해, 판별분석은 종속변수가 집단을 나타내는 명목척도라는 점에서 차이가 있다.

단순회귀분석 모형구조식은 아래 그림에서 보이는 바와 같이 추정된다.

$$Y_i = \beta_0 + \beta_i X_i + \varepsilon_i$$

- $i = 1, 2, 3, \ldots, n$
- Y_i : 종속변수의 i번째 관찰값
- X_i : 독립변수의 i번째 관찰값
- β_0 : 절편, 추정해야 할 모수
- β_i : 기울기, 추정해야 할 모수
- ε_i : 오차항, $e \sim N(0,\ \sigma^2)$인 확률변수이다.
- e_i은 서로 독립

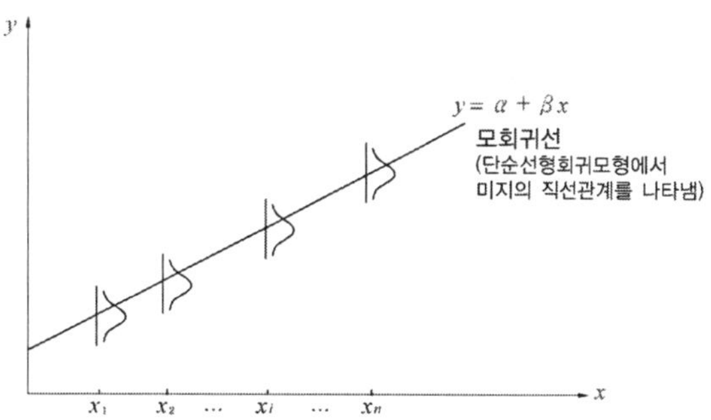

▲ 선형회귀모형

- 모회귀선(poplation regression line)

  선형회귀모형에서 미지의 직선관계를 나타내는 $y=\alpha+\beta\chi$ 이다.

  $\sum_{i=1}^{n}(y_i-\hat{y_i})^2=\sum_{i=1}^{n}\{y_i-(\hat{\alpha}+\hat{\beta}x_i)\}^2$을 편미분하고 하면 $\hat{\beta}$과 $\hat{\alpha}$의 식이 유도된다.

- 최소제곱추정량 : $\hat{\beta}=\dfrac{\sum_{i=1}^{n}(x_i-\overline{x})(y_i-\overline{y})}{\sum_{i=1}^{n}(x_i-\overline{x})^2}=\dfrac{n(\sum_{i=1}^{n}x_iy_i)-(\sum_{i=1}^{n}x_i)(\sum_{i=1}^{n}y_i)}{n(\sum_{i=1}^{n}x_i^2)-(\sum_{i=1}^{n}x_i)^2}$

- 최소제곱추정량 : $\hat{\alpha}=\overline{y}-\hat{\beta}\overline{x}=\dfrac{\sum_{i=1}^{n}y_i}{n}-\hat{\beta}\dfrac{\sum_{i=1}^{n}x_i}{n}$

최종적으로 결정된 수식은 아래와 같다.

- 최소제곱추정량 : $\hat{\beta}=\dfrac{n(\sum_{i=1}^{n}x_iy_i)-(\sum_{i=1}^{n}x_i)(\sum_{i=1}^{n}y_i)}{n(\sum_{i=1}^{n}x_i^2)-(\sum_{i=1}^{n}x_i)^2}$, $\hat{\alpha}=\overline{y}-\hat{\beta}\overline{x}$
- 추정회귀직선 : $\hat{y}=\hat{\alpha}+\hat{\beta}x=\overline{y}+\hat{\beta}(x-\overline{x})$

(1) 단순회귀분석의 연구모형의 설정

독립변수 q2이 종속변수 q1에 미치는 영향정도를 알아보고자 한다.
[그림]과 같은 연구 모형에서 독립변수(independent)는 q1로 종속변수(dependent)는 q1으로 정한다.
연구가설은 'q2는 q1에 정(+)의 영향을 미친다.'라고 설정한다.

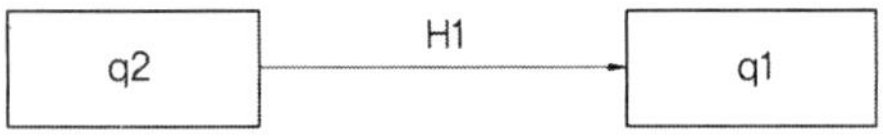

▲ 연구모형

제 2 절 SPSS 프로그램 선형회귀분석

01 선형회귀분석 대화상자

SPSS를 실행시킨 후 → 메뉴에서 분석(Analyze) → 회귀분석(Regression) → 선형(Linear)을 클릭한다.

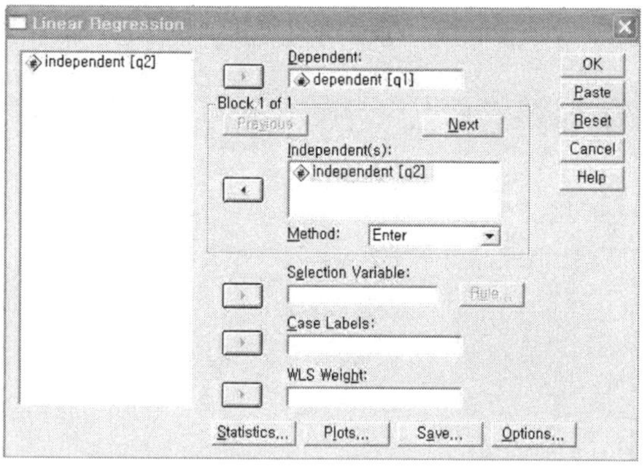

선형회귀분석 대화상자에서 종속변수(Dependent)와 독립변수(Indepent)를 각각 선택해서 입력한다.

- 종속변수(Dependent) : 독립변수의 영향을 받아서 변하는 변수
- 독립변수(Indepent) : 종속변수에 영향을 주는 변수

02 변수의 선택방법(Method) 대화상자

- 입력(Enter)
  - 블록 내의 모든 변수가 모형 내에 포함되는 것으로 모든 변수를 포함해서 분석을 한다.
- 단계선택(Stepwise)
  - 즉 설명력(예측력)이 높은 변수 순으로 투입되는 것이다.
  - 전진선택법에 의해 하나씩 변수를 추가하면서 중요도가 약화되면 제거

• 제거(Remove)
  – 블록 내의 모든 변수가 모형에서 제외된다.
• 후진(Backward)제거
  – 후진제거법으로 블록 내의 변수 중에서 중요하지 않은 변수부터 하나씩 제거한다.
  – 가장 영향을 적게주는 변수부터 하나씩 제거
• 전진(Foward)선택
  – 블록 내의 변수 중에서 중요하지 않은 변수부터 하나씩 제거한다.
  – 중요하다고 생각되는 설명변수부터 차례로 모형에 추가
  – 전진선택법으로 변수를 선택하되 각 단계별로 중요하지 않은 변수를 제거한다.

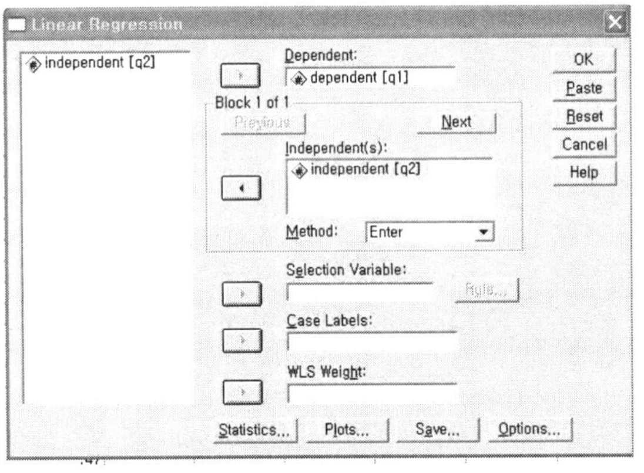

03 단순회귀분석 – 통계량(Statistics) 대화상자

통계량(Statistics)대화상자에서는 회귀계수와 잔차에 대한 통계량을 출력하는 옵션을 선택할 수 있다.

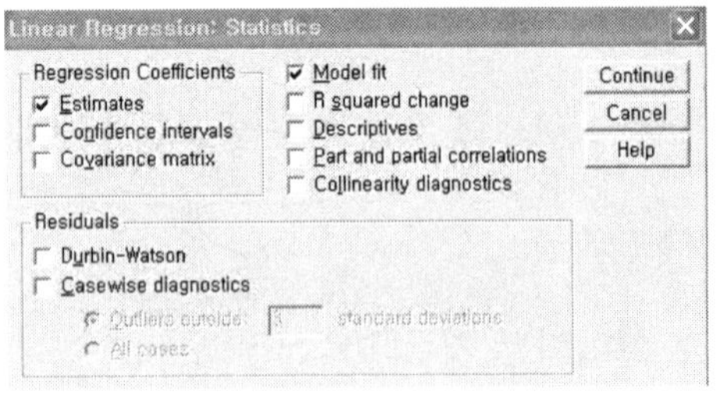

통계량(Statistics) 대화상자 항목 설명

항목	설명	
모형적합 (Mode fit)	모형 전체에 대한 적합성검정(모형 = 회귀식) 분산분석표와 R제곱	
R제곱 변화량 (R squared change)	변수선택에 다른 R제곱 변화량	
기술통계 (Descriptives)	각 변수에 대한 기술통계량 (평균, 표준편차, 상관계수)	
준편상관 및 편상관계수 (Partial correlation)	다른 변수들의 통제 상태에서 계산된 상관계수	
공선성 진단 (Collinearity diagnostics)	공선성을 진단하는 통계량, 분산팽창요인(VIF) 공차한계, 고유근의 값, 상태지수, 분산비율 등을 출력	
회귀계수(Regression coefficients)에 대한 옵션 선택		
추정값 (Estimate)	추정된 회귀계수값, 회귀계수값을 추측(계산을 해서) 베타계수, 회귀계수의 검정, t통계량과 유의 확률	
신뢰구간 (Confidence Intervals)	추정된 회귀계수에 대한 95% 신뢰구간	
공분산행렬 (Covariance matrix)	추정된 회귀계수에 대한 분산-공분산 행렬과 상관계수행렬	
잔차(Residuals)에 대한 옵션 선택		
Durbin-Watson	자기상관이 존재하는지를 검정하는 통계량	
케이스별 진단	밖으로 나타나는 이상 값	이상점을 지정하기 위한 표준편차의 배수를 입력하면, 절댓값이 입력한 값과 표준편차의 곱셈 연산값을 초과하는 케이스에 대해 예측값과 잔차를 표시
	전체 케이스	모든 케이스에 대해 예측값과 잔차를 표시

04 단순회귀분석 - 도표(Plots) 대화상자

도표(Plots)대화 상자는 독립변수와 종속변수, 잔차에 대한 산점도에 대한 옵션을 선택할 수 있다.

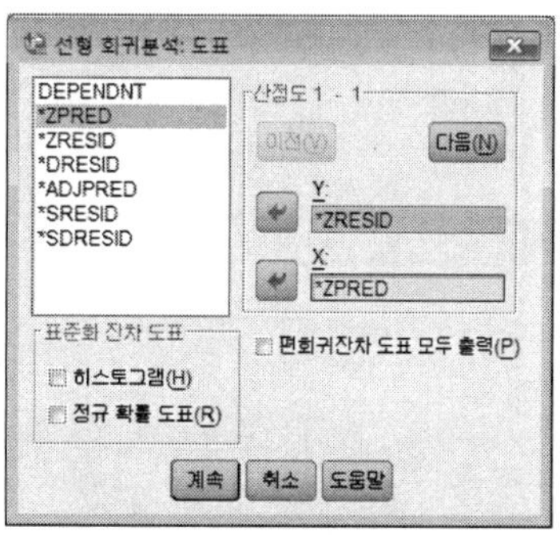

도표(Plots) 대화상자 항목 설명

항목	설명
DEPENDNT	종속변수
*ZPRED	표준화된 $\hat{y_i}$,표준화된 예측값
*ZRESID	표준화된 잔차
*DRESID	삭제잔차$y_i - \widehat{y_{(i)}}$, $\widehat{y_{(i)}}$는 I번째 케이스를 제외하고 추정한 값
*ADJPRED	수정한 $\hat{y_i}$
*SRESID	스튜던트화된 잔차(잔차/잔차의 표준오차)
*SDRESID	스튜던트화된 삭제잔차
Y	Y축 변수
X	X축 변수
표준화잔차도표: 표준화 잔차를 도식화	
히스토그램	히스토그램
정규확률도표	정규확률도표(P-P도표)
편회귀도표를 모두 출력	모든 독립변수에 대해 종속변수와의 편회귀도표를 그림

05 저장(Save) 대화상자

저장(Save) 대화상자에서 예측치 및 잔차 등을 새로운 변수로 저장하는 옵션을 선택할 수 있다.

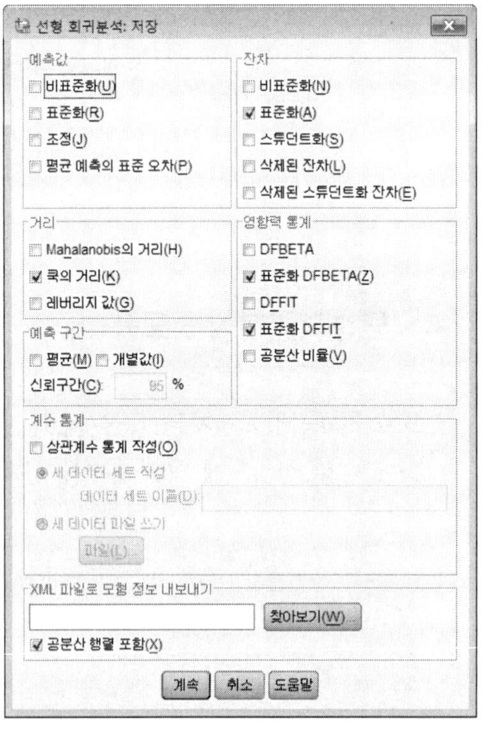

항목	설명
예측값영역 (Predicted Values)	추정된 모형에 의한 종속변수의 예측값 중에서 하나 이상을 선택 가능.
표준화하지 않음 (Unstandardized)	$\hat{y_i}$
표준화(Standardized)	표준화된 $\hat{y_i}$
수정된(Adjusted)	수정된 $\hat{y_i}$
평균예측 표준오차 (S.E. of mean Prediction)	$\hat{y_i}$의 표준오차
거리(Distance)	이상점(극단값)을 찾아내는 거리
Mahalanobis의 거리	독립변수의 한 케이스 값이 모든 케이스 평균과 얼마나 다른지에 대한 측도 값이 크면 하나 이상의 독립변수에서 극단값을 가지는 케이스
Cook 의 거리	특정 케이스를 제외하고 회귀분석한 후 잔차가 얼마나 바뀌는가에 대한 측도 값이 크면 그 케이스를 제외할 경우 회귀계수가 많이 바뀌는 것을 나타냄
레버리지 값 (Leverage values)	회귀모형의 적합에 미치는 한 케이스의 영향력. 레버리지 값은 0 – 영향을미치지않음부터 (n–1)/n까지의 값을 가진다.
예측구간 (Prediction Intercals)	통계량에 대한 예측구간
평균(Mean)	평균 예측값
개별(Individual)	관측오차를 고려한 개별 예측값
신뢰구간 (Confidence Intervals)	예측구간을 계산할 대 사용하는 신뢰수준 값을 입력
잔차(Residuals)	잔차에 대한 통계량
표준화하지 않음(Unstandardized)	잔차 $e_i = y_i - \hat{y_i}$
표준화(Standardized)	표준화된 잔차 $e_i / \sqrt{MSE}$
스튜던트화(Studentized)	스튜던트화된 잔차 e_i / e_i 의 표준오차
삭제된 잔차(Deleted)	$y_i - \hat{y_i}$, $\widehat{y_{(i)}}$ = i 번재케이스를 제외한 추정값
삭제된 스튜던트화 잔차 (Studentized deleted)	스튜던트화된 삭제된 잔차
영향력 통계량 (Influence statistics)	케이스의 영향력에 대한 통계량 옵션
DFBETA	특정한 테이스가 제외될 대 발생하는 베타계수의 변화량
표준화 DFBETA	표준화된 DFBETA
DFFIT	특정한 케이스가 제외될 대 발생하는 예측값의 변화량
표준화 DFFIT	표준화된 DFFIT
공분산 비율	특정한 케이스가 제외될 때 공분산 행려로가 제외되지 않을 때의 공분산 행렬의 비
계수통계량	지정한 파일에 회귀계수를 저장
XML 파일에 모형정보 내보내기	지정한 파일에 모형정보를 내보냄

06 옵션 대화상자

옵션(Options)대화상자에서, 검정의 임계값을 바꾸거나 상수항을 포함, 결측값의 처리 등을 선택하고자 할 때 옵션메뉴를 이용한다.

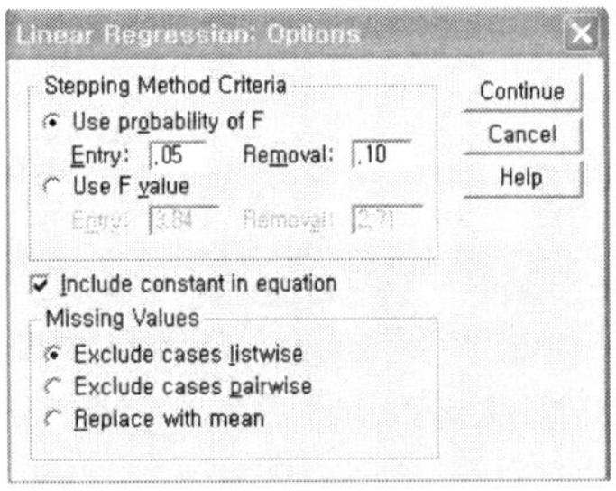

▲ 옵션(Options) 대화상자

옵션(Options) 대화상자 항목 설명

항목	설명
선택기준	F통계량에 대한 선택값
F-확률 사용	변수 진입에 대한 유의수준과 변수제거에 대한 유의수준을 입력. 진입 0.05, 제거는 0.10
F-값 사용	변수 진입에 대한 F-값과 변수제거에 대한 F-값을 입력 기본 설정은 진입 3.84, 제거는 2.71
방정식에 상수항 포함 (Include constant in equation)	회귀모형에 사수항을 포함 제거 시 체크하지 않음
결측값(Missing values)	결측값 처리 옵션
목록별 결측값 제외	모형에 고려되는 모든 변수에 대해 결측값이 없는 케이스만을 가지고 분석
대응별 결측값 제외	상관계수와 같은 특정 통계량을 구할 때 고려되는 두 개의 변수에 결측치가 없는 케이스는 모두 분석에 포함
평균으로 바꾸기	결측값을 변수 평균값으로 대체해서 분석에 포함

제 3 절 SPSS프로그램 연습과제

회귀식을 추정하시오.

입사점수는 인사고과점수에 정(+)의 영향을 미친다.'라는 가설을 검정하시오.
simpleLineardata.sav 파일의 데이터 구성, 케이스는 104개이다.

변수설명		변수명	척도
인사고과점수	종속변수(dependent)	q1	척도
입사점수	독립변수(independent)	–q2,	척도

프로그램 설정 풀이

SPSS 실행	분석(Analyze) → 회귀분석(Regression) → 선형(Linear)
선형회귀분석 대화상자	독립변수에 q2 종속변수에 q1
변수의 선택방법	입력(enter)을 선택한다.
통계량 대화상자	추정값(Esstimates)와 모델적합(model fit)를 선택한다. Durbin–Watson을 선택한다.
옵션 대화상자	F확률사용(use probability of F)를 선택하고 진입(entry)에 0.5를 제거(Removal)에 0.1을 입력한다. 방정식에 상수항 포함(include constant in equation)와 목록별 결측값 제외(Exclude cases listwise)를 선택한다.
저장대화상자에서	잔차영역에서 [표준화]를 선택 거리영역에서 [쿡의거리]를 선택

결과해석

모형 요약[b]

모형	R	R 제곱	수정된 R 제곱	추정값의 표준오차	Durbin–Watson
1	.209a	.044	.034	1.46732	1.756

a. 예측값 : (상수), independent
b. 종속변수 : dependent

자기상관의 확인을 위해, 회귀모형에 대한 잔차항들의 독립성 여부를 판단하기 위해 더빈-왓슨통계량을 분석한 결과는 더빈-왓슨통계치가 1.756로 기준값 2에 가까운 값이 나와 잔차항들 간의 독립성이 유지되고 있는 것으로 나다났다. 따라서 회귀분서을 하기에 적합한 데이터이다.
R제곱은 0.044로 독립변수가 종속변수를 설명하는 정도가 상당히 약하다.

따라서 독립변수(q2)가 종속변수(q1)에 대해 정(+)의 방향으로 유의적인 것으로 나타났다. 그러므로 독립변수(q2)는 종속변수(q1)에 정의 영향을 미친다는 연구 가설은 채택된다. 결정계수와 수정된 결정계수 값이 0.209와 0.044로 낮게 나타났다. 회귀식이 데이터를 적절하게 설명하고 있지 않다.

독립변수(q2)가 종속변수(q1)에 미치는 정도에 관한 연구가설을 검증하기 위해 단순회귀 분석을 실시하였다. <표>에서 보이는 것처럼 회귀모형은 통계적으로 유의한 것으로 나타났다(F = 4.685, P(유의확률)<유의수준0.05).

분산분석[b]

모형		제곱합	자유도	평균 제곱	F	유의확률
1	회귀 모형	10.087	1	10.087	4.685	.033a
	잔차	221.761	103	2.153		
	합계	231.848	104			

a. 예측값 : (상수), independent
b. 종속변수 : dependent

F=4.685, P = 0.033<0.05로 회귀모형은 통계적으로 유의한 것으로 나타났다.

계수와 관련된 표에는 종속변수를 위한 회귀계수의 추정치가 나타난다.
독립변수(q2)를 위한 회귀계수의 추정치가 0.143로 정(+)의 영향을 미친다는 것을 알 수 있다.
모수 추정치를 바탕으로 한 회귀 모형 추정식은 다음과 같다.
인사고과점수($\widehat{Y}$) =4.705+0.143*입사점수

q1인사고과점수종속변수($\widehat{Y}$) =4.705(상수)+0.143*독립변수(q2입사점수)

계수[a]

모형		비표준화 계수		표준화 계수	t	유의확률
		B	표준오차	베타		
1	(상수)	4.705	.143		32.856	.000
	independent	.311	.144	.209	2.164	.033

a. 종속변수 : dependent

- **이상치판단**

데이터보기 탭으로 가서변수로 저장된 통계량의 절대값이 표준화된 잔차>3인 경우, 표준화된 cook의 거리>1 경우는 이상치인 케이스로 확인한 결과 없는 것으로 나타났다.

- **R에서 실행하기**

```
> SL <- read.csv("simpleLineardata.csv",sep=",", stringsAsFactors=FALSE)

>SLLM <- lm(인사고과y~입사점수x, data=SL)
```

- **회귀식의 추정**

```
> summary(SLLM)
Call:
lm(formula = 인사고과y ~ 입사점수x, data = SL)
Residuals:
      Min          1Q       Median       3Q        Max
   -3.4871     -0.8578     -0.1993     1.2184     3.1681

Coefficients:
              Estimate Std.   Error     t value    Pr(>|t|)
 (Intercept)   4.7048        0.1432    32.856     < 2e-16
 입사점수x      0.3114        0.1439    2.164      0.0327

(Intercept)
입사점수x
--
Signif. cdoes:
0 '***' 0.001 '**' 0.01 '*' 0.05 '.' 0.1 ' ' 1

Residual standard error : 1.467 on 103 degrees of freedom
  (1 observation deleted due to missingness)
```

```
Multiple R-squared: 0.04351,	Adjusted R-squared: 0.03422
F-statistic: 4.685 on 1 and 103 DF, p=value: 0.03274
```

추정된 회귀식은 인사고가점수($\hat{Y}$) = 4.705+0.311 *입사점수

F = 4.685, P = 0.033 < 0.05로 회귀모형은 통계적으로 유의한 것으로 나타났다.

```
> anova(SLLM)
Analysis of Variance Table

Response: 인사고과y
            Df   Sum Sq   Mean Sq   F value    Pr(>F)
입사점수 x    1   10.087    10.087    4.6549   0.03274*
Residuals   103  221.761     2.153
---
Signif. codes: 0 '***' 0.001 '**' 0.01 '*' 0.05 '.' 0.1 ' ' 1
```

F = 4.685, P = 0.033 < 유의수준 0.05로 회귀모형은 통계적으로 유의한 것으로 나타났다.

제 4 절 단순회귀 이론과 프로그램 실행연습 과제

다음 자료에 대하여 아래문제를 해결하시오.

XYLOT.SAV

생산인력(y)	20	29	120	109	95	85	70	50	60	90
로트크기(x)	10	20	80	70	60	50	40	30	40	60

[문제 1] 직선에 관계가 있는지 그래프를 이용하여 확인하시오.

[문제 2] 회귀식을 추정하시오.
α, β의 최소제곱추정값을 수기로 계산하여 회귀식을 추정하시오.
spss를 사용해 회귀식을 추정하시오
위의 두 식을 비교하시오.

[문제 3] 이상값이 있는지 검토하시오.

[문제 4] R 프로그램으로 싱행하여 회귀식을 추정하시오.

01 도표 해석

그래프 → 레거시대화상자 → 산점도/점도표 → 단순산점도선택 → 정의버튼 클릭 → 단순산점도 대화상자 → y축 생산인력, X축 로트크기 → 결과 확인한다.
아래 <그림>에서 보듯이 직선에 관계가 있는지 그래프를 이용한 결과 그래프에서 선형성이 있는 것을 확인하였고. 이상값으로 보이는 데이터가 없다.

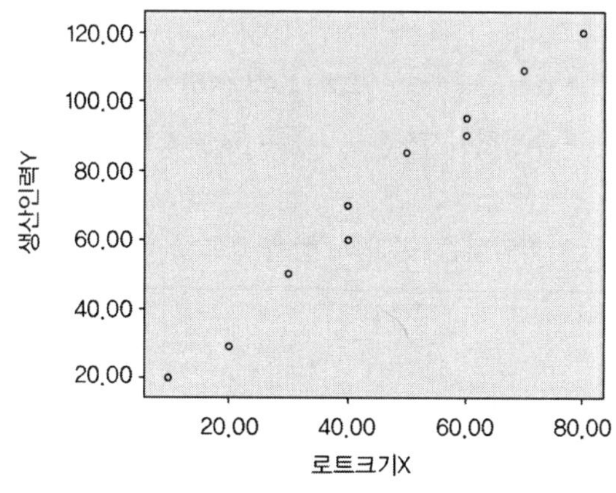

02 이론에 따른 계산 과정

프로그램의 결과값의 변화원인을 알기 위해서는 통계풀이과정을 알아야 한다.

크기순으로 데이터 정렬 후, x^2, y^2, xy값 계산

	x	y	x^2	y^2	xy
1	10	20	100	400	200
2	20	29	400	841	580
3	30	50	900	2,500	1,500
4	40	60	1,600	3,600	2,400
5	40	70	1,600	4,900	2,800
6	50	85	2,500	7,225	4,250
7	60	90	3,600	8,100	5,400
8	60	95	3,600	9,025	5,700
9	70	109	4,900	11,881	7,630
10	80	120	6,400	14,400	9,600
합	460	728	25,600	62,872	40,060

- $\bar{x} = \frac{\sum_{i=1}^{n} x_i}{n} = \frac{460}{10} = 46$

- $\bar{y} = \frac{\sum_{i=1}^{n} y_i}{\alpha} = \frac{728}{10} = 72.8$

- $\hat{\beta} = \frac{n(\sum_{i=1}^{n} x_i y_i) - (\sum_{i=1}^{n} x_i)(\sum_{i=1}^{n} y_i)}{n(\sum_{i=1}^{n} x_i^2) - (\sum_{i=1}^{n} x_i)^2} = \frac{10(40,060) - (460)(728)}{10(25,600) - (460)^2} = 1.48$

- $\hat{\alpha} = \bar{y} - \hat{\beta}\bar{x} = 72.8\text{-}(1.48)(46) = 4.72$
- 추정회귀직선은 $\hat{y} = \hat{\alpha} + \hat{\beta}x = 4.72+1.48x$

이회귀식은 잔차의 합을 0으로 하고,

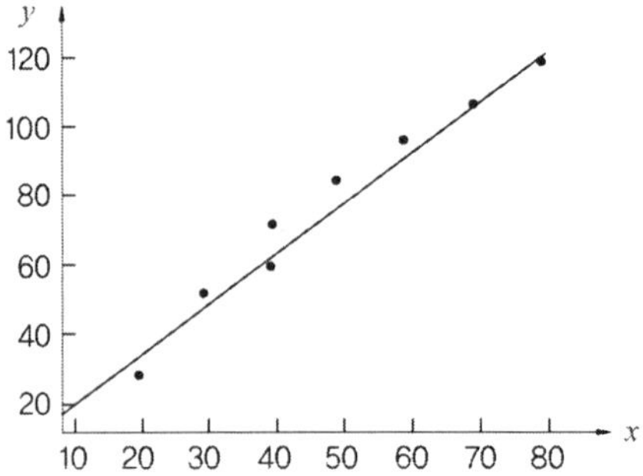

▲ 산점도와 추정회귀곡선

03 SPSS 프로그램 실행에 따른 풀이과정

분석 → 회귀분석 → 선형을 클릭실행한다. → 선도
종속변수란에 [생산인력], 독립변수란에 [로트크기]를 이동시킨다.

- 잔차를 변수로 저장해서 이상점을 판단하기위해
  [선형회귀분석 대화상자]의 저장 버튼을 클릭한다.
  → 잔차영역에서 [표준화]를 선택한다.
  영향력 통계량 영역에서 [표준화 DFBETA]와 [표준화DFFIT(T)]를 선택한다.
  → 거리영역에서 [쿡의 거리]를 선택한다. → 계속 버튼을 클릭한다.

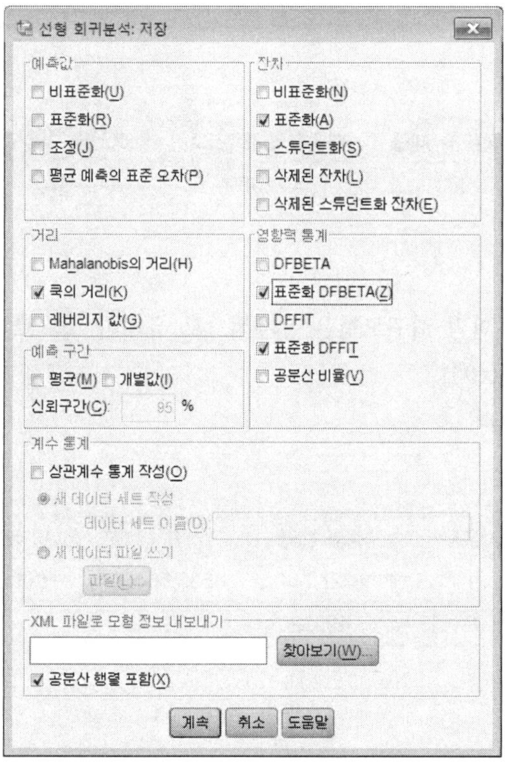

- 잔차의 등분산성 그래프를 보기위해
  [선형회귀분석 대화상자]의 도표버튼을 클릭한다.
  → Y에 표준화된 잔차인 [*ZRESID],x란에 표준화된 예측값인 [*ZPRED]를 선택한다.

- 자기상관을 확인하기 위해
  [선형회귀분석 대화상자]의 통계량 버튼을 클릭한다.
  → 잔차영역의 [Durbin-Watson]을 선택한다.

04 SPSS프로그램 결과의 해석

모형요약에서 DURBIN-WATSON을 보고 자기상관이 1에 가까우므로 자기상관이 존재한다.따라서 회귀분서을 하기에 적합하지 않은 데이터이다.
r제곱이 0.983이고 조정된 R제곱이 0.983으로 독립변수가 종속변수에 대해 약 98%의 설명력을 가지고 있다.

모형 요약[b]

모형	R	R 제곱	수정된 R 제곱	추정값의 표준오차	Durbin-Watson
1	.993a	.985	.983	4.26989	.870

a. 예측값 : (상수), 로트크기 X
b. 종속변수 : 생산인력 Y

선형회귀분석결과 <표>에서 보이는 것처럼 회귀모형은 통계적으로 유의한 것으로 나타났다(F = 4.685, P(유의확률)<유의수준0.05).
→ H1D 채택되서 기울기는 0이 아니다.

분산분석[b]

모형		제곱합	자유도	평균 제곱	F	유의확률
1	회귀 모형	9727.744	1	9727.744	533.554	.000a
	잔차	145.856	8	18.232		
	합계	9873.600	9			

a. 예측값 : (상수), 로트크기
b. 종속변수 : 생산인력

모형이 유의하다.
즉 독립변수 로트크기는 종속변수 생산인력에 유의한 영향을 주는 것으로 나타났다.

계수[a]

모형		비표준화 계수		표준화 계수	t	유의확률
		B	표준오차	베타		
1	(상수)	4.712	3.242		1.453	.184
	로트크기	1.480	.064	.993	23.099	.000

a. 종속변수 : 생산인력

추정된 회귀식은

$$\hat{y} = \hat{\alpha} + \hat{\beta}x = 4.72 + 1.48x$$

로트크기가 커질수록(B = 1.480) 생산인력은 높아지는 것으로 나타났다.

- 이상값

  이상값이 있는지 확인하기 위하여 [데이터보기]탭으로 간다.

  데이터보기 탭에 ZRE_1, COOK_1,SDF_1,SDB 로 시각하는 변수가 생성된 것을 확인할 수 있다.

  ZRE는 표준화된 잔차, COOK는 COOK'S의 거리, SDF는 표준화된 DFITS 이고, SDB는 표준화된 DFBETS이다.

  저장된 통계량의 절대값이 표준화된 잔차>3, 표준화된 COOK'S거리 > 1, 표준화된 DFITS > 2 인지 확인한다.

ZRE_7	COO_4	SDF_6
.11393	.00688	.10986
-1.24484	.34956	-.90862
-.73213	.23606	-.67929
.15824	.00485	.09229
.34602	.01178	.14486
1.47059	.13942	.59105
1.42418	.13783	.58051
.20677	.00475	.09146
-.91780	.05724	-.33702
-.82497	.06696	-.36072

05 R프로그램 실행 풀이과정

```
y<-c(20,29,120,109,95,85,70,50,60,90)
x<-c(10,20,80,70,60,50,40,30,40,60)

dfxy=data.frame(x,y)
lm(y~x,data=dfxy)

Call:
lm(formula = y ~ x, data = dfxy)

Coefficients:
(Intercept)            x
      4.712        1.480
```

추정된 회귀식은 $\hat{y} = \hat{\alpha} + \hat{\beta}x = 4.72 + 1.48x$ 으로 앞서 분석결과에서 도출한 것과 동일하다.

제 5 절 단순회귀분석 R실행 연습과제

```
> set.seed(2)
>x=runif(10,0,11)
>y=runif(10,11,20)
>dfrm=data.frame(x,y)
>dfrm
>sLm<-lm(y~x,data=dfrm)
>summary(sLm)

Call:
lm(formula = y ~ x, data = dfrm)

Residuals:
     Min        1Q    Median        3Q       Max
 -3.5672   -1.9257   -0.2518    2.0570    4.1008

Coefficients:
             Estimate Std. Error t value Pr(>|t|)
(Intercept)  15.82328    1.94450   8.137 3.86e-05 ***
x            -0.09608    0.28313  -0.339    0.743
---
Signif. codes:
0 '***' 0.001 '**' 0.01 '*' 0.05 '.' 0.1 ' ' 1

Residual standard error: 2.917 on 8 degrees of freedom
Multiple R-squared:  0.01419,	Adjusted R-squared:  -0.109
F-statistic: 0.1152 on 1 and 8 DF,  p-value: 0.7431
```

추정된 회귀식은 y=-0.09608x+15.82328

```
> plot(dfrm$x~dfrm$y)
abline(sLm, col = "red")
```

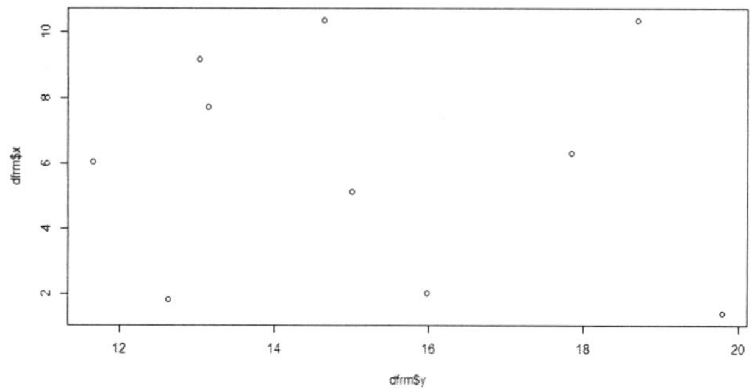

set.seed 함수는 난수를 생성할 때 같은 난수가 나오도록 고정한다.

CHAPTER 3

가변수(dummy variable)를 이용한 회귀분석

01 가변수 이론

- 독립변수의 척도가 명목척도 이거나 서열척도인 경우에는 각 변수의 영향을 나타낼 수 있는 더미변수로 변환후 사용한다.
- 한 변수에 대해 필요한 더미변수의 개수는 '변수의 수준수 - 1'이다.
- 관측대상이 해당하는 범주에 속하면 '1'로 표시 아닌 경우에는 '0'으로 표시한다.

02 더미변수(가변수, Dummy Variable)

명목척도로 측정한 변수를 회귀분석에 사용하고자 하는 경우 사용한다.

주거형태로 아파트, 단독세대, 다세대, 기타로 설문을 받은 후 회귀분석을 하고자 하는 경우 더미변수(가변수, Dummy Variable)의 설계

	더미변수1 아파트	더미변수2 단독	더비변수3 다세대
아파트	1	0	0
단독	0	1	0
다세대	0	0	1
기타	0	0	0

03 더미변수를 사용한 회귀분석 SPSS연습과제

더미변수를 이용한 회귀분석을 실행하기 위한 예로서, 데이터의 구조는 광고액, 근무년수, 문의전화 건수, 교육수준, 매출액변수가 있다.

여기서 교육수준은 더미변수로 변경해야만 회귀분석 설명이 가능하다. 고졸이면 더미변수 1은 0이고 더미변수 2는 0 , 대졸이면 더미변수 1은 1이고 더미변수 2는 0, 대학원졸이면 더미변수 1은 0이고 더미변수 2는 1로 변경해야만이 분석이 가능하다.

주어진자료는 교육수준변수를 고졸,대학졸, 대학원졸업의 범주로 작성된 자료이다. 이를 더미변수로 변환하여 고졸자의 매출액, 대졸자의 매출액, 대학원졸업자의 매출액회귀식을 구하시오.

교육수준 고졸 대학졸 대학원 졸업로 범주가 있을 때

	더미변수 1	더미변수 2
고졸이면	0	0
대졸이면	1	0
대학원 졸업이면	0	1

고졸은 더미변수 1과 2가 0이므로 사실상 더미변수의 수는 3개의 범주보다 하나 적어진 두 개이다.

dummy-regression.sav 파일을 열고, 변환(Transform)에서 변수계산(Compute)을 클릭한다. Target Variable에 더미변수의 이름을 입력하고, 조건(If)을 클릭한다. 조건 대화상자에서 교육수준(level)을 선택하고 교육수준변수가 값이 1이면이라는 식을 입력한다. 계속(Continue) 버튼을 클릭한다.

변수 dummy1은 If 조건(level=1)이면 값이 0으로 지정되게 설정되었다. [숫자표현식]란에 0을 입력한다.
위와 같은 방법으로 교육수준이 2의 값을 가지는 변수는 dummy1변수에 1값으로 나타나게 한다.
교육수준 3의 값을 가진 변수는 dummy1변수에 0값으로 나타나게 했다.

분석(Analyze)에서 → 회귀분석(Regression) → 선형(Linear)을 클릭한다. 모형 요약의 대화상자에서 종속변수에 매출액, 독립변수에 2개의 더미변수를 사용해서 회귀분석을 실행한다. 옵션들에 대한 설명은 단순회귀분석과 내용이 중복되므로 생략한다.

Model Summary

Model	R	R Square	Adjusted R Square	Std. Error of The Estimate
1	3769a	.592	.510	10.691

a. Predictors : (Constant). dummy2, dummy1

▲ 모형 요약

모형 요약에 보이는 바와 같이 설명력인 R제곱 값은 0.592로 59.2%의 설명력을 보이고 있다

ANOVA[b]

Model		Sum of Squares	df	Mean Square	F	sig.
1	Regression	1657.308	2	828.654	7.250	.011a
	Residual	1143.000	10	114.300		
	Total	2800.308	12			

a. Predictors : (constant). dummy2, dummy1
b. Dependent Variable : 매출액

▲ 분산분석

분산분석에서 보면, 유의 확률이 0.011로 유의수준 0.05에서 유의한 것으로 나타났다.

Coefficients[a]

Model		Unstandardized Coefficients		Standardized Coefficients	t	sig.
		B	Std. Error	Beta		
1	(Constant)	98.667	6.173		15.985	.000
	dummy1	3.833	8.165	.121	.469	.649
	dummy2	24.667	7.560	.838	3.263	.009

a. Dependent Variable : 매출액

▲ 계수

계수에서 보면, 회귀식은 매출액=98.667+3.833 dummy1+24.667 dummy2가 된다. 회귀계수의 유의성은 dymmy1 변수는 유의 확률 0.649로 유의하지 않으며, dummy2변수는 유의 확률 0.009로 유의하다.

두 변수가 모두 유의하다면 다음과 같은 예측계산이 가능하다.
고졸자의 매출액은=98.667+3.833(0)+24.667(0)=98억 원,
대졸자의 매출액은=98.667+3.833(1)+24.667(0)=100억 원,
대학원졸업자의 매출액은=98.667+3.833(0)+24.667(1)=120억 원이 된다.

CHAPTER 4

다중회귀분석 (Multiple Regression)

제 1 절 다중회귀분석 이론

$$Y = \beta_0 + \beta_1 X_1 + \beta_2 X_2 .. \beta_k X_k + \epsilon$$

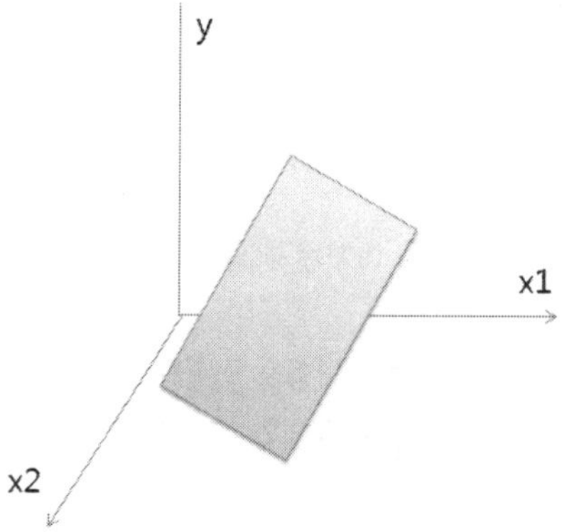

- 독립변수(인자)와 종속변수(특성값)이 도무 등간척도와 비율척도 이상으로 측정되었어야 한다.
- 변수가 명목척도나 서열척도이면 가변수(dummy variable)로 변환 후 분석한다.
- 가정

  data는 선형성, 정규성, 등분산성이 있다. 사실상 확인이 어렵다.

  잔차는 정규성 등분산성이 있다. 모형적합성으로 판별한다.
- 가설

  $H_0 : \beta_1 = \beta_2 = \cdots = \beta_k = 0$, 선형회귀모형이 존재하지 않는다.

  $H_1 : \beta_1, \beta_2, \cdots, \beta_k$ 중 적어도 하나의 회귀계수는 0이 아니다.

  선형회귀모형이 존재한다. 독립변수와 종속변수에는 직선관계가 있다.

• 단순회귀분석에서는 $Y=20x-5$이라면 다중회귀에서는 $Y=5x+7u-7$이 된다.
x의 계수가 다르게 나타는 이유는 x와 u사이의 관계가 단순회귀식에 내포되어 있기 때문이다.

• 단순회귀분석에서는 인자가 1개이었으나 다중회귀분석에서는 인자의 개수가 여러개 이므로 회귀계수가 인자의 개수만큼 β_1, β_2, …, β_k 로 나타난다.

• 필요한 개념 1
다중회귀분석에서는 다중공선성이라는 개념이 단순회귀분석에 비해 추가가된다. x의 계수가 다르게 나타나게 되는 이유는 x와 u는 서로 독립적이지 않다는 것을 나타낸다. 그러므로 여기서 다중공선성의 개념이 필요하게 된다.

• 필요한 개념 2
또한 여러 개의 독립변수 중에 어떤 독립변수를 선택해서 회귀모형을 결정할 것인가에 대한 문제가 발생한다. 이는 최적의 변수를 찾는 변수선택법에 대한 문제를 고려해야 한다.

"[하루학습시간]과 [하루수면시간]이 [학습 성적]에 어떤 영향을 미치는가"에 대한 분석을 하고자 할 때 [그림]과 같은 연구모형을 설정할 수 있다.
구체적으로 살펴보면 "하루학습시간이 많을수록 학습 성적에 정의 영향을 미친다. 하루 수면시간이 많을수록 학습 성적에 부(-)의 영향을 미친다."라고 가설을 설정할 수 있다.

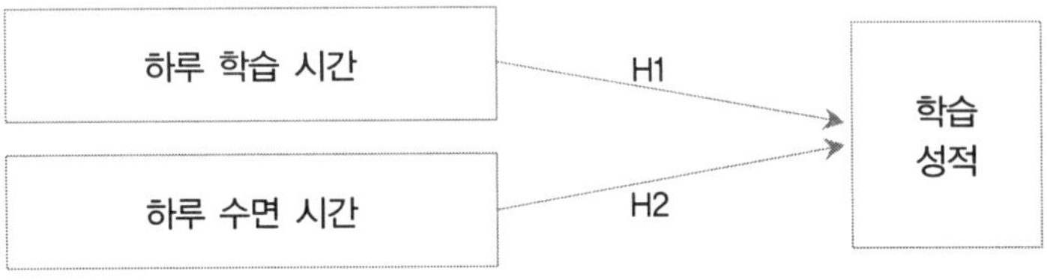

▲ 다중회귀분석 모형

제2절 다중공선성

① 독립변수들 사이에 선형관계가 있다는 것을 의미한다.

② 한 독립변수의 추정계수가 다른 독립변수의 추정계수에 의해 많은 영향을 받고 있는 것이다. 이러한 경우에는 다중공선성이 있는 변수를 제거해야만 한다.

③ 다중공선성은 존재여부보다는 어느 정도 존재하느냐가 중요하게 다루어진다.

(1) 다중공선성의 발생원인

- 잘못된 자료 수집과정
- 데이터의 수에 비해 과다한 독립변수의 사용

(2) 다중공선성이 의심되는 경우

독립변수들사이의 상관계수가 크게나타났다. 상관계수(r)의 절대값이 0.6 이상이면 다중공선성을 의심해 볼 수 있다.

- 한 독립변수를 회귀모형에 추가하거나 제거하는 과정에서 회귀계수의 크기나 부호가 크게 변화를 하였을 때
- 중용하다고 생각되는 독립변수에 대한 P값이 크게 나와 통계적 차이가 없다고 나타날 때
- 회귀계수의 부호가 과거의 경험 및 이론적인 측면에서 기대되는 부호와 정반대로 나타날 때

(3) 다중공선성으로 발생하는 문제점

- 분산이 커져서 회귀모형의 적합성이 떨어진다.
- 다른 중요한 독립변수가 모형에서 제거될 가능성이 높다.(가중치가 생기게 되므로)
- 결정계수의 값이 과대하게 나타날 수 있다.(가중치가 생기게 되므로)

(4) 다중 공선성 판단 지표

다중공선성을 분석하기 위해서는 분산확대지수(VIF, Variance Inflation Factors)와 행렬 X'X의 구조분석을 한다. 행렬 X'X의 고유치와 고유벡터를 분석함으로써 변수군의 관계를 파악할 수 있다.

- 다중공선성은 존재여부보다는 어느정도 존재하느냐가 중요하게 다루어진다.
- 다중공선성 판단 지표

① 분산팽창계수(VIF, variance inflation factor)

- 어떤 변수가 다중공선성이 있는지 파악하는 데 사용
- 모형에서 독립변수들에 대한 회귀계수가 최소제곱법에 의하여 잘 추정되었는지 정도 판단
- $VIF_i = \frac{1}{1-R_i^2}$

  R_i^2 : X_i 변수 이외의 독립변수로 하고 X_i 변수를 종속변수로 하는 회귀분석모형의 결정계수
- VIF >10 면 다중공선성이 존재한다고 판단하고, 모형에서 인자(변수)를 제거해야한다.
- VIF<10이어야 한다.

② 공차한계(Tolerence Limit)

- TOLi = 1 / VIFi
- 0.1이하이면 다중공선성이 있는 것으로 판단

③ Collin

- 다중공선성이 있다고 판단 : 고유치(eigenvale)가 0.1 이하이거나 조건지표(condition number)값이 100 이상인 경우
- 절편(intercept)이 없는 경우 COLLINOINT를 이용하여 분석

제 3 절 오차항독립성검정 - 더빈 - 왓슨

- 잔차 – 자동상관(autocorrelation), 자기상관(autoc orrelation)을 판단한다.
  ① 한 관측치로부터 계산된 잔차가 또 다른 관측치로부터 계산된 잔차에 영향을 미쳐서안되는 문제로 인해서 발생
  ② 잔차항들이 정의 방향이나 부의 방향으로 서로 상관되어 있는 현상(시계열자료에서 흔히 발생)
  ③ 더빈 - 왓슨(Durbin-Watson)계수로 판단,
  2에 가까우면 자기상관현상이 무시됨, 0에 가까우면 정의 상관관계, 4에 가까우면 부의 상관관계를 나타낸다. 0이나 4에 가까울수록 잔차들에 상관이 있음(모형이 부적합하다고 판단)

- 한 관측치로부터 계산된 잔차가 또 다른 관측치로부터 계산된 잔차에 영향을 미쳐서 안되는 문제로 인해서 발생
- 관측값이 자연발생순서에 의해 생성되는 경우, 오차항의 상관계수

따라서, 시계열자료에서 흔히 발생
- 잔차항들이 정의 방향이나 부의 방향으로 서로 상관되어 있는 현상

- 더빈-왓슨(Durbin-Watson)계수로 판단, 0~4까지의 범위를 가짐

0에 가까우면 양(+)의 상관관계가 존재	시계열 분석해야됨, 회귀분석 불가능
2에 가까우면 자기상관현상이 없는 것으로 판단	회귀분석 가능
4에 가까울수록 음의 자기상관이 존재하는 것으로 판단	시계열 분석해야 됨, 회귀분석 불가능

0값이나 4값에 가까울수록 잔차들에 상관이 있으므로, 모형이 부적합하다고 판단한다.
- 또한 중요한 독립변수가 빠졌있다는 의미로 해석이 된다.
- 따라서 독립변수를 추가하거나, 시계열분석을 실시한다.

제 4 절 다중회귀식의 추정

• 통계학의 이용 목적

– 예측오차의 제곱합(Σe^2)이 최소가 되는 회귀상수와 회귀계수를 결정하기 위해, Σe^2를 a, b_1, b_2, ……b_k로 각각 편미분한 도함수를 0으로 하는 k+1개의 방정식을 풀어서 a와 b_1,……b_k를 얻을 수 있다.

– k+1개의 연립방정식을 행렬대수(matrix algebro)를 이용해 해를 구한다.

예측변수가 X_1, X_2 두 개인 예제

풀이

① $\hat{Y} = a + b_1X_1 + b_2X_2$

예측오차의 제곱합은,

② $\Sigma e^2 = \Sigma(Y - \hat{Y})^2 = \Sigma[Y - (a + b_1X_1 + b_2X_2)]^2$

$$= \Sigma[Y^2 - 2aY - 2b_1X_1Y - 2b_2X_2Y + a^2 + b_1^2X_1^2 + b_2^2X_2^2$$
$$+ 2ab_1X_1 + 2ab_2X_2 + 2b_1b_2X_1X_2]$$

Σe^2을 a, b_1, b_2로 각각 편미분한 도함수를 영으로 놓고 정리하면,

③ $\Sigma Y = Na + b_1\Sigma X_1 + b_2\Sigma X_2$

④ $\Sigma X_1Y = a\Sigma X_1 + b_1\Sigma X_1^2 + b_2\Sigma X_1X_2$

⑤ $\Sigma X_2Y = a\Sigma X_2 + b_1\Sigma X_2X_1 + b_2\Sigma X_2^2$

①식으로 부터

⑥ $a = \overline{Y} - b_1\overline{X}_1 - b_2\overline{X}_2$

④, ⑤에 ⑥을 대입

⑦ $SP_{YX_1} = b_1SS_{X_1} + b_2SP_{X_1X_2}$

⑧ $SP_{YX_2} = b_1SP_{X_1X_2} + b_2SS_{X_2}$

이 식에서

$$SP_{YX_1} = \Sigma X_1 Y_1 - \frac{\Sigma X_1 \Sigma Y}{N}$$

$$SS_{X_1} = \Sigma X_1^2 - \frac{(\Sigma X_1)^2}{N}$$

$$SP_{X_1X_2} = \Sigma X_1 X_2 - \frac{\Sigma X_1 \Sigma X_2}{N}$$

$$SP_{YX_2} = \Sigma X_2 Y - \frac{\Sigma X_2 \Sigma Y}{N}$$

$$SS_{X_2} = \Sigma X_2^2 - \frac{(\Sigma X_2)^2}{N}$$

⑦, ⑧으로부터

$$b_1 = \frac{SP_{YX_1}(SS_{X_2}) - SP_{YX_2}(SP_{X_1X_2})}{SS_{X_1}(SS_{X_2}) - SP^2_{X_1X_2}}$$

$$b_2 = \frac{SP_{YX_2}(SS_{X_1}) - SP_{YX_1}(SP_{X_1X_2})}{SS_{X_1}(SS_{X_2}) - SP^2_{X_1X_2}}$$

라디오광고와 인터넷광고의 효과를 알아보고자 한다. 시청자 10명을 선택해서 청취횟수와 인터넷광고 노출횟수를 기록하고, 광고내용의 기억 정도를 측정하였다. 라디오광고 청취횟수 X_1, 인터넷광고 노출횟수 X_2 광고내용의 기억정도 Y로 하는 회방정식을 구하시오.

	1	2	3	4	5	6	7	8	9	10
라디오광고 청취횟수	3	4	9	4	5	5	2	6	5	3
인터넷광고 노출횟수	1	3	4	1	4	1	4	2	4	2
기억정도	5	1	6	2	8	3	4	9	7	4

풀이

① $\Sigma Y = 49$, $\Sigma X_1 = 46$, $\Sigma X_2 = 26$, $\Sigma Y^2 = 301$, $\Sigma X_1^2 = 246$, $\Sigma X_2^2 = 84$,

$\Sigma X_2 Y = 245$, $\Sigma X_2 Y = 139$, $\Sigma X_1 Y_2 = 126$, $\overline{X}_1 = 4.6$, $\overline{X}_2 = 2.6$, $\overline{Y} = 4.9$,

$SS_Y = 60.9,\ SS_{X_1} = 34.4,\ SS_{X_2} = 16.4,\ SP_{X_1Y} = 19.6,\ SP_{X_2Y} = 11.6,$

$SP_{X_1X_2} = 6.4,\ s^2_Y = 6.77,\ s^2_{X_1} = 3.82,\ s^2_{X_2} = 1.82,\ r_{YX_1} = 0.43,\ r_{YX_2} = 0.37,$

$r_{X_1X_2} = 0.27,\ s_Y = 2.60,\ s_{X_1} = 1.95,\ s_{X_2} = 1.35$

② $b_1 = \dfrac{SP_{YX_1}(SS_{X_2}) - SP_{YX_2}(SP_{X_1X_2})}{SS_{X_1}(SSX_2) - SP^2_{X_1X_2}} = \dfrac{19.6(16.4) - 11.6(6.4)}{34.4(16.4) - 6.4^2} = 0.472$

$b_2 = \dfrac{SP_{YX_2}(SS_{X_1}) - SP_{YX_1}(SP_{X_1X_2})}{SS_{X_1}(SSX_2) - SP^2_{X_1X_2}} = \dfrac{11.6(34.4) - 19.6(6.4)}{34.4(16.4) - 6.4^2} = 0.523$

$a = \overline{Y} - b_1\overline{X}_1 - b_2\overline{X}_2 = 4.9 - 0.472(4.6) - 0.523(2.6) = 1.37$

회귀방정식은,

$\hat{Y} = 1.37 + 0.427X_1 + 0.523X_2$

제 5 절 중회귀식

(1) 적합도(goodness fo fit)에 대한 전체적 검정

① $H_0 : p^2_{Y\cdot1,2,3,\cdots k} = 0$

표본중회귀식 $\hat{Y} = a + b_1X_1 + b_2X_2 + \cdots + b_kX_k$에 대응하는 모중회귀식 $E(Y) = \alpha + \beta_1X_1 + \beta_2X_2 + \cdots + \beta_kX_k$의 회귀계수 $\beta_1,\ \beta_2,\ \cdots,\ \beta_k$가 모두 '0'이라는 의미이다.

② 이는 $H_0 : \beta_1 = \beta_2 = \cdots = \beta_k = 0$이라는 가설과 같은 의미로, $E(Y) = \alpha + \beta_1X_1 + \beta_2X_2 + \cdots + \beta_kX_k$는 모집단위의 $X_1 \sim X_k$와 Y의 관계를 나타내기에 적합하지 않다는 뜻

③ 검정통계량 $F = \dfrac{MS_{reg}}{MS_{res}} = \dfrac{SS_{reg}/K}{SS_{res}/(N-K-1)} = \dfrac{R^2/K}{(1-R^2)/(N-K-1)} \sim F(K, N-K-1)$

④ F검정절차의 분산분석표

SV	*df*	*SS*	*MS*	*F*
reg *res*	K $N-K-1$	$R^2(SS_Y)$ $(1-R^2)(SS_Y)$	$R^2(SS_Y)/K$ $(1-R^2)(SS_Y)/(N-K-1)$	$\frac{R^2/K}{(1-R^2)/(N-K-1)}$
Total	$N-1$	SS_Y		

[적합도 검정]

$H_o : p_{Y\cdot 1,2^2} = 0$ 검정하시오.

$SS_Y = 60.9,\ R^2 = 0.2544,\ H = 100,\ k = 2,\ \alpha = 0.05,\ F_{0.05}(2,\ 7) = 4.74$

SV	*df*	*SS*	*MS*	*F*
reg *res*(잔차)	2 7	( ) ( )	( ) ( )	( )

풀이

SV	*df*	*SS*	*MS*	*F*
reg *res*	2 7	15.49 45.41	7.75 6.49	1.194

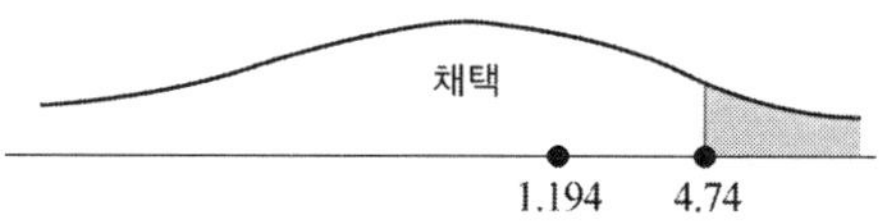

H_o는 기각되지 않는다.

예측변수($X_1,\ X_2$)와 준거변수(Y) 사이의 관계는 $E(Y) = \alpha + \beta_1 X_1 + \beta_2 X_2$로 나타내기에 적합하다는 결론은 보류해야 된다.

제 6 절 계수의 검정

① $H_0 : \beta_k = 0$에 대한 검정

k개의 회귀계수 중에서 어느 회귀계수가 유의한가를 알아본다.

② 회귀계수 b_k의 표준오차 추정

$$S_{b_k} = \sqrt{\frac{MS_{res}}{SS_K(1 - R^2_{K \cdot 12 \cdots K-1})}}$$

SS_K : 예측변수 X_k의 제곱합

$R^2_{K \cdot 1,2,\cdots K-1}$: 예측변수 X_k와 나머지(k-1)개의 예측변수 사이의 중다상관계수

$1 - R^2_{K \cdot 1,2,\cdots K-1}$: 공차(중다공선허용차, tolerance)

③ 검정통계량

- 자유도 $N-K-1$인 t검정통계량
- $t = \dfrac{b_k}{S_{b_k}} \sim t(N-K-1)$

$N-K-1$: t분포의 자유도

N : 사례수

K : 예측변수의 개수

④ B_k의 신뢰구간

$$b_k - t_{1-\frac{\alpha}{2}}(N-K-1)_{S_{b_k}} \le \beta_k \le b_k + t_{1-\frac{\alpha}{2}}(N-K-1)_{S_{b_k}}$$

⑤ 표준회귀계수 b_k^*의 표준오차 추정식

$$S^*_{b_k} = \sqrt{\frac{1 - R^2_{Y \cdot 12 \cdots K}}{(1 - R^2_{k \cdot 12 \cdots K})(N-K-1)}}$$

⑥ 표준회귀계수 b_k^*에 대응하는 모표준회귀계수(β_k^*)의 추리가 가능

(b_k^*의 표준오차를 추정할 수 있으므로 가능)

$H_0 : \beta_k^* = 0$에 대한 검정통계량은,

$$t = \frac{b_k^*}{S_{b_k^*}} \sim t(N-K-1)$$

β_k^*의 100(1-α)% 신뢰구간은

$$b_k^* - t_{1-\frac{\alpha}{2}}(N-K-1)_{S_{b_k^*}} \le \beta_k \le b_k^* + t_{1-\frac{\alpha}{2}}(N-K-1)_{S_{b_k^*}}$$

SV	df	SS	MS	F
reg	2	15.49	7.75	1.194
res	7	45.41	6.49	

$SS_{X_1}=34.4$, $SS_{X_2}=16.4$, $\le P_{X_1Y}=19.6$, $r_{X_1X_2}=0.27$, $b_1=0.472$

$H_o:\beta_1=0$의 검정통계량 값과 95% 신뢰구간 구하시오.

풀이

• b_1 의 표준오차 측정값

$$Sb_1=\sqrt{\frac{MS_{res}}{SS_1(1-r^2_{X_1X_2})}}=\sqrt{\frac{6.49}{34.4(1-0.27^2)}}=\sqrt{\frac{6.49}{31.89}}=0.4511$$

• t 검정통계량

$$t=\frac{b_1}{Sb_1}=\frac{0.472}{0.4511}=1.046$$

$$b_1-t_{1-\frac{\alpha}{2}}(N-K-1)\cdot S_{b_1}\le\beta_1\le b_1+t_{1-\frac{\alpha}{2}}(N-K-1)\cdot S_{b_1}$$

$$0.472-2.635(0.4511)\le\beta_1\le 0.472+2.365(0.4511)$$

$$-0.5949\le\beta_1\le 1.5389$$

제 7 절 변수의 선택방법(Method)

(1) 최적 변수의 선택 목적

• 종속변수에 대하여 영향력이 큰 독립변수를 찾기 위해
• 가능한 최소한의 변수개수로 최대의 효과를 찾기 위해

(2) 변수의 선택기준

수정된 결정계수, Mallows Cp,Akaike의 정보통계량(AIC), Schwarz의 베이즈 정보기준(BIC)를 사용한다.

(3) 변수선 택방법

- 입력(Enter)
  블록 내의 모든 변수가 모형 내에 포함되는 것으로 모든 변수를 포함해서 분석을 한다.
- 전진(Foward)선택
  중요하다고 생각되는 설명변수부터 차례로 모형에 추가
- 후진(Backward)제거
  후진제거법으로 블록 내의 변수 중에서 중요하지 않은 변수부터 하나씩 제거한다.
  가장 영향을 적게주는 변수부터 하나씩 제거후 다시 제거된 변수가 입력되지 않는다.
- 단계선택(Stepwise)
  전진선택법으로 변수를 선택하되 각 단계별로 중요하지 않은 변수를 제거한다. 즉 설명력(예측력)이 높은 변수 순으로 투입되는 것이다.
  전진선택법에 의해 하나씩 변수를 추가하면서 중요도가 약화되면 제거한다.

종속변수에 기여도가 가장 높은 변수를 선택 → 나머지 변수 중에서 새로이 회귀모형에 추가될 때 기여도가 가장 높은 X2변수선택 → X2의 P값이 기준 알파값보다 작으면 회귀모형에 추가 → 나머지 변수 중에서 새로이 회귀모형에 추가될 때 기여도가 가장 높은 변수선택 → X3의 P값이 기준 알파값보다 작으면 회귀모형에 추가 → 새롭게 추가되거나 삭제되는 변수가 없을 때까지 반복한다.

- 제거(Remove)
  블록 내의 모든 변수가 모형에서 제외된다.

(4) 순차적 변수제거

- 가능한 모든 회귀방정식을 고려하여 절차를 개선한 방법
- 예측변수가 X_1, X_2, X_3인 회귀방정식

① $\hat{Y} = a + b_1X_1 + b_2X_2 + b_3X_3$을 분석한다.

SV	*df*	*SS*	*MS*	*F*	sig
$reg(X_1X_2X_3)$	3	R^2/SS_Y	$R^2SS_Y/3$	$\frac{R^2/3}{(1-R^2)N-3-1}$	?
residual(res)	N–3–1	$(1-R^2)SS_Y$	$\frac{(1-R^2)SS_Y}{N-3-1}$		

② 표준회귀방법에 따라 b_1, b_2, b_3을 검정한다.

SV	*df*	*SS*	*MS*	*F*	sig
$X_1 \cdot X_2X_3$	1	$r^2_{Y(1\cdot 23)}SS_Y$	$r^2_{Y(1\cdot 23)}SS_Y$	$r^2_{Y(1\cdot 23)}/\frac{(1-R^2)}{N-3-1}$	?
$X_2 \cdot X_1X_3$	1	$r^2_{Y(2\cdot 13)}SS_Y$	$r^2_{Y(2\cdot 13)}SS_Y$	$r^2_{Y(2\cdot 13)}/\frac{(1-R^2)}{N-3-1}$	?
$X_3 \cdot X_1X_2$	1	$r^2_{Y(3\cdot 12)}SS_Y$	$r^2_{Y(3\cdot 12)}SS_Y$	$r^2_{Y(3\cdot 12)}/\frac{(1-R^2)}{N-3-1}$	?
res	N–3–1	$(1-R^2)SS_Y$	$\frac{(1-R^2)SS_Y}{N-3-1}$		

$R^2 = R^2_{Y\cdot 123}$

③ 유의수준 미달 변수 X_1제거 후 회귀방정식 다시 구성

SV	*df*	*SS*	*MS*	*F*	sig
$reg(X_2X_3)$	2	R^2/SS_Y	$R^2SS_Y/2$	$\frac{R^2/2}{(1-R^2)N-2-1}$	?
res	N–21	$(1-R^2)SS_Y$	$\frac{(1-R^2)SS_Y}{N-2-1}$		

$R^2 = R^2_{Y\cdot 123}$

④ b_2와 b_3에 대해 단계 ㉡ 반복

SV	*df*	*SS*	*MS*	*F*	sig
$X_2 \cdot X_3$	1	$r^2_{Y(2\cdot 3)}SS_Y$	$r^2_{Y(2\cdot 3)}SS_Y$	$r^2_{Y(2\cdot 3)}/\frac{(1-R^2)}{N-2-1}$	?
$X_3 \cdot X_2$	1	$r^2_{Y(3\cdot 2)}SS_Y$	$r^2_{Y(3\cdot 2)}SS_Y$	$r^2_{Y(3\cdot 2)}/\frac{(1-R^2)}{N-2-1}$	
res	N–21	$(-R^2)SS_Y$	$\frac{(1-R^2)SS_Y}{N-2-1}$		

$\beta_2 = 0$과 $\beta_3 = 0$이 모두 유의하였다면 최종 변수로 선택된다.

제 8 절 다중회귀분석 SPSS연습과제(다중공선성이 있는 예제)

reg-vif.sav 데이터파일을 사용하시오.

	y	x1	x2	x3	x4
1	80	10	8	70	25
2	70	1	17	52	29
3	104	13	9	20	56
4	88	14	10	47	31
5	96	7	7	33	52
6	109	11	11	22	55
7	103	3	18	6	71
8	73	1	24	44	31
9	93	2	19	22	54
10	116	21	5	26	47
11	84	1	23	34	40
12	113	11	9	12	66
13	109	10	8	12	68

[문제 1] 선형의 관계가 있는지 그래프로 살펴본다.

[문제 2] 회귀분석을 실행하여, 회귀모형을 추정하시오.

문제 1 | 풀이

그래프 → 레거시 대화상자 → 산점도/점도표 → 행렬산점도 → 정의버튼클릭 → 행렬변수란으로 [y,x1,x2,x3,x4]이동 → 확인버튼클릭 실행결과 확인
아래결과 [그림]에서 [x1]과 [x2]사이에 상관관계가 많이 있지는 않지만 변수들 중에서 다중공선성이 의심되는 변수이다. [y]와 x1,x2,x3 사이에 나타난 그래프에서 선형관계가 있다.

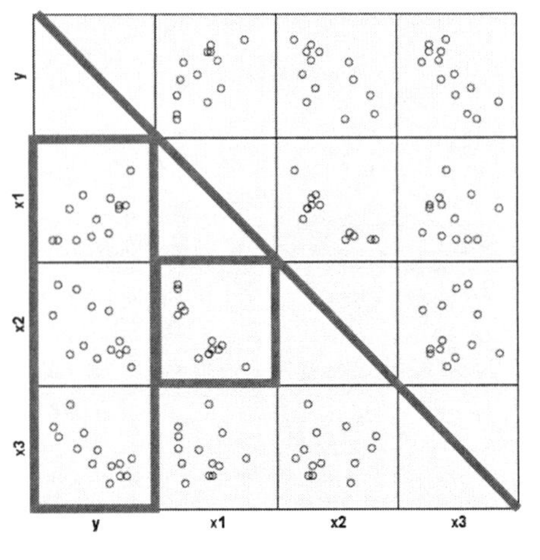

문제 2 | 풀이

• 공선성을 진단하기위해

분석 → 회귀분석 → 선형 → 선형대화상자에서 종속변수란에 [y], 독립변수란에 [x1, x2, x3, x4]를 위치시킨다. → 통계량 버튼을 클릭하여 [회귀계수]영역에서 [추정값]선택, [모형적합, 공선성 진단]을 선택한다. → 변수선택방법에 [입력]을 선택 → 확인버튼을 클릭한다.

결과 <표>에서 x1, x2, x3, x4가 모두 VIF의 기준치인 10을 넘었다. 가장 높게 나타난 X4를 제거하여 회귀분석을 다시 실행하여야 한다.

계수[a]

모형		비표준 계수		표준 계수	t	유의수준	공선성 통계	
		B	표준오차	베타			허용 오차	VIF
1	(상수)	50.059	39.661		1.262	.242		
	x1	1.597	.506	.650	3.157	.013	.089	11.188
	x2	.250	.567	.105	.441	.671	.067	14.880
	x3	-.073	.335	-.087	-.217	.834	.023	42.771
	x4	.651	.402	.667	1.618	.144	.022	44.825

a. 종속변수 : y

• 공선성이 있는 변수를 제외하고 공선성이 나타나는지 분석하기 위해

분석 → 회귀분석 → 선형 → 선형대화상자에서 종속변수란에 [y], 독립변수란에 [x1, x2, x3]를 위치시킨다. → 통계량 버튼을 클릭하여 [회귀계수]영역에서 [추정값]선택, [모형적합, 공선성 진단]을 선택한다. → 변수선택방법에 [입력]을 선택 → 확인버튼을 클릭한다.

결과 <표>에서 x1, x2, x3가 모두 VIF의 기준치인 10 이하로 나타났다.

변수의 유의성을 살표보기위해 <표>에서 [X1]은 유의수준이 0.017로 알파 0.05보다 작아 유의하고,[X2]는 0.0113으로 알파 0.05보다 크고 유의하지 않다.

[X3]은 0.000으로 알파 0.05보다 작고 유의하게 나타났다. 유의하지 않게 나타난 변수가 있으므로 [변수선택]방법을 [단계적]을 선택하여 실행한다.

계수[a]

모형		비표준 계수		표준 계수	t	유의수준	공선성 통계	
		B	표준오차	베타			허용 오차	VIF
1	(상수)	113.449	6.770		16.757	.000		
	x1	.931	.320	.379	2.913	.017	.264	3.786
	x2	-.543	.309	-.227	-1.756	.113	.266	3.758
	x3	-.608	.056	-.731	-10.856	.000	.986	1.015

a. 종속변수 : y

• 유의하지 않게 나타난 변수가 있으므로 [변수선택]방법을 [단계적]을 선택하여 실행하기 위하여

분석 → 회귀분석 → 선형 → 선형대화상자에서 종속변수란에 [y], 독립변수란에 [x1, x2, x3]를 위치시킨다. → 통계량 버튼을 클릭하여 [회귀계수]영역에서 [추정값]선택, [모형적합, 공선성 진단],[Durbin-Watson]을 선택한다. → 변수선택방법에 [단계적]을 선택 → 확인버튼을 클릭한다.

분석결과 <표 1, 표 2, 표 3>에서

[모형1]은 변수[x3]만 선택됐고, <분산분석>표에서 [유의수준]이 0.001로 나타나 알파값 0.05보다 작으므로 선형회귀모형이 존재한다. 추정된 회귀식은 y = 115.405 - 0.656x3이고, 설명력을 나타내는 R제곱이 0.620으로, [x3]이 [y]를 설명할 수 있는 정도는 62%이다.

[모형2]는 변수[x3,x1]이 선택됐고, <분산분석>표에서 [유의수준]이 0.000로 나타나 알파값 0.05보다 작으므로 선형회귀모형이 존재한다. 추정된 회귀식은 y = 102.398 - 0.604x3 +1.412x1이고, 설명력을 나타내는 R제곱이 0.973으로, [x3,x1]이 [y]를 설명할 수 있는 정도는 97.3%이다.

모형 요약[b]

모형	R	R 제곱	조정된 R 제곱	표준 추정값 오류	Durbin-Watson
1	.788a	.620	.586	9.850	
2	.973b	.946	.935	3.894	1.582

a. 예측변수 : (상수), x3
b. 예측변수 : (상수), x3, x1
c. 종속 변수 : y

분산분석[b]

모형		제곱합	df	평균 제곱	F	유의수준
1	회귀분석	1742.986	1	1742.986	17.964	.001b
	잔차	1067.322	11	97.029		
	총계	2810.308	12			
2	회귀분석	2658.638	2	1329.319	87.646	.000c
	잔차	151.669	10	15.167		
	총계	2810.308	12			

a. 종속 변수 : y
b. 예측변수 : (상수), x3
c. 예측변수 : (상수), x3, x1

계수[a]

모형		비표준 계수		표준 계수	t	유의수준	공선성 통계	
		B	표준오차	베타			허용 오차	VIF
1	(상수)	115.405	5.488		21.027	.000		
	x3	-.656	.155	-.788	-4.238	.001	1.000	1.000
2	(상수)	102.398	2.741		37.363	.000		
	x3	-.604	.062	-.725	-9.809	.000	.988	1.012
	x1	1.412	.182	.574	7.770	.000	.988	1.012

a. 종속변수 : y

다음 자료는 어느 회사에서 입사하는 직원의 졸업전공자료이다. 1학과와 2학과, 3학과 별로 입사시에 성적자료이다.

변수이름	성별	학과	졸업평점	국어	교양	시사	스포츠	면접	종합
설명	1 : 남 2 : 여	1학과 2학과 3학과	5점 만점	5점 만점	5점 만점	5점 만점	5점 만점	5점 만점	

[문제 1]
학과1은가중치를 각각 3, 3, 3, 2, 1
학과2와 학과3은 3, 3, 3, 1, 2로 가중치를 부여하여 '입사성적'을 만드시오.

[문제 2]
계산된 '입사성적'을 X1, '종합'을 X2, 대학의 졸업평점을 Y라 할 때, X1, X2와 Y가 어떤 관계가 있는지를 조사하고자 한다.
절편이 있는 회귀모형을 쓰고, 오차항에 대한 가정을 기술하시오.

[문제 3]
회귀모형을 추정하여 얻어진 회귀직선 $\widehat{Y}$를 나타내시오

풀이

〈가정 기술〉 '입사성적'을 X1, '종합'을 X2, 대학의 졸업평점을 Y라 할 때

$Y = \beta_0 + \beta_1 X_1 + \beta_2 X_2 + \epsilon$

1. 오차항은 평균 0이고 분산이 σ^2인 정규분포를 따른다.
2. 오차항은 등분산을 갖는다.
3. 오차항은 서로 독립이다.

문제 1 텍스트데이터읽기

1. 파일메뉴에서 텍스트데이터읽기를 클릭한다.
2. grade.txt 파일을 선택한다.
3. 텍스트 가져오기 마법사 2단계에서 고정 너비로 배열 선택한다. 탭이나 콤마로 구분된 경우에는 '구분자에 의한 배열'을 선택한다.
4. 한 줄이 한 케이스인 경우 '데이터의 첫 번째 케이스가 몇 번째 줄에서 시작합니까?'에 1을 입력한다.
5. 숫자 사이에 마우스로 클릭하면 세로선이 나타나면서 변수의 구분 기준이 된다.
6. 변수가 모두 9개 나타났다. txt 파일의 개수와 일치하는지 확인한다.
7. 데이터 보기 창으로 데이터가 불러왔다. 변수(열)의 개수가 9개, 케이스(행)의 개수가 150개로 모두 불러왔는지 확인한다.
8. 변수의 이름을 입력한다.
9. 변수값 열에서 마우스로 '……'을 클릭하여 변수값을 입력한다.

문제 2 가중치 부여

학과1 가중치를 각각 3, 3, 3, 2, 1
학과2와 3인 경우는 3, 3, 3, 1, 2로 하여 변수를 만들기

1. 가중치를 부여하기 위해 변환에서 변수계산을 클릭한다.
2. 학과 1(문과)인 경우 가중치 부여는 가중치를 각각 3, 3, 3, 2, 1이다.
3. 학과가 1인 경우에 한해서 내신이라는 변수에 값이 입력되었다.
4. 학과 2인 경우에 3, 3, 3, 1, 2의 가중치가 부여된다.
5. 기존의 변수값에는 학과가 1인 경우에만 값이 입력되어 있다. 따라서 기존 변수를 바꾸기 위해 '예' 하면 학과가 2인 케이스들의 '입사성적'값이 입력된다.
6. 학과 3인 경우 가중치 부여고등학교 국어, 영어, 수학, 사회, 과학점수에 가중치를 3, 3, 3, 1, 2(학과3(이과)인 경우)

문제 3 회귀분석

1. 분석 → 회귀분석 → 선형을 클릭한다.
   종속변수에 졸업평점을, 독립변수에 '입사점수'과 '종합'을 이동시킨다.
2. 통계량 버튼을 클릭하면 통계량 대화상자가 나타난다. 문제에서 분석하라고 제시한 기술통계량값이 없으므로 추정값과 모형적합을 체크하고 계속버튼을 클릭한다. 그 후 선형회귀분석 대화상자에서 확인을 클릭한다.

분석결과 및 해석

계수[a]

모형		비표준화 계수		표준화 계수	t	유의확률
		B	표준오차	베타		
1	(상수)	.875	.517	.363	1.694	.092
	내신	3.326E-02	.007	.060	4.699	.000
	수능	1.042E-03	.001		.778	.438

[a]. 종속변수 : 졸업평점

▲ 결과

3.326E-02는 3.326의 소수자리 수를 앞으로 2자리 이동시킨 값이다.
회귀직선 $\hat{Y}$는 다음과 같다. $\hat{Y}=0.875+0.033X_1+0.001X_2$이다.

제 9 절 다중회귀분석(다중공선성이 없는 문제, 그러나 변수가 유의하지 않은 경우)

그래프 → 레거시 대화상자 → 산점도/점도표 → 행렬산점도 → 정의버튼클릭 → 행렬변수란으로 [교육년수, 학습시간, 점수]이동 → 확인버튼클릭 실행결과 확인
아래결과 <그림>에서 변수들 중에서 다중공선성이 의심되는 변수가 없다.

	id	학습시간	점수	교육년수
1	1	1.0	73	14
2	2	4.0	66	16
3	3	3.0	65	15
4	4	.8	65	16
5	5	3.0	68	9
6	6	.9	69	10
7	7	1.1	82	12
8	8	1.6	83	12
9	9	1.6	81	12
10	10	2.0	72	10
11	11	2.5	69	8
12	12	2.8	71	16
13	13	2.8	71	12
14	14	3.0	80	9
15	15	3.0	73	6
16	16	3.0	75	6
17	17	3.2	76	10
18	18	3.2	78	6
19	19	3.3	79	6
20	20	3.3	79	4
21	21	3.4	78	6
22	22	3.5	76	9
23	23	3.6	65	12
24	24	3.7	72	12
25	25	3.7	80	6

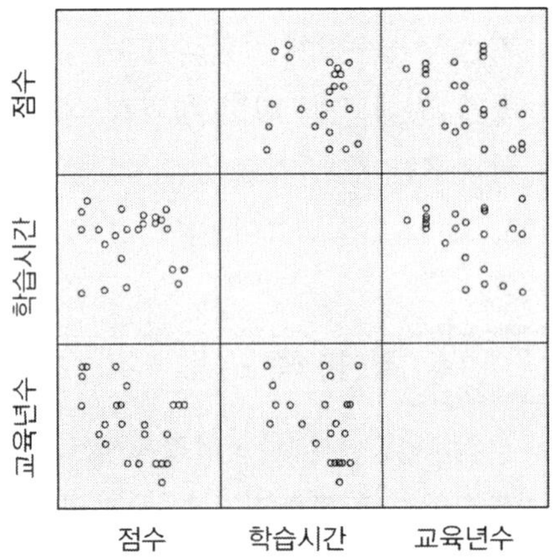

▲ 다중회귀-inde2depe1.sav 데이터

• 공선성을 진단하기 위해
분석 → 회귀분석 → 선형 → 선형대화상자에서 종속변수란에 [점수], 독립변수란에 [학습시간, 교육년수]를 위치시킨다. → 통계량 버튼을 클릭하여 [회귀계수]영역에서 [추정값]선택, [모형적합, 공선성 진단]을 선택한다. → 변수선택방법에 [입력]을 선택 → 확인버튼을 클릭한다.
<분석 결과표>에서 VIF가 10보다 작어 공선성이 없게 나타났다. 그러나 [학습시간]변수의 유의수준이 0.210으로 알파값 0.05보다 높게나와 유의하지 않게 나타났으므로, 변수 선택방법을 [단계]로 하여 재분석한다.

계수[a]

모형		비표준 계수		표준 계수	t	유의수준	공선성 통계	
		B	표준오차	베타			허용 오차	VIF
1	(상수)	87.170	5.089		17.129	.000		
	교육년수	-.931	.301	-.589	-3.091	.005	.872	1.147
	학습시간	-1.446	1.119	-.246	-1.293	.210	.872	1.147

a. 점수

분석 → 회귀분석 → 선형 → 선형대화상자에서 종속변수란에 [점수], 독립변수란에 [학습시간, 교육년수]를 위치시킨다. → 통계량 버튼을 클릭하여 [회귀계수]영역에서 [추정값]선택, [모형적합, 공선성 진단]을 선택한다. → 변수선택방법에 [단계]을 선택 → 확인버튼을 클릭한다.

- 분석결과 〈표 1, 표 2, 표 3, 표 4〉에서

  [모형1]은 변수[교육년수]만 선택됐고, <분산분석>표에서 [유의수준]이 0.011로 나타나 알파값 0.05보다 작으므로 선형회귀모형이 존재한다. 추정된 회귀식은 [점수= 81.879 -0.791 교육년수] 이고, 설명력을 나타내는 R제곱이 0.251으로, [교육년수]이 [점수]를 설명할 수 있는 정도는 25.1%이다.

  변수[학습시간]은 유의수준이 0.210으로 알파 0.05에서 유의하지 않아 제외되었다.

모형 요약[b]

모형	R	R 제곱	조정된 R 제곱	표준 추정값 오류
1	.501a	.251	.218	5.032

a. 예측값 : (상수), 교육년수
b. 종속변수 : 점수

분산분석[b]

모형		제곱합	df	평균 제곱	F	유의수준
1	회귀 모형	194.930	1	194.930	7.698	.011b
	잔차	582.430	23	25.323		
	합계	777.360	24			

a. 종속 변수 : 점수
b. 예측변수 : (상수), 교육년수

계수[a]

모형		비표준 계수		표준 계수	t	유의수준	공선성 통계	
		B	표준오차	베타			허용 오차	VIF
1	(상수)	81.879	3.067		26.694	.000		
	교육년수	-.791	.285	-.501	-2.774	.011	1.000	1.000

a. 종속변수 : 점수

제외된 변수[a]

모형		베타 IN	t	유의수준	편상관	공선성 통계		
						허용 오차	VIF	최소 허용 오차
1	(상수)	-.246b	-1.293	.210	-.266	.872	1.147	.872

a. 종속변수 : 점수
b. 모형의 예측변수 : (상수), 교육년수

제 10 절 다중선형회귀분석 R프로그램 실행과제

```
set.seed(2)
y=runif(10,-10,20)
u=runif(10,0,11)
v=runif(10,11,20)
w=runif(10,1,30)
dfrm=data.frame(y,u,v,w)
dfrm
m<-lm(y~u+v+w,data=dfrm)
m
Call:
lm(formula = y ~ u + v + w, data = dfrm)

Coefficients:
(Intercept)          u          v          w
     3.8503    -0.2090     0.4120    -0.1609

summary(m)
Call:
lm(formula = y ~ u + v + w, data = dfrm)
```

Residuals:

Min	1Q	Median	3Q	Max
−13.8094	−7.4388	0.0337	6.1630	13.1604

Coefficients:

	Estimate Std.	Error	t value	Pr(>|t|)
(Intercept)	3.8503	22.5365	0.171	0.870
u	−0.2090	1.3237	−0.158	0.880
v	0.4120	1.4965	0.275	0.792
w	−0.1609	0.4639	−0.347	0.741

Residual standard error: 11.19 on 6 degrees of freedom
Multiple R−squared: 0.04894, Adjusted R−squared: −0.4266
F−statistic: 0.1029 on 3 and 6 DF, p−value: 0.9554
추정된 회귀식은 y=−0.2090u+0.1420v−0.1609w+3.8503

- 보이는 것처럼 F=0.1029, P=0.9554>유의수준 0.05로 회귀모형은 통계적으로 유의하지 않은 것으로 나타났다(P(유의확률)>유의수준 0.05 유의하지 않음).
- 결정계수와 수정된 결정계수 값이 0.048정도 나타나 추정된 회귀식은 데이터에 대해 4.8%의 설명력을 가지고 있다.
- 계수값들의 p값이 u는 0.880,v는 0.792, w는 0.741로 나타나 유의 수준 0.05보다 크므로 통계적으로 유의하지 않다.

제 11 절 다중회귀에서 더미변수를 사용한 연습 과제

주어진 자료는 어느 직장의 종업원 417명에 대한 자료로 다음과 같은 구조를 갖고 있다.

question1.txt

변수명	성	월급	근무개월	현재월급	교육년수
값	0=남자 1=여자	(원)	(월)	(월)	(년)
설명		현 직장에서 받는 첫 월급	현 직장에서 근무한 기간	현재 받고 있는 월급	종업원의 교육 받는 기간

첫월급	성	근무개월	현재월급	교육연수
840000	0	81	1768800	16
2400000	0	73	4554000	16
1020000	0	83	2415600	15
870000	0	93	2112000	16
1740000	0	83	3118500	19
1299600	0	80	2997500	18
690000	0	79	1768800	15
540000	0	67	1551000	15
504000	0	96	1366200	15
630000	0	77	1353000	12
630000	0	84	1729200	15
600000	0	88	976800	12
1050000	0	93	2420000	17

[문제 1]
[남자]와 [여자] 두 집단 사이에 [월급 상승] 비율에 차이가 있는지를 유의수준 1%에서 검증하시오. 단, 월급상승=(현재월급-첫 월급)/근무 개월

• 가설
  귀무가설: [남자]와 [여자] 두 집단 사이의 [월급상승] 비율에 차이가 없다.
  대립가설: [남자]와 [여자] 두 집단 사이의 [월급상승] 비율에 차이가 있다.

[문제 2]
[현재월급=a+b교 육년수+e] 회귀식을 추정하시오.
그 결과에서, 표준화된 잔차(standardized residual)를 이용하여 제일 큰 이상치(극단치, outlier)의 사례번호(casenumber)를 찾아낸 후, 이 이상치를 갖고 있는 사례를 자료에서 삭제하시오. 이후 문제의 분석은 모두 극단치를 제거한 자료를 사용하시오.

[문제 3]
[교육년수]가 [현재 월급]에 미치는 효과가 [남자]와 [여자] 집단에서 각기 다른지를 알아보려고 한다.

① 집단별로 회귀식을 구하는 방식으로 회귀식을 추정하시오.
   [남자]와 [여자] 집단에 대하여 각기 회귀식을 추정하시오
   교육을 1년 더 받으면 평균적으로 월급을 얼마나 더 받는지를 회귀식을 이용하여 해석하시오.
② 더미(Dummy)변수를 이용하여 하나의 회귀식을 추정하시오.
   남녀집단을 구분하지 말고, 성을 더미(Dummy)변수로 처리하여 [남자]의 [교육]이 [현재월급]에 미치는 효과와 [여자]의 [교육]이 [현재월급]에 미치는 효과(교육과 성의 상호작용효과)를 찾아내는 다중회귀식(multipleregressionequation)을 기재하시오.

[문제 4]
3-①과 3-② 방식 중 어느 방식이 통계적으로 적절한 방법인지를 근거를 대어 판단하시오.

문제 1 | 풀이

- 텍스트데이터를 불러오기 위해

  파일메뉴 → 텍스트데이터읽기 → [구분자에 의한 배열]선택 → [변수이름 처음에 있습니까]에 [예] → [데이터의 첫 번째 케이스가 몇 번째 행에서 시작합니까?]에 [2]입력 → 마침버튼 클릭

- [월급상승] 변수 만들기 위해,

  변환 → 변수계산 → 대상변수란에 [월급상승], 숫자표현식에 {현재 월급-첫 월급}/근무개월}을 입력한다. → 확인버튼 클릭 → 데이터보기탭에 [월급상승]변수가 생성된 것을 확인한다.

- 검정을 하기 위해

  분석메뉴 → 평균비교 → 독립표본 T검정을 실행한다. → 독립표본 T검정 대화상자에서 검정변수란에 [월급상승], 집단변수란에 [성]변수를 이동한다. → 집단정의에 [0,1]을 입력한다 → 확인 버튼클릭한다.

- 아래〈결과〉에서 등분산 검정에서

  Levene의 검정결과 F 값이 69.781이고 유의확률값이 0.000으로 유의수준 0.01보다 작기 때문에 두 집단의 모분산이 같다는 귀무가설을 기각한다. 따라서 두 집단의 모분산은 다르다고 할 수 있다.

- 아래〈결과〉에서 [등분산이 가정되지 않음]을 보면,

  t-검정의 결과, 검정통계량 T 값이 9.247이고 유의 확률 값이 0.000으로 유의수준 0.01보다 작기 때문에 귀무가설을 기각한다. 따라서, '[남자]와 [여자] 두 집단 사이의 [월급상승] 비율에 차이가 있다'라고 한 대립가설을 채택한다.

T – 검정

집단통계량

	성	N	평균	표준편차	평균의 표준오차
월급상승	남자	258	12647.8320	7629.8230	475.0120
	여자	216	7792.0708	3290.3248	223.8782

독립표본 검정

		Leven의 등분산 검정		평균의 동일성에 대한 t-검정						
		F	유의확률	t	자유도	유의확률 (양쪽)	평균차	차이의 표준오차	차이의 99% 하한	차이의 99% 상한
월급 상승	등분산이 가정됨	69.781	.000	8.700	472	.000	4855.7612	558.1649	3412.1875	
	등분산이 가정되지 않음			9.247	362.478	.000	4855.7612	525.1266	3495.9667	

▲ 독립표본 T검정결과

문제 2 | 풀이

분석메뉴 → 회귀분석 → 선형 → 선형회귀분석대화상자 → 종속변수란에 [현재급여], 독립변수란에 [교육년수]이동 → 통계버튼 [추정값, 모형적합, 케이스별진단]을 선택한다.

- 분석결과중 계수

  [현재월급=-859940.6+176617.099×교육년수]로 나타났다.

- 분석결과중 케이스별 진단

  표준화 잔차로부터 표준화 잔차가 제일 큰 극단치의 사례번호가 56번 케이스이므로 56번 케이스를 삭제한다.

계수[a]

모형		비표준화 계수 B	비표준화 계수 표준오차	표준화 계수 베타	t	유의확률
1	(상수)	-859940.6	135162.310		-6.362	.000
	교육년수	176617.099	9797.277	.639	18.027	.000

a. 종속변수 : 현재월급

케이스별 진단[a]

케이스 수	표준화 잔차	현재월급	예측값	잔차
2	4.210	4554000	1965933.0	2588057.0
56	8.857	7940000	2495784.3	5444215.7
132	3.858	4867500	2495784.3	2371715.7
149	4.228	4565000	1965933.0	2599067.0
176	5.673	5630000	2142550.1	3487449.9
415	3.960	4400000	1965933.0	2434067.0

a. 종속변수 : 현재월급

▲ 회귀분석 결과에서 추정된 회귀식

문제 3 | ① 풀이

선형회귀분석 → 종속변수란에 [현재급여], 독립변수란에 [교육년수], 선택변수란에 [성]을 이동한다. → 규칙버튼을 클릭, 남자 집단에 대한 회귀식을 구하기 위하여 0을 입력한다.

- 분석결과

  남자 집단은 현재월급=-802177.6+181605.498*교육년수 회귀식이 추정됐다.

계수

모형		비표준 계수		표준 계수	t	유의수준
		B	표준오차	베타		
1	상수	-802177.604	202254.411		-3.966	.000
	교육년수	181605.498	13745.337	.637	13.212	.000

선형회귀분석 → 종속변수란에 [현재급여], 독립변수란에 [교육년수],선택변수란에 [성]을 이동한다. → 규칙버튼을 클릭, 여자집단에 대한 회귀식을 추정하기 위해 선택변수의 규칙설정 대화상자에서 1로 값을 설정한다.

• 분석결과

여자 집단에 대한 회귀분석결과에서 여자집단은 [현재월급=195245.066+76809.299*교육년수] 회귀식을 얻을 수 있다.

그러므로 남자와 여자 집단에 대한 각각의 회귀식에서, 1년 더 교육을 받은 경우 평균적으로 남자는 181,605원 만큼 월급을 더 받고 여자는 76,809원 만큼 월급을 더 받게 된다. 남자 집단은 현재월급=-802177.6+181605.498*교육년수

분산분석[b, c]

모형		제곱합	자유도	평균 제곱	F	유의확률
1	선형회귀분석	6.822E+12	1	6.822E+12	86.108	.000[a]
	잔차	1.695E+13	214	7.923E+10		
	합계	2.378E+13	215			

a. 예측값 : (상수), 교육년수
b. 종속변수 : 현재월급
c. 성 = 여자에 대한 케이스만 선택

계수[a, b]

모형		비표준화 계수		표준화 계수	t	유의확률
		B	표준오차	베타		
1	(상수)	195245.066	104170.011		1.874	.062
	교육년수	76809.299	8277.383	.536	9.279	.000

a. 종속변수 : 현재월급
b. 성 = 여자에 대한 케이스만 선택

▲ 여자 집단에 대한 회귀분석결과

문제 3 | ② 풀이

• 더미변수를 만들기위하여

성	더미성
남	0
여	1

변수계산대화상자에서 → 대상변수란에 [더미성]입력, 숫자표현식란에 [0]을 입력, 하단의 조건버튼을 클릭해서 다음 조건을 만족하는 케이스 포함에서 '성=0'을 입력한다 → 확인버튼을 클릭한다. → 데이터보기탭에서 더미성이라는 변수가 생성된 것을 확인할 수 있다.

더미성 변수에 조건을 위와 다르게 숫자표현식에 [1], 조건에 [성=1]을 입력한다. 데이터 보기에서 [더미성] 변수가 변경된 것을 확인할 수 있다.

선형회귀분석 → 종속변수란에 [현재급여], 독립변수란에 [교육년수, 더미성]을 이동한다 → 확인버튼을 클릭한다.

• 분석결과

다중회귀식이 [현재월급=-290990.6-371374.5×더미성+146137.071×교육년수]로 추정된다.

분산분석[b]

모형		제곱합	자유도	평균 제곱	F	유의확률
1	선형회귀분석	1.256E+14	2	6.281E+13	219.886	.000[a]
	잔차	1.343E+14	470	2.856E+11		
	합계	2.599E+14	472			

[a]. 예측값 : (상수), 더미성, 교육년수

[b]. 종속변수 : 현재월급

계수[a]

모형		비표준화 계수		표준화 계수		
		B	표준오차	베타	t	유의확률
1	(상수)	-290990.6	135931.858		-2.141	.033
	교육년수	146137.071	9143.495	.567	15.983	.000
	더미성	-371374.5	52749.552	-.250	-7.040	.000

[a]. 종속변수 : 현재월급

▲ 회귀분석결과

문제 4 | 풀이

- 3–①의 결과회귀식
  [남자] 집단에 대한 회귀분석결과에서 남자 집단은
  {현재월급=-802177.6+181605.498×교육년수}회귀식을 얻을 수 있다.
  [여자] 집단에 대한 회귀분석결과에서 여자집단은
  {현재월급=195245.066+76809.299×교육년수}회귀식을 얻을 수 있다.

- 3–②의 더미성을 이용한 회귀분석 결과에서 추정된 회귀식
  현재월급=-290990.6-371×더미성+146×교육년수

- 3-② 방법이 [성]과 [교육연수]의 상호작용효과를 고려했기 때문에 총계적으로 더 적절한 방식입니다.

R과 SPSS버전22를 사용한 데이터분석 : regression analysis

CHAPTER 5

표준화한 회귀분석

종속변수에 영향을 미치는 독립변수들의 상대적 중요도는 표준화 계수값으로 설명한다. 계수값이 클수로 [평점y]에 대한 영향도가 더 큰 것이다.

표준화한 회귀분석은 아래 과제를 이용하여 설명하도록 하겠다.

[문제 1]
다음 자료는 어느 회사에서 직원들의 업무성적자료이다.

standard.txt 파일 구조

변수이름	성별	부서	전년도 평점Y	성과	근태점수	상사평가 점수	동료평가 점수	가산점	종합x2
설명	1 : 남 2 : 여	1. 마케팅 2. 총무 3. 전산실	5점 만점	5점 만점	5점 만점	5점 만점	5점 만점	5점 만점	500점 만점

부서 값이 =1은 가중치를 성과에 5, 근태에 4, 상사평가에 3, 동료평가에 2, 가산점에 1
부서 값이 =2은 가중치를 성과에 1, 근태에 2, 상사평가에 3, 동료평가에 4, 가산점에 5를
부서 값이 =3은 가중치를 성과에 1, 근태에 2, 상사평가에 3, 동료평가에 4, 가산점에 5를
'올해평점×1'이란 변수를 만드시오

[문제 2]
각각의 변수를 평균이 0이고, 표준편차가 1이 되도록 표준화하여 새로운 변수를 만드시오.
[올해평점x]을 표준화한 변수Z1,
[종합x2]의 표준화한 변수 Z2,
[평점Y]의 표준화한 변수 ZY를 만들고,
Z1, Z2를 독립변수로 하여 추정된 회귀직선 $\widehat{Z}_y$을 나타내시오.

[문제 3]
[평점y]을 설명하는데 어느 변수가 상대적으로 더 중요한지와 그 이유를 기재하시오.

[문제 4]
각 변수는 종속변수의 변동을 몇 % 정도 설명하는가를 보기 위한 통계량을 기재하고, 그 값은 얼마인지 지개하오.

01 표준화한 회귀분석 연습과제 풀이

풀이과정 1 ① 텍스트데이터읽기

파일메뉴에서 텍스트데이터읽기를 클릭한다. → standard.txt 파일을 선택한다. → 텍스트 가져오기 마법사 2단계에서 [고정 너비로 배열] 선택한다. 탭이나 콤마로 구분된 경우에는 '구분자에 의한 배열'을 선택한다. → 한 줄이 한 케이스인 경우 '데이터의 첫 번째 케이스가 몇 번째 줄에서 시작합니까?'에 1을 입력한다. → 숫자 사이에 마우스로 클릭하면 세로선이 나타나면서 변수의 구분 기준이 된다. → 변수가 모두 9개 나타났다. txt 파일의 개수와 일치하는지 확인한다. → [데이터 보기] 창으로 데이터가 불러와 졌다. 변수(열)의 개수가 9개, 케이스(행)의 개수가 모두 불러왔는지 확인한다.
변수의 이름을 입력한다. → 변수값 열에서 마우스로 '……'을 클릭하여 변수값을 입력한다.

풀이과정 1 ② 가중치 부여

부서 값이=1은 가중치를 성과에 5, 근태에 4, 상사평가에 3,동료평가에 2, 가산점에 1
부서 값이=2은 가중치를 성과에 1, 근태에 2, 상사평가에 3,동료평가에 4, 가산점에 5
부서 값이=3은 가중치를 성과에 1, 근태에 2, 상사평가에 3,동료평가에 4, 가산점에 5를 [올해평점x1]'이란 변수를 만드시오.

풀이과정 1

부서 값이 = 1은 가중치를 각각 성과에 5, 근태에 4, 상사평가에 3, 동료평가에 2, 가산점에 1하기 위하여, 가중치를 부여하기 위해 변환에서 변수계산을 클릭한다. → [변수계산 대화상자]에서 조건란에 "부서 = 1"로 입력하고, 수식란에 (성과*5)+(근태*4)+(상사평가*3)+(동료평가*2)+(가산점*1)를 입력한다. → 확인버튼을 클릭한다.

부서 값이 = 2는 성과에 1,근태에 2, 상사평가에 3, 동료평가에 4, 가산점에 5를 하기 위하여 변환에서 변수계산을 클릭한다. → 아래 <그림>과 같이 [변수계산 대화상자]에서 조건란에 "부서 = 2"로 입력하고, 수식란에 (성과*1)+(근태*2)+(상사평가*3)+(동료평가*4)+(가산점*5)를 입력한다. → 확인버튼을 클릭한다.

부서 값이 = 3은 성과에 1, 근태에 2 상사평가에 3, 동료평가에 4, 가산점에 5를 하기위하여, 변환에서 변수계산을 클릭한다. → [변수계산 대화상자]에서 조건란에 "부서 = 3"로 입력하고, 수식란에 (성과*1)+(근태*2)+(상사평가*3)+(동료평가*4)+(가산점*5)를 입력한다. → 확인버튼을 클릭한다.

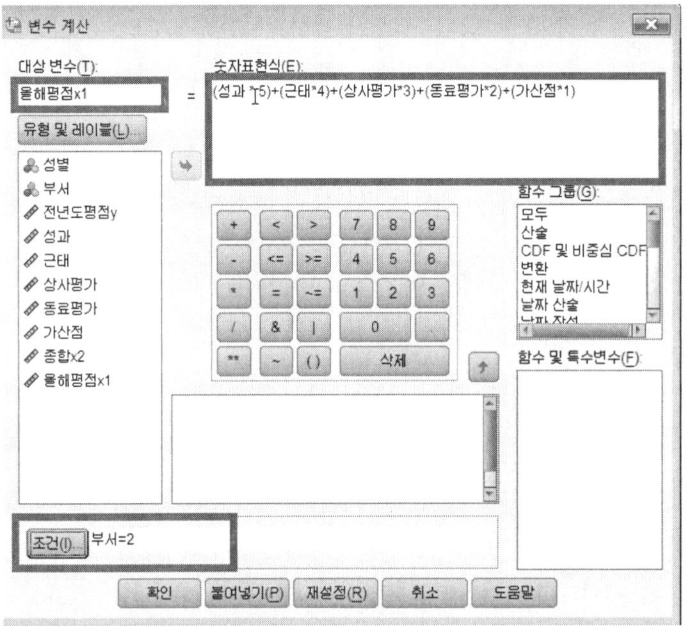

풀이과정 2

표준화 방법은 두가지가 있다.
방법1. 변환에 변수계산 메뉴에서 수식을 입력하는 방식
방법2. 분석메뉴의 기술통계의 기술통계메뉴를 선택해서[기술통계대호상자]에서 [표준화 값을 변수로 저장]을 사용해도 된다.

- [X1]의 표준화된 변수를 만들기 위하여
  분석 → 기술통계 → 기술통계대화상자 → 변수란으로 [올해평점]이동 → 옵션버튼 클릭 [평균, 표준편차]선택 → 확인버튼 클릭 → 결과표를 보고 평균과 표준편차확인 → 평균이 0이고 표준편차가 1이 되도록 표준화하기 위해, 변수메뉴에서 → 변수 계산을 클릭한다. 변수 계산 대화상자가 나타나면, 대상변수에 z1을 입력하고 '(올해평점-올해평점의 평균)/올해평점의 표준편차'를 입력한다. → 그 후 확인 버튼을 클릭하고, 데이터 보기 화면에서 z1변수를 확인한다.

- [X2]의 표준화된 변수를 만들기 위하여
  분석 → 기술통계 → 기술통계대화상자 → 변수란으로 [x2]이동 → [표준화값을 변수로 저장] 선택 → 데이터보기 탭에 표준화된 변수가 생성된 것을 확인한다.

- [y]의 표준화된 변수를 만들기 위하여
  분석 → 기술통계 → 기술통계대화상자 → 변수란으로 [전년도평점y]이동 → [표준화값을 변수로 저장] 선택- → 데이터보기 탭에 표준화된 변수가 생성된 것을 확인한다.

- 표준화된 변수로 회귀분석을 실행하기 위해
  분석메뉴에서 회귀분석→선형을 클릭한다. 선형 회귀분석 대화상자가 나타난다. 종속변수에 zy, 독립변수에 z1과 z2를 입력한다. 이제 확인 버튼을 클릭한다.

분석결과 및 해석

결과에서 계수에 대한 결과내용을 확인한다.
올해평점x을 표준화한 변수Z1의 계수값은 0.363이고,
종합x2의 표준화한 변수 Z2의 계수값은 0.0160이다.
따라서 추정식은 $\widehat{Z_y}=0.363Z_1+0.060Z_2$이 된다.

계수[a]

모형		비표준화 계수		표준화 계수	t	유의확률
		B	표준오차	베타		
1	(상수)	-7.1E-005	.076	.363	-.001	.999
	Z1	.363	.077	.060	4.699	.000
	Z2	6.016E-02	.077		.778	.438

a. 종속변수 : ZY

풀이과정 3

- [평점Y]을 설명하는 데 어느 변수가 상대적으로 더 중요한가와 그 이유를 설명하시오.

종속변수에 영향을 미치는 독립변수들의 상대적 중요도는 표준화 계수값으로 설명한다. 계수값이 클수로 [평점y]에 대한 영향도가 더 큰 것이다.

[올해평점x1]을 표준화한 변수Z1의 계수값은 0.363이고, 종합x2의 표준화한 변수 Z2의 계수값은 0.0160이다.

따라서 [올해평점x1]이 더 중 변수라고 할 수 있다.

풀이과정 4

- 각 변수는 종속변수의 변동을 몇 % 정도 설명하는가를 보기 위한 통계량을 기재하고, 그 값은 얼마인지 설명하시오.

선형 회귀분석에서 산출된 결과 중에 모형 요약의 내용을 살펴보자, R 제곱 값이 독립변수가 종속변수에 미치는 영향을 나타내는 통계량이다. R 제곱 값은 0.143이고 졸업평점(종속변수)의 변동을 내신과 수능점수(독립변수가) 0.143만큼 설명을 하고 있다.

모형 요약[b]

	R	R 제곱	수정된 R 제곱	추정값의 표준오차
1	.378a	.143	.131	.9323

a. 예측값 : (상수), Z2, Z1

CHAPTER 6

범주형 회귀분석

01 범주형 회귀분석

각 질문에 응답을 범주로 받은 경우이다. 예를 들자면, 아래와 같은 데이터를 변형없이 회귀분석이 가능할까?

오차항에 대한 가정이나 정규성 가정에 위배가 되어 적용하기가 어렵다.

범주형으로 관측된 경우에는 회귀모형을 구축하기 위해서는 각 질문의 범주를 수량화하고 수량화로부터 회귀식을 구해야한다 이것이 범주형 회귀분석이다.

범주형 회귀분석에서는 종속변수[질문5]와 독립변수[질문1~ 질문4]사이에 상관계수가 최대가 되도록 회귀계수를 구한다.

02 SPSS 프로그램

분석(Analyze) → 회귀분석(Regression) → 최적화척도법(Optimal Scalling) 사용

[질문 1] 가장 선호하는 디자인은 어느 것 입니까?
① A ② B ③ C

[질문 2] 가장 선호하는 브랜드는 무엇입니까?
① 번개 ② 미남 ③ 꽃보다 남자

• [척도정의] 대화상자

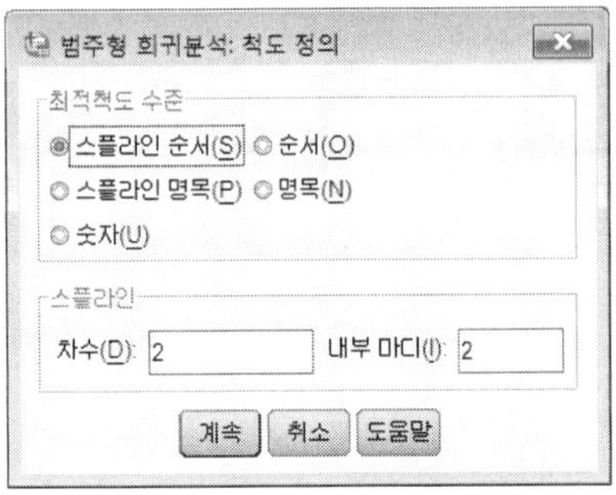

항목	설명
최적척도 수준(Optimal Scaling Level)	
스플라인 순서(Spline Ordinal)	해당 변수의 범주가 순서성을 지니며 변환된 범주 값들은 원점을 통과하는 직선에 위치한다.
스플라인명목(Spline Nominal)	해당변수의 범주들이 순서성은 지니지 않으며 단지 그룹만을 나타낸다. 변환된 범주 값은 원점을 통과하는 직선 위에 놓인다.
숫자(Numeric)	범주들은 등간격을 가지는 구간척도로 취급된다. 따라서 범주의 순서성이 보존되며 서로 다른 범주간의 차이값도 척도화된 변수에서 보존된다. 모든 변수들이 [수치형]으로 선언되면 [범주형 회귀]는 다중회귀와 유사해진다.
순서(Ordinal)	범주들을 순서화된 것으로 본다.. 관측된 변수의 순서성은 척도화된 변수에 대해서도 유지된다. [스플라인 순서형]보다는 변환결과가 더 잘 맞지만 [평활(smooth)]은 덜된다.
명목(Nominal)	범주값들이 순서가 없는 것으로 다룬다. 따라서 같은 범주에 있는 관측은 동일한 수량화 값으로 변환된다. 원점을 지나는 직선 위에 범주들이 놓이게 되며, [스플라인명목]보다 잘 적합되지만 [평활]이 덜 된다.
스플라인(Spline)	
차수(Degree)	
내부마디(Interior Knots)	

• 결과대화상자

항목	설명
테이블(Tables)	
다중R(Multiple R)	결정계수, 수정된 오딘 결정계수
상관계수(cofficients)	베타계수, 베타계수의 표준오차, t통계량값, 유의확률, 0차 상관계수, 편상관계수, 부분상관계수 출력
반복계산정보 (Iteration history)	알고리즘에 적용된 초기값과 반복과정에서 계산되는 중 상관 등 출력
원변수간의 상관관계 (correlations of original variables)	최적변환되기 전 변수들간의 상관계수 행렬
변환된 변수간의 상관관계 (Correlations of transformed variables)	변환된 변수들간의 상관계수 행렬
ANOVA	최적변환된 변수들의 회귀분석에 따른 분산분석표
Analysis	
범주수량화(Catefory Quantifications) 설정한 변수들에 대한 최적변환된 수량화값을 출력	
기술통계(Descriptive Statistics) 각 변수들의 빈도, 결측값, 최빈값 등을 출력	

• 이산화 대화상자

변수들의 코딩된 내용을 변경한다. 기본지정은 연속형 변수는 정규분포에 근사되도록 7개 범주로 나누어 코딩한다.

방법	
그룹	설정된 범주의 개수만큼 이산화
순위 (Ranking)	케이스의 순위에 의해 이산환
곱하기 (Multiplying)	변수의 현재값을 표준화시킨 후 0을 곱하고 반올림한 후 이산화시킨 값 중 최소값이 1이되도록 재조정
그룹	
범주의 수	해당변수의 값들이 정규분포나 균일분포에 근사되도록 범주개수를 설정하여 이산화시킴
동일구간	구간의 길이를 설정하면 그 길이만큼 동일하게 나누어 이산화시킴

• 결측대화상자

변수들 중 결측치가 있을 경우 어떻게 처리할 것인지를 결정

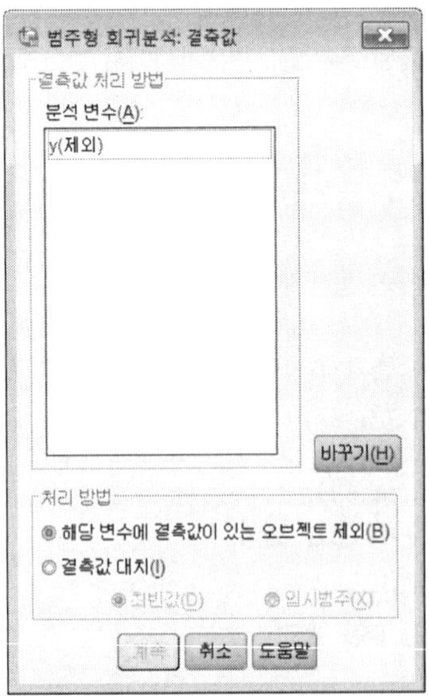

- 처리방법영역

  [해당 변수에 결측값이 있는 오브젝트 제외]

  결측값 대치

  최빈값, 임시범주

- 옵션 대화상자

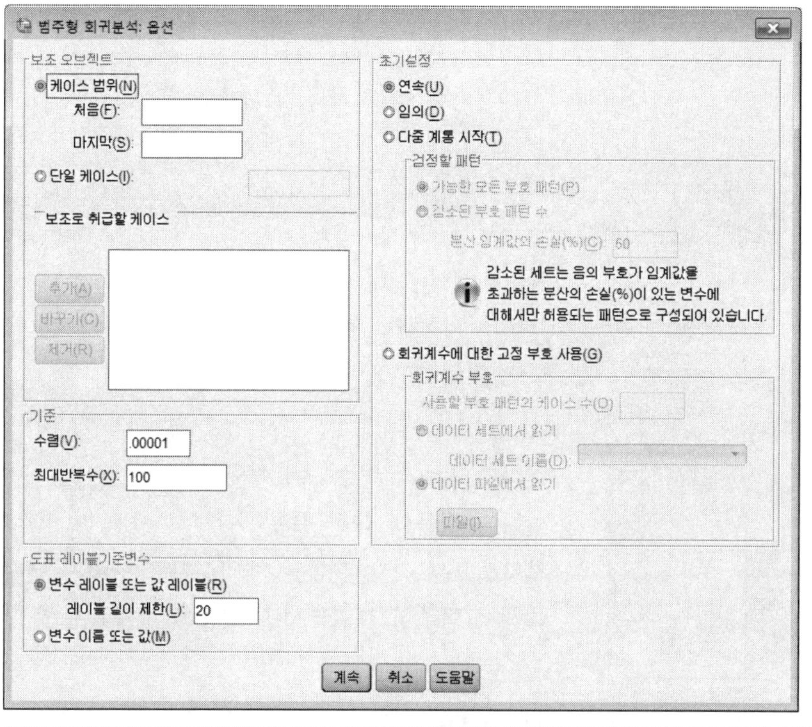

보조오브젝트 특정 개체를 추가개체로 취급하여 분석하고자하는 경우	
케이스범위	추가개체 케이스 범호 범위
단일케이스	추가개체 케이스 번호
초기설정	
연속	변수가 명목이 아닐 경우
임의(randos)	적어도 하나의 변수가 명목형으로 분석될 경우
기준	
수렴	수렴기준
최대반복회수	반복회수
도표 레이블기준변수 도표에 나타낼 변수라벨의 길이, 변수명 등을 지정	
변수레이블 또는 값 레이블	
변수 이름 또는 값	

(1) 저장(Save)

작업중인 파일에 변환된 변수, 예측값, 잔차 등을 저장하거나. 외부파일에 이산화된 데이터, 변환된 변수를 저장할 수 있다.

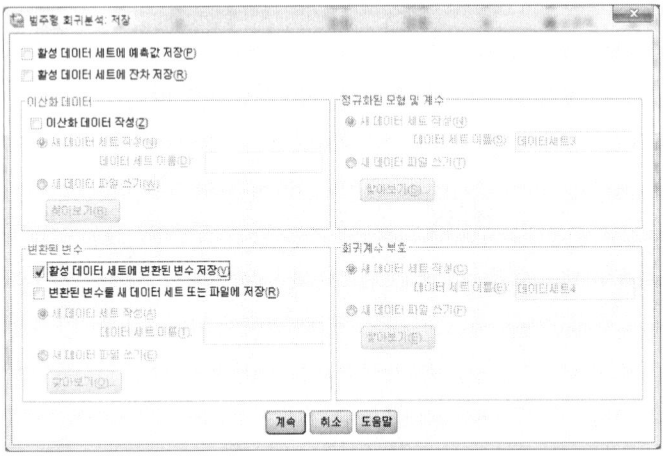

• 도표 대화상자

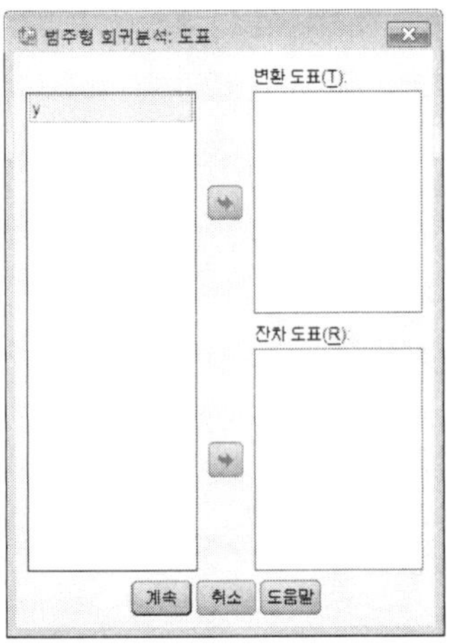

변환도표는 각 변수들에 대해서 원래 범주화 최적척도 변화된 값들에 대한 플롯
잔차도표는 각 변수들을 제외시키고 나머지 변수들에 대해서 범주형 회귀분석을 적용한 잔차플롯 출력한다.

03 과제

아래 <그림>에 대한 데이터 optimal.sav 대해 범주형 회귀분석을 실시해보자. 질문5[q5y]를 종속변수로 사용하시오.

[질문 1] 강의내용을 이해하기 쉬웠습니까?
① 전혀 이해 못했다. ② 별로 이해 못했다. ③ 조금 이해했다. ④ 잘 이해했다.

[질문 2] 강의 교재에 만족하셨습니까?
① 만족 못했다. ② 보통이다. ③ 만족했다.

[질문 3] 강의 시설이 어떻게 생각하십니까?
① 나쁘다. ② 보통이다. ③ 좋다.

[질문 4] 강사에 대해 어떻게 생각하십니까?
① 좋지 않았다. ② 보통이다. ③ 좋았다.

[질문 5] 강의에 대해 전반적으로 만족하십니까?
① 만족 못했다. ② 보통이다. ③ 만족했다.

optimal.sav 파일을 열고, 분석(Analyze) → 회귀분석(Regression) → 최적화척도법(Optimal Scalling)을 클릭한다 → 종속변수란에 [q5y]를 위치시키고, 독립변수란에 [q1,q2,q3,q4]를 이동시킨다.
척도정의(Define Scale)버튼을 클릭하고, 최적척도수준영역에서 [순서척도(ordinal)]를 선택한다. - → 도표(Transformation Plots)버튼을 클릭한다. 도표(Transformation Plots)에 q5를 입력한다.

출력(Output)버튼을 클릭한다. → 출력(Output) 대화상자에서, [q1, q2, q3, q4, q5]를 범주 수량화(Category Quantifications)란으로 위치시킨다.

저장(Save) 옵션대화상자에서 변환된 변수(Transformed variables)영역에서 [활성 데이터 세트에 변환된 변수 저장]를 선택한다.

• 결과

[그림]에서 중상관계수(다중상관계수 R)이 0.937로 1에 가까우므로 적합도가 좋다고 할 수 있다. R제곱(R square)가 0.877로 87.7%의 설명력을 가진다.

결정계수와 중상관계수 사이에는 $0.877 = 0.937^2$의 관계가 성립한다.

Model Summary

Multiple R	R Square	Adjusted R Square
.937	.877	.770

Dependent Variable : q5
Predictors : q1 q2 q3q4

<결과>에서 분산분석으로 가설을 검정해보면, 귀무가설은 구한 관계식은 예측에 도움이 되지 않는다.

F통계량은 8.179, 유의확률은 0.004로 유의수준 0.05에서 귀무가설은 기각된다. 따라서 관계식은 예측이 도움이 된다고 할 수 있다.

ANOVA

	Sum of Squares	df	Mean Square	F	sig.
Regression	14.038	7	2.005	8.179	.004
Residual	1.962	8	.245		
Tatal	16.000	15			

<결과>에서 베타는 표준화 계수를 나타낸다. 알파 5%에서 유의수준이 q1은 0.149, q2는 0.550, q3은 0.545, q4는 0.924로 나타나 통계적으로 모두 유의하지 않다. 회귀식이 q5 = 0.845q1+0.237q2+0.159q3-0.055q4이 되지만 유의하지 않다.

계수

	표준계수		df	F	유의수준
	베타	부트스트랩(1000) 표준오차추정값			
q1	.845	.541	2	2.436	.149
q2	.237	.272	3	.755	.550
q3	.159	.252	1	.399	.545
q4	−.055	.557	1	.010	.924

종속변수 : q5y

최적변환된 범주값들을 살펴보면, 질문5의 세범주(만족 못했다, 보통이다, 만족했다)를 수량화하면 '만족 못했다'는 -1.299, '보통이다'는 -0.503, '만족했다'는 1.236으로 수량화 된다.

q5[a]

Category	Frequency	Quantification
1	3	−1.229
2	7	−.503
3	6	−1.236

a. Optimal Scaling Level : Ordinal

이와 같은 값은 아래 <수식>과 같이 평균이 0으로 산출되게 하고
$3*(-1.314)+8*(-0.566)+7*1.210=0$

아래 <수식>과 같이 분산이 1로 되게 한다.

$$\frac{3*(-1.314-0)^2+8*(-0.566-0)^2+7*(1.210-0)^2}{18}=1$$

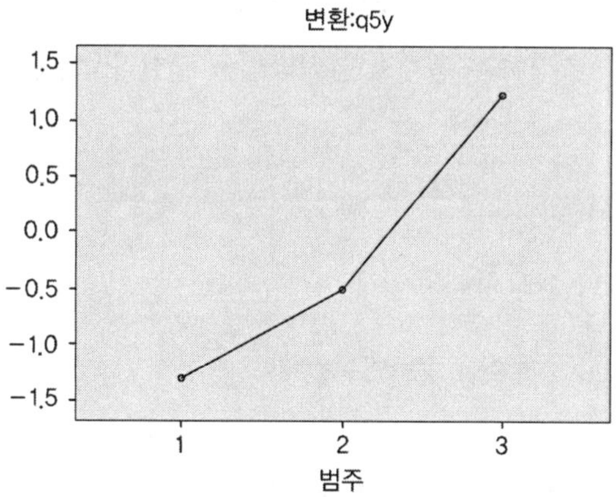

최적 척도 수준 순서

위와 같은 결과를 케이스1 행에 적용하면

케이스번호	질문5	질문1	질문2	질문3	질문4
1	3	4	3	2	3

데이터 보기 탭에 있는 것처럼 수량화된 값이 나타난다.

	q4	q5y	TRA1_1	TRA2_1	TRA3_1	TRA4_1	TRA5_1
1	3	3	1.24	1.33	.53	.26	1.00
2	2	1	-1.30	-1.02	.53	-3.87	-1.00
3	3	2	-.50	.24	-2.59	.26	1.00
4	1	2	-.50	-1.02	.08	.26	-1.00
5	3	2	-.50	.24	.53	.26	1.00
6	3	3	1.24	1.33	.53	.26	1.00
7	2	2	-.50	-.77	.08	.26	-1.00
8	2	2	-.50	-.77	.08	.26	-1.00
9	3	3	1.24	1.33	.53	.26	1.00
10	2	2	-.50	-.77	.53	.26	-1.00
11	2	1	-1.30	-1.02	-2.59	.26	-1.00
12	3	3	1.24	1.33	.53	.26	1.00
13	1	1	-1.30	-1.02	.08	.26	-1.00
14	3	3	1.24	.24	.53	.26	1.00
15	1	2	-.50	-1.02	.08	.26	-1.00
16	3	3	1.24	1.33	.53	.26	1.00

04 곡선회귀분석(Curvilinear regression analysis)

회귀분석이란 변수들간의 관련성을 규명하기 위하여 어떤 수학적 모형을 가정하고, 이 모형을 측정된 변수들의 데이터로부터 추정하는 통계적 분석방법을 말한다. 일반적으로 <표>와 같이 구분한다.

회귀모형의 종류

구분	내용
단순회귀분석 (SimpleRegressionAnalysis)	독립변수 1개, 종속변수 1개
중회귀분석 (MultipleRegressionAnalysis)	독립변수 2개 이상, 종속변수는 1개
비선형회귀분석 (Nonlinear regression analysis)	독립변수 1개, 종속변수 1개일 때의 비선형 함수
	curvilinear regression analysis (곡선회귀분석) : 비선형함수가 2차이상의 고차함수를 가정하는 경우-미니탭을 이용

곡선회귀분석(curvilinear regression analysis)은 회귀분석에서 선형관계보다는 곡선관계에 가깝다고 판단되는 경우에 곡선회귀 모형으로 분석을 실시 한다.

곡선회귀모형의 추정치

$$\widehat{y}=\widehat{\beta}_0+\widehat{\beta}_1x+\widehat{\beta}_2x^2+\dots\dots\dots+\widehat{\beta}_kx^k$$

05 곡선회귀분석 실행 및 결과 해석

(1) 곡선회귀 적합의 예

• 단계 1 : Data View 창에 아래와 같이 값을 입력한다. 워크시트에 자료입력

Worksheet 1 ***

↓	C1 농도	C2 신도	C3
1	70	89	
2	70	90	
3	70	89	
4	70	90	
5	70	90	
6	80	92	
7	80	91	
8	80	92	
9	80	92	
10	80	92	
11	90	94	
12	90	93	
13	90	94	
14	90	94	
15	90	93	
16	100	92	
17	100	91	
18	100	92	
19	100	91	
20	100	91	
21	110	88	
22	110	89	
23	110	88	
24	110	88	
25	110	89	

▲ 자료입력

• 단계 2 : stat 〉 Regressopm 〉 Fitted Line Plot

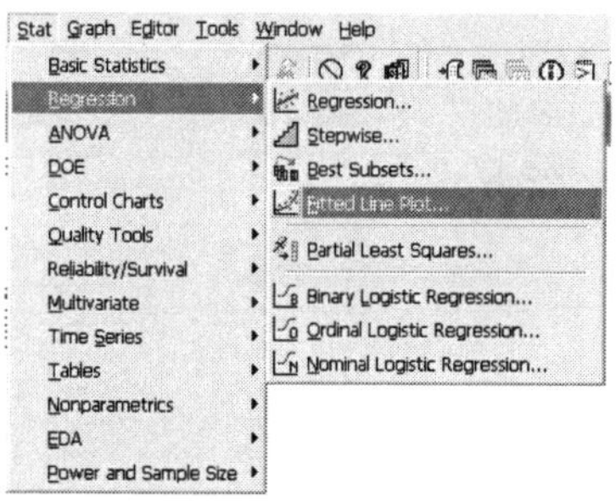

▲ 곡선회귀분석 대화창

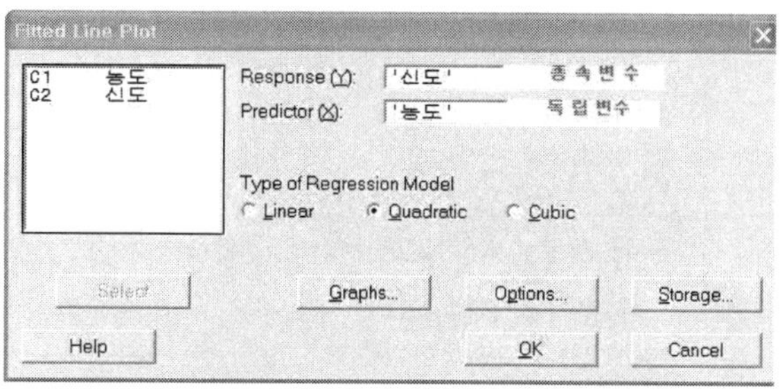

▲ 변수 선택 입력

종속변수는 'Response', 독립변수는 'Predictor'에 입력한다.

'Type of Regression Model'은 회귀모형의 형태로 1차, 2차 3차를 선택한다. 선택한 후에는 'OK'를 클릭한다.

• 단계 3 : 결과 확인 – 그래프

그래프 모양으로 2차 곡선의 형태(포물선)의 형태인 것을 확인함으로써 곡선회귀모형에 적합하는다는 것을 알 수 있다.

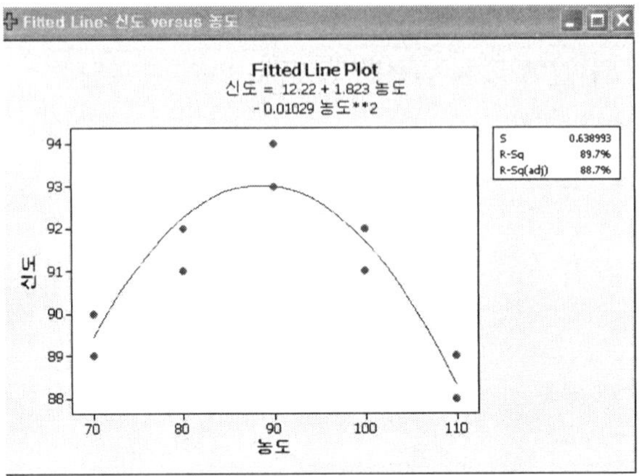

▲ 그래프 결과

• 단계 4 : 결과 확인 – 세션 결과

Polynomial Regression Analysis: 신도 versus 농도

The regression equation is
신도 = 12.22 + 1.823 농도 – 0.01029 농도**2

S = 0.638993 R–Sq = 89.7% R–Sq(adj) = 88.7%

Analysis of Variance

Source	DF	SS	MS	F	P
Regression	2	77.9771	38.9886	95.49	0.000
Error	22	8.9829	0.4083		
Total	24	86.9600			

Sequential Analysis of Variance

Source	DF	SS	F	P
Linear	1	3.9200	1.09	0.308
Quadratic	1	74.0571	181.37	0.000

적합된 곡선의 회귀식은 신도 = 12.22+1.823 농도 - 0.01029 농도**2

표준편차의 추정치와 결정계수 R-sq 값은 각각 S = 0.638993 R-Sq = 89.7% R-Sq(adj) = 88.7%이다.

분산 분석 결과는 Analysis of Variance 이하 부분이다.

1차 선형, 2차 곡선 회귀 모형 중 어느 회귀 모형에 적합 한지에 대한 검정 값은 Sequential Analysis of Variance 값이다.

• 단계 5 : 결과 해석

신도(y)와 농도(x) 사이에 적합된 곡선회귀식은

신도추정치 = 12.22 + 1.823x - 0.01029x2이다.

계정계수 R-sq는 66.7%로 전체 변동 중에서 66.7%가 회귀직성에 의해 설명되고 있다. 분산분석 결과에서 p값이 0.01보다 작으므로 회귀식이 매우 유의하다고 할 수 있다. 곡선 적합 검정을 하면, Linear는 0.308, Quadratic은 0.000 이므로 농도와 신도의 관계는 선형회귀모형보다는 곡선회귀모형에 더 적합하다고 할 수 있다.

(2) 직선 회귀 적합 예

• 단계 1 : 결과 확인 – 그래프

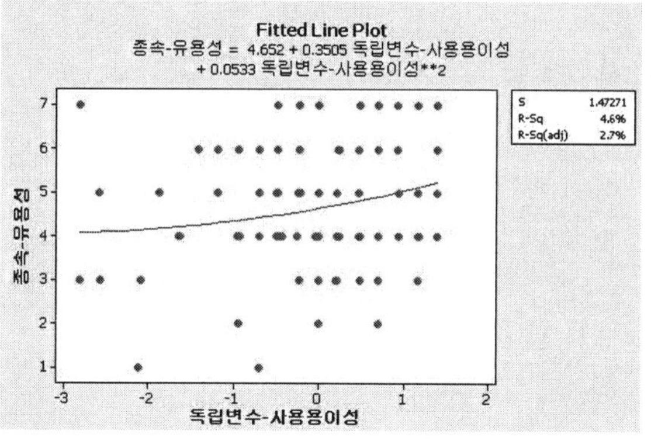

그래프의 모양으로 1차 곡선 형태인 것을 확인할 수 있다.

• 단계 2 : 세션결과

```
The regression equation is
유용성 = 4.652 + 0.3505 사용 용이성 + 0.0533 사용 용이성**2


S = 1.47271   R-Sq = 4.6%   R-Sq(adj) = 2.7%
```

Analysis of Variance

Source	DF	SS	MS	F	P
Regression	2	10.624	5.31182	2.45	0.091
Error	102	221.224	2.16886		
Total	104	231.848			

Sequential Analysis of Variance

Source	DF	SS	F	P
Linear	1	10.0866	4.68	0.033
Quadratic	1	0.5370	0.25	0.620

유용성과 사용용이성의 추정치는 "유용성 = 4.652 + 0.3505 사용용이성 + 0.0533 사용용이성^2"이다.

Source	DF	SS	F	P
Linear	1	10.0866	4.68	0.033

곡선보다 유의하나 유의성값이 0.05수준 정도이다.

CHAPTER 7

다항회귀분석 (polynomial regression model)

01 다항회귀

- 회귀식이 설명변수들의 다항식으로 표현된다.
- 단순회귀분석은 설명변수가 하나 있는 이차(first-order) 다항회귀모형이다.
- 이차다항회귀모형들의 예
  - 설명변수가 1개 $Y = \beta_0 + \beta_1 X + \beta_2 X^2 + \epsilon$
  - 설명변수가 2개 $Y = \beta_0 + \beta_1 X_1 + \beta_2 X_2^2 + \beta_{11} X^{2_1} + \beta_{22} X^{2_2} + \beta_{12} X_1 X_2 + \epsilon$
  - 설명변수가 k개 $Y = \beta_0 + \sum_{i=1}^{k} \beta_i X_i + \beta_{ii} X_i^2 + \sum_{i<j}^{k} \beta_{ij} X_i X_j + \epsilon$
- 다항회귀모형은 보통 반응변수와 설명변수들 간의 함수관계가 명확하게 알려져 있지 않은 경우에 근사적인 관계식을 나타내기 위해 사용한다.

(1) k차 다항회귀모형

설명변수가 1개인 k차 다항회귀모형은 아래 <수식>과 같다.

$$Y = \beta_0 + \beta_1 X_1 + \beta_2 X_2^2 + ... + \beta_k X^k + \epsilon$$

수학의 정리중 하나는 두 변수간의 모든 함수관계는 다항식으로 표현이 가능하다. 그러므로 반응변수와 설명변수간의 관계는 적당한 차수 k를 찾으면 위의 <수식>에 의하여 근사적으로 나타낼 수 있다.

02 다항회귀분석 r프로그램 연습과제

```
data(cars)
cars
speed2<-cars$speed^2
cars<-cbind(speed2,cars)
lm(dist~speed+speed2,data=cars)
Call:
lm(formula = dist ~ speed + speed2, data = cars)

Coefficients:
(Intercept)        speed        speed2
    2.47014      0.91329       0.09996

summary(lm(dist~speed+speed2,data=cars))

Call:
lm(formula = dist ~ speed + speed2, data = cars)

Residuals:
      Min          1Q       Median        3Q        Max
  -28.720      -9.184       -3.188     4.628     45.152

Coefficients:
              Estimate Std.     Error    t value   Pr(>|t|)
(Intercept)     2.47014      14.81716      0.167      0.868
speed           0.91329       2.03422      0.449      0.656
speed2          0.09996       0.06597      1.515      0.136

Residual standard error: 15.18 on 47 degrees of freedom
Multiple R-squared:  0.6673,     Adjusted R-squared:  0.6532
F-statistic: 47.14 on 2 and 47 DF,  p-value: 5.852e-12
```

- 보이는 것처럼 F=47.14, P=5.852e-12<유의수준 0.05로 회귀모형은 통계적으로 유의한 것으로 나타났다 P(유의확률)<유의수준 0.05 유의함).

- 결정계수와 수정된 결정계수 값이 0.6673정도 나타나 추정된 회귀식은 데이터에 대해 66.7%의 설명력을 가지고 있다.

- 계수값들의 p값이 speed는 0.656, speed2는 0.136으로 나타나 유의수준 0.05보다 크므로 통계적으로 유의하지 않다.

03 다항회귀분석 연습과제

어느 효소에 대한 연구에서 농도에 따른 반응속도를 조사하였다. 〈표〉를 보고 이 자료에 대한 적당한 차수의 다항회귀모형을 적합하시오.

poly-regress.sav

농도 x	0.02	0.02	0.06	0.06	0.11	0.11	0.22	0.22	0.56	0.56	1.10	1.10
반응속도 y	76	47	97	107	123	139	159	152	191	201	207	200

1차모형부터 적합시키고 3차 다항식까지 모든 회귀계수의 추정치가 유의하게 나온다. 그러나 4차 다항식의 적합에서는 4차항의 계수추정치가 유의하지 않으므로, 따라서 3차 다항식을 최종모형으로 선택한다. 적합된 3차 다항식은

$\hat{Y} = 56.3 + 716.8X - 1159.3X^2 + 572.1X^3$ 된다.

CHAPTER 8

순서회귀

01 순서회귀

순서회귀는 설명변수와 목적변수가 순위 데이터인 회귀분석이다.
목적변수가 순위 데이터이므로 순서회귀분석이라 한다.

순서회귀를 분석해 보기 위한 설문의 구성은 아래 <표>와 같다.

순서회귀.sav

변수 명	질문번호	질문
q1y	질문 1	• 약이 잘 듣는다고 생각하십니까? 1. 잘 듣는다. 2. 조금 듣는다. 3. 별로 듣지 않는다.
q2	질문 2	• 귀하는 음주을 어느 정도 마십니까? 1. 주에 거의 매일 2. 주에 1~2회 3. 주에 1회
q3	질문 3	• 귀하의 직종은 무엇입니까? 1. 사무직　　2. 전문직　　3. 영업직

주어진 자료를 분석하여 숙취해소약이 효과가 있는지 검정하시오.

순서회귀.sav 파일을 열고 분석(Analyze) → 회귀분석(Regression) → 순서(Ordinal)을 클릭한다. → 왼쪽 변수 목록에서 종속변수란에 [q1], 요인란에 [q2, q3]을 이동시킨다. → 결과(T) 대화상자에서 [요약통계량, 모수 추정치]를 선택한다. 저장된 변수영역에서 [반응 확률 추정, 예측 범주, 예측 범주 확률, 실제 범주 확률]을 선택한다. 로그우도인쇄 영역에서 [다항 상수항 포함]을 체크한다.

결과 [그림]에서 유사R제곱(Pseudo R-square)는 1에 가까울수록 모델식의 적합도가 좋다는 것으로 중회귀분석에서의 결정계수와 같은 의미이다.

유사R-제곱

Cox 및Snell	.278
Nagelkerke	.323
McFadden	.164

▲ 연결함수 : 로짓.

결과 <모수추정값(Parameter Estimates)>에서 [질문 2=1]은 [질문2 : 술을 어느 정도 마시는지]에 대해 "[1. 주에 거의 매일 마신다.]"고 응답한 설문이다.
귀무가설은 "Ho : B = 0(모집단의 [질문2에 대한 응답1]에 대한 계수는 0)이다.

Wald값이 2.460이며 유의 확률은 0.117이다. 따라서 유의수준 0.05보다 큰 값이므로 귀무가설이 채택된다. 즉 .거의 매일 술을 마시는 사람[질문2에 1로 응답한 자]은 : 숙취약이 효과가 없다는 것을 알 수 있다.

모수추정값

		추정	표준오차	Wald	df	유의수준	95% 신뢰구간	
							하한	상한
임계값	[q1Y = 1]	1.800	1.867	.930	1	.335	−1.859	5.459
	[q1Y = 2]	4.387	2.195	3.995	1	.046	.085	8.689
위치	[q2 = 1]	2.713	1.730	2.460	1	.117	−.677	6.103
	[q2 = 2]	.737	1.663	.197	1	.658	−2.523	3.997
	[q2 = 3]	0a	.	.	0	.	.	.
	[q3 = 1]	−.255	1.456	.031	1	.861	−3.110	2.599
	[q3 = 2]	1.467	1.456	1.015	1	.314	−1.387	4.322
	[q3 = 3]	0a	.	.	0	.	.	.

[a]. 이모수는 중복이므로 0으로 설정되었습니다.

▲ 연결함수 : 로짓

참고문헌

경영통계학, 이기엽 저, 법문사, 2006
고급 SPSS익히기, 김성숙·양경숙 공저, SPSS아카데미, 2003
내가 하는 통계 분석 SPSS-4, 손충기 외, 학지사, 2006
데이터 분석을 중심으로 한 빅데이터 입문, 전도홍, 김형래, 김정래, 정익사, 2015
마케팅리서치, 이명식·최천규·구자룡 공저, 형설, 2004
마케팅조사론, 이훈영 저, 청람, 2005
명령문을 활용한 고급 SPSS 익히기, 김성숙·양경숙 공저, SPSS아카데미, 2003
보건의료통계분석(SPSS활용), 한상숙 지음, 포널스출판사, 2008-09-10
사회복지사를 위한 SPSS, 이윤로·유시순, 학지사, 2009
사회조사방법론 SPSS WIN 통계분석, 김영석 저, 나남출판, 1999
사회통계방법론(SPSS/PC WINDOWS 12.0), 최현철, 나남, 2007
시계열 수요예측(SPSS PASW),정동빈, 한나래아카데미, 2009
심리통계학의 이해(SPSS를 이용한 자료분석 포함), 최숙희, 시그마프레스, 2009
언어병리학에서 SPSS를 활용한 통계분석, 남정모 외 2인, 시그마프레스, 2008
연구조사방법론, 이경희 저, 민영사, 2001
조사설계를 위한 사회조사분석, 한희선, 학술정보, 2009
통계의 논리와 SPSS WIN, 김병선, 김청송, 교육과학사, 2009
통계학과 SPSS 활용, 김석용 저, 경영과회계, 2001
텔레마케팅관리사, 시대고시, 2010
현대통계학, 박정식·윤영선 공저, 다산출판사, 2000
가설검정, 안윤기·박동련·최일수 공저, 민영사, 2004
경영통계학, 이기엽 저, 법문사, 2006
고급 SPSS익히기, 김성숙·양경숙 공저, SPSS아카데미, 2003
내가 하는 통계 분석 SPSS-4, 손충기 외, 학지사, 2006
마케팅리서치, 이명식·최천규·구자룡 공저, 형설, 2004
마케팅조사론, 이훈영 저, 청람, 2005
명령문을 활용한 고급 SPSS 익히기, 김성숙·양경숙 공저, SPSS아카데미, 2003
보건의료통계분석(SPSS활용), 한상숙 지음, 포널스출판사, 2008
사회복지사를 위한 SPSS, 이윤로·유시순, 학지사, 2009
사회조사방법론 SPSS WIN 통계분석, 김영석 저, 나남출판, 1999
사회통계방법론(SPSS/PC WINDOWS 12.0), 최현철, 나남, 2007
시계열 수요예측(SPSS PASW),정동빈, 한나래아카데미, 2009
심리통계학의 이해(SPSS를 이용한 자료분석 포함), 최숙희, 시그마프레스, 2009

언어병리학에서 SPSS를 활용한 통계분석, 남정모 외 2인, 시그마프레스, 2008
연구조사방법론, 이경희 저, 민영사, 2001
통계의 논리와 SPSS WIN, 김병선, 김청송, 교육과학사, 2009
통계학과 SPSS 활용, 김석용 저, 경영과회계, 2001
현대통계학, 박정식·윤영선 공저, 다산출판사, 2000
회귀분석, 양경숙·자유아카데미, 2007
New SPSS 프로그램을 활용한 따라하는 통계분석, 강주희, 크라운출판사, 2007
PASW SPSS 17.0 이해와 활용, 박성현 외 2인, 한나래아카데미, 2009
SPSS/AMOS를 이용한 알기 쉬운 통계분석, 성태제, 학지사, 2007
SPSS 다변량자료분석, 허명희 저, 고려정보산업, 2001
SPSS 분산분석, 한상태, 강현철, 허명회, 한나래아카데미, 2009
SPSS 사회복지자료분석, 박용권, 신정, 2010
SPSS 자료분석, 황해익, 창지사, 2003
SPSS 자료분석, 황해익, 창지사, 2008
SPSS 통계분석, 박양규 저, 21세기사, 1998
SPSS 통계분석, 서의훈 저, 자유아카데미, 2000
SPSS를 활용한 통계적 방법론, 허명회, 한나래, 2008
SPSS를 이용한 자료분석 실습, 한희선, 구민사, 2012
SPSS 최적 범주형 자료분석-설문조사자료 고급 분석서, 양경숙, 한나래, 2009
SPSS WIN을 이용한 통계분석, 채서일 저, 비앤엠북스, 2005
SPSS/AMOS 통계분석방법, 송지준, 21세기사, 2008
SPSS를 이용한 데이터분석, 이훈영 저, 청람, 2006
SPSS를 이용한 자료분석 입문, 편집부 저, 자유아카데미, 2005
SPSS를 이용한 조사방법 및 통계분석의 이해와 적용, 이종환, 공동체, 2008
SPSS를 활용한 다변량 통계학, 강병서 저, 한경사, 2005
SPSS를 활용한 통계자료분석, 성혁제 저, 동일출판사, 2004
SPSS에 의한 다변량 데이터의 통계 분석, 노형진, 효산, 2007
SPSS에 의한 다변량 분석 기초에서 응용까지, 노형진, 한올, 2008
SPSS에 의한 다변량데이터의 통계분석, 노형진, 효산, 2007
R을 활용한 응용 다변량 분석 입문, Everitt, Brian, 교우사, 2014
The R book/Crawley, Michael J. Wiley, 2007
R and data mining : examples and case studies, Zhao, Yanchang, 2013

저자 | **한 희 선**

[약력] 숭실대학교 박사과정 수료
한양대학교 경영학 석사

[주요 논저] 자료분석실습, 조사설계를 위한 사회조사분석,
SPSS를 활용한 사회조사분석 등 다수

R과 SPSS버전22를 사용한

데이터분석 : regression analysis

초 판 인 쇄	2015년 12월 10일
초 판 발 행	2015년 12월 15일

저 자	한희선
발 행 인	**조규백**
발 행 처	도서출판 **구민사** (07301) 서울특별시 영등포구 문래로 187, 604(영등포동4가, 동서빌딩)
전 화	(02) 701-7421(~2)
팩 스	(02) 3273-9642
홈 페 이 지	www.kuhminsa.co.kr
등 록	제14-29호 (1980년 2월 4일)
I S B N	979-11-5813-123-4 [13000]
값	**18,000원**